Zdrowie emocjonalne

OSHO

Zdrowie emocjonalne

Przemień lęk, złość i zazdrość w twórczą energię

przełożył Paweł Karpowicz

Wydawnictwo Czarna Owca
Warszawa 2017

Tytuł oryginału
EMOTIONAL WELLNESS

Redakcja
Krystyna Podhajska

Projekt okładki
Magda Kuc

Korekta
Małgorzata Denys

Zdjęcie na okładce
Vladimir Arndt/Shutterstock

DTP
Dorota Borkowska

Materiał zawarty w tej książce pochodzi z różnych wystąpień publicznych Osho z okresu ponad 30 lat. Wszystkie wykłady Osho zostały wydane w całości w formie książkowej i są również dostępne w postaci oryginalnych nagrań. Nagrania dźwiękowe i pełny zbiór tekstów można znaleźć w internecie: OSHO Library, www.osho.com

Wydanie III

Druk i oprawa
ABEDIK S.A.

Książka została wydrukowana na papierze Ecco Book Cream 70 g/m², vol. 2,0
dystrybuowanym przez antalis® | map

ISBN 978-83-7554-786-3

Wydawnictwo
CZARNA OWCA
ul. Alzacka 15a, 03-972 Warszawa
e-mail: wydawnictwo@czarnaowca.pl
Dział handlowy: tel. (22) 616 29 36
Księgarnia: tel (22) 616 12 72

Zapraszamy do naszego sklepu internetowego:
www.czarnaowca.pl

SPIS TREŚCI

CZĘŚĆ I

Zrozumienie natury emocji

Emocje (ang. *emotion*) nie mogą być trwałe. Słowo to pochodzi od słowa *motion* – ruch. Emocje poruszają się, ciągle zmieniają. W jednym momencie jesteś smutny, w następnym szczęśliwy, potem zły lub współczujący. Teraz kochasz, za chwilę odczuwasz nienawiść. Ranek był piękny, natomiast wieczór jest okropny. I tak ciągle.

Nie może to stanowić twojej natury. Poza tymi wszystkimi zmianami musi istnieć coś, co łączy poszczególne emocje.

W wianku dostrzegasz pojedyncze kwiaty, lecz nie widzisz łączącej je nici. Emocje są kwiatami. Czasem rozkwita złość, czasem smutek, czasem szczęście, czasem ból, czasem niepokój... Natomiast twoje życie jest wiankiem.

Musi istnieć jakaś nić, w przeciwnym wypadku dawno byś się rozpadł. Nadal istniejesz jako całość. Czym jest ta spajająca nić, czym jest owa gwiazda przewodnia? Co jest w tobie trwałe?

NAJPIERW RZECZY NAJWAŻNIEJSZE: Zasady działania umysłu

Wszystkie emocje, uczucia, myśli – wszystkie przejawy aktywności umysłu – znajdują się pod wpływem świata zewnętrznego. Potwierdza to współczesna nauka. Mistycy wypowiadali tę prawdę już tysiące lat temu: wszystkie rzeczy wypełniające twój umysł nie są tobą. Jesteś poza nimi. Natomiast problem tkwi w tym, że identyfikujesz się ze zjawiskami zachodzącymi w twoim umyśle.

Na przykład ktoś cię obraził i stałeś się zły. Myślisz, że stałeś się zły. Posługując się językiem nauki, można powiedzieć, że obrażające cię zachowanie drugiej osoby działa jak kontrola zewnętrzna. Osoba, która cię obraziła, kontroluje twoje zachowanie, trzyma w swoich dłoniach twoją złość. Ty zaś zachowujesz się jak marionetka.

Obecnie naukowcy są w stanie wprowadzić elektrody w wybrane obszary mózgu. Wiedzą, że w mózgu istnieją setki ośrodków, odpowiedzialnych za zachowanie człowieka. Elektroda może zostać umieszczona w ośrodku gniewu. Nikt cię nie obraża, nie poniża, nikt do ciebie nie mówi. Natomiast ktoś naciska guzik na pulpicie sterowniczym, a ty stajesz się zły! Jest to bardzo dziwne uczucie, ponieważ nie znajdujesz żadnych powodów swojej złości. Być może będziesz chciał jakoś to zracjonalizować. Widzisz jakiegoś mężczyznę, który idzie korytarzem. Przypominasz sobie, że on cię obraził... Budujesz racjonalizację, by uspokoić siebie, że nie oszalałeś.

W ten sam sposób zdalne sterowanie może spowodować, że poczujesz się szczęśliwy. Siedząc na krześle, zaczniesz chichotać i rozglądać się dokoła. Jeżeli ktoś by cię obserwował, mógłby pomyśleć, że zwariowałeś! Nikt nie powiedział ani słowa, nic się nie wydarzyło, nikt nie poślizgnął się na skórce od banana. Dlaczego więc chichoczesz? Możesz zracjonalizować także i to zachowanie, poszukać racjonalnego powodu swego chichotu. Najdziwniejsze jednak jest to, że gdy guzik znowu zostanie naciśnięty i ponownie zaczniesz chichotać, przypomnisz sobie to samo racjonalne wyjaśnienie. Ono nie musi być twoje, ale jest jak zapis na taśmie magnetofonu.

Czytając o tych naukowych badaniach nad mózgiem, przypomniałem sobie czasy studiów. Brałem wówczas udział w debacie, w której uczestniczyli przedstawiciele uniwersytetów z całego kraju, wśród nich osoby z sanskryckiego uniwersytetu w Waranasi. Studenci tej uczelni czuli się nieco gorsi. Znali starożytne pisma, sanskrycką poezję, sanskrycki dramat. Nie byli jednak obeznani ze współczesną sztuką, literaturą, filozofią czy logiką. Kompleks niższości przejawiał się bardzo dziwnie...

Po mnie występował przedstawiciel tego uniwersytetu. Chciał zrobić wrażenie na publiczności i ukryć swoje kompleksy. Zaczął więc przemowę od cytatu z Bertranda Russella, którego wyuczył się na pamięć. Osoby studiujące sanskryt umieją, lepiej niż ktokolwiek inny, zapamiętywać teksty. Zjadała go jednak trema. Niczego nie wiedział o Bertrandzie Russellu. Nie rozumiał też słów, które powtarzał. Lepiej by zrobił, gdyby zacytował coś z tekstów sanskryckich. Czułby się wtedy swobodniej.

Zatrzymał się w środku przemowy, w połowie zdania. Zapadła cisza, a on aż się spocił. Chciałem mu pomóc i powiedziałem: „Zacznij od początku. Może sobie przypomnisz".

Zaczął od początku: „Bracia i siostry...". Utknął dokładnie w tym samym miejscu. Teraz przybrało to formę zabawy. Cała sala krzyczała: „Od początku!". Student nie potrafił kontynuować, nie mógł też milczeć. Ale zaczął jeszcze raz: „Bracia i siostry...". Przez piętnaście minut powtarzał to samo. Kiedy jego czas dobiegł końca, usiadł obok mnie. – Wszystko zepsułeś! – powiedział. – Próbowałem ci pomóc – ja na to. – I to jest pomoc? – oburzył się. – Przynajmniej każdy, kto cię słuchał, miał dobrą zabawę. Możesz się cieszyć, że przysporzyłeś ludziom radości! Dlaczego wybrałeś ten właśnie cytat? Kiedy mówiłem: „Zacznij od początku", mogłeś zrezygnować z cytowania Russella.

Dzięki lekturze naukowych opracowań wiedziałem, że ośrodek mowy działa prawie jak gramofon. Jest jedna różnica. Z płyty możemy w dowolnym momencie zdjąć igłę. Kiedy po przerwie ponownie położymy igłę na płycie, gramofon zacznie odtwarzać nagranie właśnie od tego miejsca. Natomiast jeżeli „igła" zostanie najpierw zdjęta, a potem położona w ośrodku mowy, zacznie on odtwarzać „nagranie" nie od tego miejsca, lecz od początku.

Czy w związku z tym można powiedzieć, że człowiek panuje nad tym, co wypowiada? Że panuje nad tym, co odczuwa? Nie ma wszczepionych na stałe elektrod, lecz z powodów neurofizjologicznych działa tak, jakby je miał.

Widzisz pewien typ kobiety i natychmiast twój umysł reaguje: „Jaka piękna". Oto przykład zdalnego sterowania. Ta kobieta funkcjonuje jak mechanizm zdalnego sterowania, połączony z elektrodą w twoim mózgu. Ośrodek mowy odtwarza nagranie: „Jaka piękna".

Umysł działa w sposób mechaniczny. Umysł nie jest tobą. Najpierw zostają w nim zapisane bodźce przychodzące z zewnątrz. A potem umysł reaguje zgodnie z wcześniejszymi zapisami. Jedyna różnica między wyznawcą hinduizmu, muzułmaninem, chrześcijaninem i żydem polega na tym, że dysponują oni innymi płytami gramofonowymi. Ich ludzka natura jest taka sama. Płyty mogą zawierać nagrania w języku hebrajskim, arabskim albo w sanskrycie. Są jednak odtwarzane przez to samo urządzenie, któremu język nagrania jest obojętny.

Wszystkie pojęcia religijne, idee polityczne, postawy wynikające z uwarunkowań kulturowych to po prostu nagrania, uaktywniane w określonych okolicznościach.

Radża Dhoj był jednym z najmędrszych władców w dziejach Indii, zakochanym w mądrości. Przeznaczał wszystkie bogactwa na gromadzenie wokół siebie najmądrzejszych ludzi z krainy, którą władał. Zebrał ich trzydziestu. Jego dwór przewyższał wszystkie dwory w Indiach. Do dworu radży należał też Kalidas – jeden z największych poetów świata. Pewnego dnia przed władcą pojawił się człowiek, który powiedział, że potrafi mówić trzydziestoma językami z taką samą biegłością – doskonale i bez cienia akcentu. „Słyszałem, że masz na swym dworze trzydziestu najmądrzejszych ludzi z całej krainy. Oto tysiąc kawałków złota. Osoba, która potrafi powiedzieć, który język jest moim ojczystym, otrzyma ten skarb. Natomiast każdy, komu się to nie uda, będzie musiał tysiąc kawałków złota dać mnie" – zwrócił się do radży.

Każdy z trzydziestu przebywających na dworze uczonych wiedział, że człowiek potrafi posługiwać się w sposób doskonały tylko językiem ojczystym. Opanowanie go jest spontaniczne, wiąże się z sytuacją społeczną. Dlatego podjęli wyzwanie. Przybyły mówił zatem do nich w trzydziestu językach. Rzeczywiście, każdym posługiwał się z taką samą biegłością. Zawody trwały trzydzieści dni. Uczeni po kolei stawali w szranki i przegrywali. Przez cały ten czas radża namawiał Kalidasa, żeby podjął wyzwanie. „Jako poeta znasz przecież języki najlepiej" – nalegał. Kalidas jednak czekał. Przez trzydzieści dni uważnie słuchał poligloty. Na nic się to nie zdało. Ten człowiek mówił wszystkimi językami dokładnie w taki sam, doskonały sposób.

Wreszcie trzydziestego pierwszego dnia Kalidas poprosił, by król i wszyscy mędrcy ustawili się na wysokich schodach prowadzących do pałacu. Po tych schodach wstępował mistrz języków. Kiedy wspiął się na ostatni stopień, Kalidas niespodziewanie go zepchnął. Spadający mistrz wydał okrzyk przerażenia. „To jest twój ojczysty język" – powiedział wtedy Kalidas.

Miał rację. Pod wpływem silnych emocji tracimy kontrolę. Przestraszony mistrz wołał o pomoc w ojczystym języku. Na najgłębszym poziomie jego umysłu istniał zapis tego właśnie języka.

Jeden z profesorów, u których pobierałem nauki, wykładał niemal na całym świecie. Zwykł był mawiać: „Tylko dwa rodzaje sytuacji przysparzały mi kłopotów podczas pobytu za granicą. Były one związane z walką lub z miłością. Potrzebujemy wtedy ojczystej mowy. Miłość w obcym języku możesz wyrażać pięknie, lecz tylko powierzchownie. A kiedy walcząc, nie przemawiasz w rodzimej mowie, nie osiągasz satysfakcji... Nierzadko obie te sytuacje dotyczą jednej osoby. Często walczysz z kimś, kogo jednocześnie kochasz".

Profesor miał rację, kiedy mówił, że porozumiewanie się w obcym języku pozostaje powierzchowne. Nie możesz śpiewać w obcym języku pięknych piosenek, nie możesz przeklinać. Twoja ekspresja wypada wówczas blado.

Umysł z całą pewnością jest urządzeniem, które utrwala doświadczenia pochodzące z zewnątrz, a następnie reaguje zgodnie z tymi zapisami. Umysł nie jest prawdziwym tobą. Niestety, psycholodzy uważają, że umysł jest wszystkim, że poza nim nic nie istnieje.

Oznacza to, że jesteś tylko zbiorem wrażeń pochodzących z otoczenia. Nie masz własnej duszy. Nawet idea duszy pochodzi z zewnątrz.

W tym właśnie punkcie mistycy są innego zdania. Zgadzają się co prawda w pełni z wynikami współczesnych badań nad umysłem. Twierdzą jednak, że nie mówią one o całej ludzkiej istocie. Poza umysłem istnieje świadomość, która nie pochodzi z otoczenia. Świadomość nie jest też ideą. Jak dotąd nie znaleziono w mózgu ośrodka, który byłby odpowiedzialny za istnienie świadomości.

Sens medytacji polega na tym, abyś najpierw uświadomił sobie, czym jest umysł, a następnie był w stanie przestać się z nim utożsamiać. Kiedy umysł jest zły, możesz zrozumieć, że to po prostu nagranie na płycie gramofonowej. A gdy jest smutny, to też tylko nagranie. Pewna sytuacja uruchamia zdalne sterowanie i czujesz się wtedy smutny, zły lub sfrustrowany, zaniepokojony lub napięty. Wszystkie bodźce pochodzą z zewnątrz, a umysł na nie odpowiada. Ty jednak jesteś obserwatorem, a nie aktorem. Nie jest to *twoja* reakcja. Cała sztuka medytacji zawiera się w rozwijaniu świadomej, czujnej i przytomnej postawy.

Kiedy odczuwasz gniew, nie odpychaj go. Stań się po prostu świadomy. Postrzegaj gniew tak, jakby był przedmiotem na zewnątrz ciebie. Stopniowo odcinaj się od identyfikacji ze swym umysłem. Wówczas możesz odnaleźć swą prawdziwą indywidualność, swoją istotę, swoją duszę.

Osiągnięcie tej świadomości jest równoznaczne z oświeceniem – stajesz się oświecony. Nie przebywasz dłużej w ciemności. Nie jesteś już marionetką, którą steruje umysł. Stajesz się mistrzem, a nie służącym. Teraz twój umysł nie może reagować automatycznie, autonomicznie, jak to bywało wcześniej. Potrzebuje twojej zgody. Jeżeli ktoś cię obraża, a ty nie chcesz stać się zły, wtedy po prostu nie stajesz się zły.

Budda Gautama zwykł mawiać do swych uczniów: „Wpadanie w złość jest tak głupie, że trudno zrozumieć, w jaki sposób inteligentna ludzka istota może to uczynić. Ktoś coś robi, a ty stajesz się zły? Ta osoba może robić coś niewłaściwego, może mówić coś złego, może próbować poniżyć cię czy obrazić. To jej wybór. Jeżeli zareagujesz, staniesz się niewolnikiem. Jeżeli natomiast powiesz: »Sprawia ci radość to, że mnie obrażasz. Mnie sprawia radość, że nie staję się zły«, zachowasz się niczym mistrz".

Jeżeli nie wykrystalizuje się w tobie taki mistrz, można powiedzieć, że jesteś pozbawiony duszy. Jesteś po prostu płytą gramofonową. W miarę upływu lat wzrasta liczba nagrań. Masz coraz więcej wiedzy, ludzie myślą, że stałeś się mądrzejszy. A ty stałeś się osłem obładowanym książkami. Mądrość to tylko poznanie świadomości i zdobycie umiejętności odróżniania jej od umysłu.

Przypatrz się codzienności. Ludzie każdego dnia postępują tak samo. Decydują się coś zrobić, a potem żałują. Staje się to rutyną, której nikt nie potrafi zmienić. Twoje działania przyniosły ci cierpienie, smutek, zmartwienia i rany. Nie chcesz tego, jednak w mechaniczny sposób kontynuujesz swoje postępowanie. Zachowujesz się tak, jakbyś był bezradny. I pozostaniesz bezradny, dopóki nie nauczysz się oddzielać umysłu od świadomości.

Dokonanie tego dzieła jest największą rewolucją, która może zajść w istocie ludzkiej. Od tej chwili twoje życie staje się prawdziwą celebracją, ponieważ nie czynisz już niczego, co ci może szkodzić czy cię unieszczęśliwiać. Twoje działania przynoszą więcej radości, poczucie spełnienia, zadowolenie. Życie staje się dziełem sztuki, jest piękne.

Musi jednak zostać przebudzony twój wewnętrzny mistrz. Na razie mistrz śpi głębokim snem, jego rolę odgrywa sługa. Ten sługa nie jest nawet *twoim* sługą, ponieważ został stworzony przez otoczenie. Należy do otoczenia i kieruje się prawami świata zewnętrznego.

Oto tragedia ludzkiego życia. Śpisz, a w tym czasie świat zewnętrzny umacnia swą dominację nad tobą, kreuje twój umysł zgodnie ze swoimi potrzebami. Umysł staje się marionetką.

W chwili gdy twoja świadomość wybucha niczym płomień, spalone zostają wszelkie więzy, które stworzył umysł. Nie istnieje większa błogość niż błogość wolności, niż bycie mistrzem własnego przeznaczenia.

Umysł nie jest twym przyjacielem. Będzie rościć sobie prawo do bycia mistrzem lub musi zostać umieszczony na pozycji sługi. W żadnym z tych przypadków nie jest jednak twoim przyjacielem. Walki o wolność, doświadczenie błogości, prawdę nie toczysz ze światem zewnętrznym. Toczysz ją z umysłem, który funkcjonuje jak marionetka.

Khalil Gibran opowiedział piękną historię. Pewien wieśniak zrobił stracha na wróble, by ten strzegł jego zbiorów. Strach na wróble to dwa skrzyżowane patyki, pokryte gałganami, i garnek na miejscu głowy. Szmaciany ubiór i patyki wyciągnięte jak ręce wystarczają, by ptaki i zwierzęta myślały, że ktoś pilnuje pola. Omijają je wówczas z daleka. Gibran mówi, że pewnego razu zwrócił się do stracha na wróble: „Mogę zrozumieć, że potrzebuje cię farmer. Dlatego cię zrobił. Mogę zrozumieć zwierzęta. Nie są zbyt inteligentne i nie wiedzą, że nie jesteś prawdziwy. Po co jednak stoisz tu zarówno w letnim upale, jak i w zimowym chłodzie?". Strach na wróble odpowiedział: „Nie znasz mojej radości. Wielką radością napełnia mnie to, że boją się mnie zwierzęta. Mogę przetrwać deszcze, słoty, upały, mrozy. Mogę znieść to wszystko. Boją się mnie tysiące zwierząt! Wiem, że nie jestem prawdziwy. Niczego nie ma w środku, ale mnie to nie obchodzi. Satysfakcji dostarcza mi straszenie innych".

Chcę was zapytać, czy chcecie być tacy, jak ów nieprawdziwy człowiek – strach na wróble? Niczego nie mieć w środku, straszyć innych, uszczęśliwiać innych, poniżać innych, szanować innych? Czy wasze życie ma tylko służyć innym? Czy kiedykolwiek spojrzeliście do swego wnętrza? Czy jest tam ktoś w środku? Czy jesteście zainteresowani znalezieniem gospodarza domu, mistrza?

Mistrz tam jest. Być może śpi, lecz może się obudzić. Kiedy obudzi się wasz wewnętrzny mistrz, całe wasze życie nabierze nowych barw. Otoczy je tęcza, przyozdobią kwiaty, wypełnią muzyka i taniec. Po raz pierwszy będziecie żyć naprawdę.

Drzwi do rzeczywistości prowadzą nie przez umysł, lecz przez serce. Największym problemem człowieka współczesnego pozostaje to, że akcent kładzie się na trening umysłu. Serce zaś pozostaje całkowicie zaniedbane. Jest ono nie tylko zaniedbane. Jest także potępiane. Nie pozwala mu się czuć, uczucia są odrzucane. Człowiek, który kieruje się uczuciami, uważany jest za słabego, dziecinnego, niedojrzałego. Takiego człowieka uważa się za staroświeckiego, prymitywnego. Społeczeństwo tak zdecydowanie potępia uczucia i serce, że ludzie boją się czuć. Człowiek zaczyna się uczyć odcinania uczuć, stopniowo wyklucza serce, zaczyna się posługiwać wyłącznie głową. Serce powoli staje się organem, który pompuje krew.

Po raz pierwszy w historii gatunku ludzkiego zredukowano rolę serca do czysto fizjologicznej. A prawdziwe serce nie jest częścią ciała fizycznego, dlatego nauka nie jest w stanie go odkryć. O tym sercu możesz się uczyć z twórczości poetów, malarzy, muzyków i rzeźbiarzy. Natomiast sekretny klucz do obszaru prawdziwego serca znajdziesz u mistyków. Kiedy rozpoznasz, że istnieje wewnętrzna komnata twej istoty – zupełnie nienaruszona przez proces edukacji, przez społeczeństwo i kulturę, całkowicie wolna od religijnych identyfikacji, całkowicie wolna od zanieczyszczeń, które niesie współczesne życie, ciągle dziewicza – kiedy skontaktujesz się z tym źródłem swego bytu, życie potoczy się na innym poziomie. Jest to poziom boski. Dzięki sercu jednoczymy się z całością. To prawdziwe połączenie.

Wszystkie rodzaje medytacji, które opracowałem, zostały stworzone w jednym celu: aby przenieść cię z głowy do serca, aby wyrwać cię z bagna umysłu i wprowadzić do wolności serca, aby uświadomić ci, że nie jesteś „głową".

Głowa to wspaniały mechanizm. Używaj jej, lecz nie bądź przez nią używany. Głowa ma służyć twym uczuciom. Kiedy myślenie służy uczuciom, następuje równowaga. Twoją istotę ogarniają głęboki pokój i ogromna radość. Nie dzieje się to pod wpływem sytuacji zewnętrznej. Te uczucia pochodzą z twego wewnętrznego źródła. Ten proces przekształca ciebie i nie tylko ciebie. Napełnia cię światło i ktokolwiek wchodzi w kontakt z tobą, styka się z czymś nieznanym.

REPRESJA I KONTROLA: Źródła uwarunkowań emocjonalnych

Każde dziecko rodzi się z poczuciem jedności z wszechświatem. Obce jest mu poczucie separacji. W toku wychowania nadajemy dziecku imię, tożsamość, cechy charakteru, kształtujemy jego ambicje. Tworzymy jego osobowość. Rozrasta się ona krok po kroku za sprawą wychowania, kształcenia, nauczania religii. W miarę jak potężnieje osobowość, dziecko zapomina, kim było w łonie matki. W łonie matki nie było ani inżynierem, ani lekarzem. Nie miało imienia, nie było oddzielone od życia. Trwało – całkowicie zjednoczone z matką. Łono matki stanowiło dla niego cały kosmos.

W łonie matki dziecko nigdy nie martwiło się tym, co się wydarzy jutro. Nie miało ani pieniędzy, ani konta w banku, nie zajmowało się biznesem. Było zupełnie bezrobotne, pozbawione jakichkolwiek kwalifikacji. Nie miało poczucia zmiany nocy i dni, przemijania pór roku. Żyło w pełnej niewinności, głęboko ufając, że wszystko będzie w porządku. Jeżeli dziś jest dobrze, jutro też będzie dobrze. Nie „myślało" ono nawet w ten sposób. Były to raczej jego wewnętrzne odczucia. Nie istniały słowa, ponieważ wtedy dziecko nie znało słów. Znało jedynie odczucia i nastroje. Pozostawało zawsze w podniosłym, pełnym radości nastroju. Doznawało całkowitej wolności, jakakolwiek odpowiedzialność była mu nieznana.

Dlaczego każde przychodzące na świat dziecko sprawia matce tyle bólu? Dlaczego każde dziecko rodzi się, płacząc? Jeżeli spróbujesz głębiej zastanowić się nad tymi z pozoru nieistotnymi kwestiami, mogą się przed tobą odsłonić głębokie tajemnice życia. Dziecko stawia opór przed opuszczeniem łona, ponieważ łono było jego domem. Dziecko nie zna kalendarza. Przebywało w łonie przez dziewięć miesięcy. Wydawało mu się to całą wiecznością. Od chwili gdy zyskało świadomość, przebywało wyłącznie w łonie. Nagle jego dom jest usuwany. Jest z niego wyrzucane. Dziecko ze wszystkich swych sił stawia opór. Przywiera do łona. Powstaje problem. Matka chce, by dziecko urodziło się jak najszybciej. Im dłużej bowiem trwa poród, tym bardziej ona cierpi. Dziecko wcale nie chce opuszczać łona. Zawsze rodzi się, płacząc. Tak jest z każdym bez wyjątku dzieckiem.

Podobno jedynym człowiekiem, który przyszedł na świat, śmiejąc się, był Lao-Cy. To możliwe. Był on człowiekiem wyjątkowym, od samego początku szalonym. Kiedy się rodził, nie wiedział, co się dzieje; nie wiedział, że to czas przeznaczony na płacz. I dlatego się śmiał. Zaskoczył tym wszystkich. Taki pozostał przez całe życie. Robił niewłaściwe rzeczy w niewłaściwym czasie. Opowieść o życiowych dziwactwach Lao-Cy zaczyna się od jego śmiechu w czasie narodzin.

Dlaczego każde dziecko rodzi się, płacząc? Ponieważ odebrano mu dom, ponieważ zniszczono jego świat. Nagle znalazło się w obcym świecie, między obcymi ludźmi. Później dziecko płacze, ponieważ każdego dnia kurczy się jego wolność, natomiast wzrasta odpowiedzialność. Ostatecznie okazuje się, że nie istnieje już żadna swoboda, są tylko obowiązki, które należy spełniać, i odpowiedzialność, którą trzeba dźwigać. Dziecko staje się jucznym zwierzęciem. Widzi jasno swoimi niewinnymi oczami tę sytuację. Dlatego płacze i nie powinniśmy go z tego powodu potępiać.

Psycholodzy twierdzą, że dążenie do prawdy, do Boga, do raju jest w rzeczywistości zakorzenione w doświadczeniach, które były udziałem dziecka w łonie matki. Dziecko nie może tego zapomnieć. Jeżeli nawet nie pamięta na poziomie świadomym, to echa pozostają żywe w podświadomości. Dziecko szuka znowu tych pięknych dni, kiedy mogło być całkowicie odprężone i nie ciążyła na nim żadna odpowiedzialność. Doświadczało wszelkiej wolności, jaką może zapewnić świat.

Są osoby, które w dorosłym życiu naprawdę odnalazły opisane doświadczenia. Takie zjawisko nazywam oświeceniem. Można by użyć w tym miejscu dowolnego określenia. Jednak zasadnicze znaczenie pozostaje takie samo. Człowiek stwierdza, że cały wszechświat jest dla niego niczym matczyne łono. Można wówczas w pełni zaufać, odprężyć się, radować, można śpiewać i tańczyć. Jest się nieśmiertelnym, posiadło się uniwersalną świadomość.

Ludzie boją się jednak poddać odprężeniu. Boją się także zaufać. Obawiają się łez. Boją się wszystkiego, co wykracza poza znany, codzienny świat, poza doczesność. Stawiają opór i w taki sposób sami kopią swój grób. Nigdy nie mogą dotrzeć do momentów pełni i doświadczenia ekstazy, a jest to przecież ich przyrodzone prawo. Powinni się tego domagać.

Pewien mieszkaniec Los Angeles wybrał się do psychiatry. Przedstawiał się jako Napoleon Bonaparte, choć w karcie miał napisane, że nazywa się Hymnie Goldberg.

– Jaki ma pan problem? – zapytał lekarz.

– Tak więc, doktorze, ze mną wszystko jest w porządku. Dysponuję silną armią, mieszkam we wspaniałym pałacu, mój kraj zaznaje dobrobytu. Mam jedynie problem z moją żoną, Józefiną.

– Ach, tak – lekarz na to. – A na czym on polega?

Pacjent w rozpaczy wzniósł do góry ręce: – Ona myśli, że jest panią Goldberg!

Człowiek, który żyje pod presją napięć, lęków i problemów, gubi się w tłumie, staje kimś innym. W głębi siebie wie, że nie jest rolą, którą odgrywa. Ale musi ją grać, ponieważ dzięki temu żyje. Rola zapewnia mu wynagrodzenie, żonę, dzieci, władzę, szacunek. Nie może zaryzykować utraty tego wszystkiego. Powoli sam zaczyna wierzyć, że jest Napoleonem Bonaparte. Gdyby nie wierzył, miałby trudności z odgrywaniem roli. Najlepszym aktorem jest osoba, która zapomina o swej indywidualności i jednoczy się z odgrywaną postacią. Wówczas jej płacz staje się autentyczny, autentyczna staje się również jej miłość. Słowa płyną wprost z serca. Kreacja staje się niemal rzeczywista. Jeżeli musisz grać jakąś rolę, powinieneś zaangażować się w nią bez reszty.

Każda osoba odrywa jakąś rolę, doskonale wiedząc, że rozmija się w ten sposób ze swym prawdziwym ja. Opisana sytuacja wyobcowuje, prowadzi do powstania psychicznego pęknięcia, lęku, niszczy możliwość odprężenia się, zaufania, kochania, prawdziwego połączenia z ludźmi. Pod wpływem własnych działań człowiek staje się wygnańcem. Cierpi. Tymczasem stanem naturalnym i uniwersalnym jest doświadczanie błogości.

Dlaczego tak trudno jest okazać swoje prawdziwe uczucia i być po prostu sobą? Dlaczego budzi to tyle obaw?

Trudno okazać swoje prawdziwe uczucia i być sobą, ponieważ przez tysiące lat ludziom mówiono, by tłumili uczucia. To stało się elementem zbiorowej nieświadomości. Przez tysiące lat uczono nas, byśmy *nie* byli sobą. Bądź Jezusem, bądź Buddą, bądź Kryszną, ale nigdy nie bądź sobą. W ciągu wieków uczono tego kolejne pokolenia z wielką konsekwencją, aż wreszcie to przekonanie weszło ludziom w krew, przeniknęło ich do szpiku kości.

Potępiali was wszyscy kapłani. Twierdzili, że jesteście grzesznikami, że urodziliście się w grzechu. Wasza jedyna nadzieja wiąże się z tym, że zbawi was Jezus lub Kryszna. Nie ma jednak żadnej nadziei, że możecie to zrobić sami. Jesteście zgubieni. Możecie tylko modlić się do Jezusa, do Kryszny, by was zbawili. Sami w sobie jesteście pozbawieni wszelkiej wartości, jesteście pyłem i niczym więcej. Zostaliście zredukowani. Jesteście źli, odrażający.

Oto dlaczego ludzie mają trudności z okazywaniem prawdziwych uczuć, boją się je okazywać. Nauczono ich hipokryzji.

Hipokryzja popłaca. Uczciwość staje się elementem polityki, ponieważ również popłaca. A jeżeli nie popłaca? Wówczas najlepszym elementem polityki staje się *nieuczciwość*.

Religia także stała się rodzajem dobrej polityki. Jest rodzajem polisy ubezpieczeniowej, którą zakładasz, by osiągnąć inny świat. Przygotowujesz się do wkroczenia w inny świat, będąc cnotliwym, chodząc do kościoła, dając jałmużnę. W ten sposób otwierasz swój rachunek bankowy w raju. Kiedy tam trafisz, zostaniesz przyjęty z wielką radością. Aniołowie zakrzykną: „Alleluja!". Będą tańczyć i grać na harfach. Wielkość twego konta w niebie będzie zależna od tego, jak wiele dobrych uczynków zrobiłeś tu, na ziemi. Religia także stała się rodzajem interesu. Twoja wewnętrzna rzeczywistość uległa stłumieniu.

Ludzie, którzy stłumili swoje uczucia, są niezwykle szanowani. Nazywa się ich świętymi. Tak naprawdę są oni rozszczepieni. Powinno się ich leczyć. Potrzebują terapii, a tymczasem otaczasz ich czcią! Będzie prawdziwym cudem, jeśli wśród setki „świętych" osób choć jedna okaże się naprawdę święta. Dziewięćdziesiąt dziewięć pozostałych to sztukmistrze, pretendenci, oszuści. Nie twierdzę, że chcą oszukać ciebie. One oszukują same siebie. Tłumią swoje prawdziwe uczucia.

Znam wielu mahatmów* w Indiach. Miałem okazję być blisko z tymi osobami, otwierały się one przede mną. Są obciążone gorszymi przywarami niż zwykli ludzie!

Odwiedzałem ludzi przebywających w więzieniach i uczyłem ich medytacji. Zaskoczyło mnie to, że osoby skazane – nawet te, które mają dożywocie – są bardziej niewinne niż ci tak zwani święci. Są o wiele lepszymi ludźmi, o wiele prostszymi i bardziej niewinnymi. Osoby święte są przebiegłe i chytre. Charakteryzują się przede wszystkim tym, że potrafią tłumić siebie. Represjonują siebie i w ten sposób tworzą w sobie rozszczepienie. Prowadzą podwójne życie. Mają jedną twarz, gdy opuszczają dom, inną zaś, gdy pozostają w domowych pieleszach. Jedną twarz pokazują światu, drugiej zaś – prawdziwej – nie pokazują nikomu. Sami boją się swej prawdziwej twarzy.

To samo odnosi się do was, oczywiście w mniejszej skali, ponieważ nie jesteście osobami „świętymi". Wasza choroba nie stała się jeszcze nieuleczalna. Da się wyleczyć. Nie jest jeszcze ostra ani chroniczna. Wasza choroba jest jak zwyczajne przeziębienie. Może łatwo zniknąć.

---

* *Mahatma* oznacza dosłownie „wielka dusza" (wszystkie przypisy tłumacza).

Jednak każdy człowiek znajduje się pod wpływem tak zwanych świętych. Są to ludzie niezdrowi. Odrzucili swą seksualność, swoje pożądania, swój gniew. W ich wnętrzu wszystko się gotuje. Ich życie wewnętrzne przypomina koszmar senny. Są pozbawieni spokoju i ciszy wewnętrznej. Ich uśmiech jest sztuczny.

Hinduskie księgi zawierają wiele historii o tym, że ilekroć jakiś wielki święty jest bliski osiągnięcia oświecenia, z niebiańskiego świata przybywają piękne kobiety, by mu w tym przeszkodzić. Nie wiem, dlaczego bogowie są zainteresowani przeszkadzaniem tym biednym facetom. Przecież taki asceta, który pości przez całe lata, wyrzeka się siebie, staje na głowie, umartwia się, czyni szkodę tylko sobie. Dlaczego bogowie nie chcą mu pomagać? Posyłają do niego piękne kobiety. Są one nagie, tańczą, wykonując bezwstydne gesty. Naturalnie facet staje się ich ofiarą, zostaje uwiedziony, traci łaskę. Wygląda to tak, jakby bogowie byli nieprzychylni każdemu, kto zbliża się do oświecenia. Czy to nie dziwne?

Te historie nie powinny być rozumiane dosłownie. Są symboliczne, metaforyczne, a jednocześnie mają głębokie znaczenie. Lektura opisanych historii na pewno ucieszyłaby Zygmunta Freuda. Byłyby one dla niego bardzo cenne, ponieważ potwierdziłyby jego psychoanalityczną teorię.

W rzeczywistości do ascetów nikt nie przybywa. Osoby, które poddały represji własne potrzeby oraz uczucia, dokonują ich projekcji. To są ich pożądania, ich odrzucone potrzeby, represjonowane tak długo, że osiągnęły wielką moc. Ci ludzie śnią na jawie.

W Indiach święty nie może przez jakiś czas usiąść na miejscu, na którym przedtem siedziała kobieta – istnieją tam groźne wibracje. Czy dostrzegasz głupotę tego wszystkiego?

Zaakceptuj swoje uczucia. Nie ma w nich nic złego. Nie ma też nic złego w tobie! Potrzebujemy nie represji czy destrukcji, lecz uczenia się, w jaki sposób możemy wprowadzić harmonię w energiach wewnętrznych. Powinieneś stać się jak orkiestra. Jeżeli nie umiesz grać na instrumencie, hałasujesz, drażnisz swoich sąsiadów. Jeżeli jednak opanujesz tę umiejętność, będziesz wykonywał piękną muzykę, muzykę niebiańską. Sprowadzisz na ziemię transcendentne wymiary.

Życie przypomina wielki instrument. Musisz nauczyć się na nim grać. Niczego nie należy odcinać, niszczyć, tłumić czy odrzucać. Wszystko, co niesie życie, kryje w sobie piękno. Jeżeli nie potrafisz posługiwać się tym bogactwem, oznacza to, że nie stałeś się jeszcze artystą. Zwykle traktujemy życie jak gotowy produkt. Popełniamy błąd. Otrzymujemy tylko pewien surowiec, określony życiowy *potencjał*. Musimy nauczyć się, w jaki sposób go wykorzystać.

Powinniśmy wykorzystać wszystkie istniejące zasoby. Musimy nauczyć się używać swojego gniewu w ten sposób, by przekształcił się we współczucie, używać seksu w taki sposób, by stał się miłością, używać pożądania tak, by prowadziło do dzielenia się z innymi. Każda energia, którą dysponujesz, może przekształcić się w swoje przeciwieństwo, ponieważ to przeciwieństwo jest już w niej zawarte.

Twoje ciało zawiera duszę, materia zawiera umysł. Ten świat zawiera w sobie raj, w kurzu zawarta jest świętość. Musisz to odkryć, a pierwszym krokiem w tym kierunku jest zaakceptowanie siebie, czerpanie radości z bycia sobą. Nie musisz być Jezusem. Nie. Nie musisz być Buddą. Musisz być po prostu sobą. Życie nie potrzebuje kopii. Życie kocha twoją wyjątkowość. Możesz powierzyć się życiu jedynie jako ktoś niepowtarzalny.

Życie nie potrzebuje imitacji Kryszny, Chrystusa, Buddy, Mahometa. Imitatorzy skazani są na odrzucenie.

Bądź sobą, autentycznie sobą. Obserwuj ruch wszelkich energii w sobie. Jesteś niezmierzonym kosmosem! Stopniowo staniesz się coraz bardziej świadomy. Będziesz w stanie wprowadzić w swoje życie ład. Prawdą jest, że pozostajesz w kompletnym rozgardiaszu, ale nic złego się nie dzieje. Nie jesteś grzesznikiem. Po dokonaniu pewnych zmian staniesz się naprawdę pięknym zjawiskiem.

Czy możesz powiedzieć jeszcze więcej o represjonowaniu? W jaki sposób możemy się od niego uwolnić? Czym ono dokładnie jest? Jeżeli o wiele lepiej jest nie represjonować swoich uczuć, dlaczego ciągle to robimy?

Represjonowanie oznacza taki sposób życia, do którego nie zostaliśmy stworzeni. Oznacza też robienie rzeczy, których robić nie chcemy. Oznacza bycie osobą, którą nie jesteśmy. Jest to droga, na której niszczymy samych siebie. Represja jest samobójstwem – powolnym, lecz pewnym. Jest powolnym zatruwaniem siebie. Ekspresja to życie. Represja to samobójstwo.

Jeżeli twoje życie podlega represji, to tak naprawdę nie żyjesz. Życie oznacza wyrażanie siebie, twórczość, radość.

Nie obawiaj się kapłanów. Słuchaj swego instynktu, słuchaj swego ciała, słuchaj swego serca i swej inteligencji. Polegaj na sobie samym. Podążaj tam, dokąd prowadzi cię spontaniczność. W ten sposób nigdy się nie zgubisz. Jeżeli podążasz w zgodzie z naturalnym kierunkiem życia, pewnego dnia z pewnością dotrzesz do drzwi boskości.

Twoja natura to boskość w twoim wnętrzu. Nie słuchaj tych, którzy chcą cię zatruć. Słuchaj swojej natury.

Jednak twoja natura to jeszcze nie wszystko. Istnieje wyższa natura, ale objawia się ona przez kontakt z niższą naturą. Kwiat lotosu wyrasta z mulistego dna. Dusza wzrasta wraz z ciałem. Poprzez seksualność docieramy do transcendencji.

Pamiętaj, że świadomość wzrasta w miarę przyswajania pożywienia. Na Wschodzie powiadamy: *Annam brahm* – pożywienie jest Bogiem. Co oznacza to stwierdzenie? Niższe łączy się z najwyższym, powierzchowne łączy się z najgłębszym.

Kapłani uczą was, abyście represjonowali to, co niższe. Zachowują się bardzo logicznie, ale zapominają o jednej rzeczy: o tym, że życie przekracza logikę. Kapłani są bardzo logiczni i to cię pociąga. Z tego względu słuchałeś ich i podążałeś za nimi. Brzmiało to rozsądnie, że jeśli chcesz osiągnąć wyższe, nie powinieneś podążać za niższym. Jeżeli chcesz iść do góry, nie powinieneś kierować się do dołu. To bardzo racjonalne, bardzo logiczne. Jedyny kłopot polega na tym, że życie nie jest racjonalne.

Rozmawiałem kiedyś z pewnym terapeutą. W czasie grupowych warsztatów, które on prowadzi, pojawiają się czasami momenty ciszy. Przychodzą nieoczekiwanie, nie wiadomo skąd. Obdarzone są niezwykłym pięknem. Terapeuta mówił: „Te momenty ciszy są tajemnicze. Nie wpływamy na ich pojawienie się, nie myślimy wcześniej o tym. Po prostu czasami same przychodzą. Gdy jednak się pojawiają, wszyscy członkowie grupy mają poczucie kontaktu z czymś wyższym, z czymś, co przekracza każdego z nas, z czymś tajemniczym. W takich momentach wszyscy trwają w milczeniu". Logiczny umysł terapeuty podpowiedział mu: „Najlepiej będzie, jeśli cały warsztat poprowadzę w ciszy. Jeżeli tych kilka momentów wnosi takie piękno, dlaczego nie czynić w ciszy wszystkiego?".

Odpowiedziałem mu: „A więc tak – kierujesz się logiką. Życie natomiast nie jest logiczne. Jeżeli będziesz milczał podczas całego procesu, te momenty nigdy ponownie się nie pojawią". Życie zawiera w sobie przeciwieństwa. Na przykład cały dzień ciężko pracujesz, rąbiesz drwa. Potem nocą śpisz głęboko. Następnego ranka logika podpowiada ci: „Ciężko pracowałem przez cały dzień i byłem zmęczony, jednak spałem tak głęboko. Jeżeli dziś będę przez cały czas wypoczywał, zasnę jeszcze głębiej". Dlatego oddajesz się odpoczynkowi. Czy myślisz, że będziesz dobrze spał? Nic bardziej mylnego. Zapewne całą noc będziesz się przewracał z boku na bok! Ludzie, którzy nie są dostatecznie aktywni w ciągu dnia, cierpią na bezsenność.

Życie nie jest logiczne. Natura także nie jest logiczna. Obdarza twardym snem żebraków, którzy w letnim upale przemieszczają się z miejsca na miejsce, starając się coś uzbierać. Obdarza dobrym snem robotników – kamieniarzy i drwali. Cały dzień ciężko pracują i są zmęczeni. Z powodu tego zmęczenia zapadają w głęboki sen.

Oto przykład działania zasady opozycji. Im bardziej stajesz się wyczerpany, tym bardziej potrzebujesz snu, ponieważ możesz odzyskać energię, tylko głęboko śpiąc. Kiedy wyczerpiesz swoją energię, zapadasz w sen. Jeżeli w ogóle nie pracujesz, nie masz potrzeby snu. Nie wykorzystujesz energii, która została ci dana. Dlaczegóż więc miałbyś otrzymywać jej więcej? Energia jest dawana tym, którzy jej używają.

Terapeuta, o którym wspomniałem, kierował się logiką. Nie wziął jednak pod uwagę, że chwile ciszy pojawiały się po długich minutach psychicznego napięcia. Kiedy uczestnicy warsztatów ciężko pracują, wyrażają emocje, odreagowują, poruszają różne problemy, wyrzucają z siebie napięcie, stają się wyczerpani. Nadchodzi moment, gdy nie ma już niczego, co mogliby z siebie wyrzucić. Nagle pojawia się szczególny kontakt – zstępuje między nich cisza.

Z wysiłku pracy rodzi się odpoczynek; z głośnej ekspresji rodzi się cisza. W ten sposób działa życie. Przejawia się nieracjonalnie. Jeżeli chcesz się czuć bezpiecznie, musisz żyć w mało bezpieczny sposób. Jeżeli naprawdę chcesz być żywy, musisz być gotów, by w każdej chwili umrzeć. To właśnie paradoksalna logika, która kieruje życiem! Jeżeli chcesz być autentyczny i prawdziwy, musisz podjąć ryzyko. Represja to droga unikania ryzyka.

Na przykład nauczono cię, że nigdy nie powinieneś być zły. Myślisz, że osoba, która nigdy nie wpada w gniew, musi być pełna miłości. Mylisz się. Osoba, która nigdy nie staje się zła, nie potrafi też kochać. Te uczucia sobie towarzyszą. Zawierają się w tej samej przestrzeni. Osoba, która naprawdę kocha, czasami będzie się naprawdę gniewać. Jednak gniew jest piękny; rodzi się bowiem z miłości! Ta energia jest gorąca. Nigdy nie poczujesz się zraniony przez osobę, która cię kocha, a jednocześnie wyraża gniew. Poczujesz nawet wdzięczność, że ta osoba stała się zagniewana. Czy to zauważyłeś? Kochasz kogoś i robisz coś, co wywołuje złość tej osoby. Ona jest otwarta i złości się szczerze, wyraża to autentycznie. Możesz wówczas poczuć się prawdziwie jej wdzięczny, ponieważ ta osoba kocha cię tak bardzo, że stać ją na gniew. Kiedy nie chcesz przekazać drugiej osobie energii swego gniewu, pozostajesz grzeczny. Kiedy nie chcesz dać niczego, nie chcesz też podjąć żadnego ryzyka. Pokrywasz wszystko uśmiechem.

Jeżeli twoje dziecko chce skoczyć w przepaść, czy pozostaniesz wolny od złości? Czy nie krzykniesz? Czy nie zagotuje się w tobie? Czy będziesz się uśmiechał? To niemożliwe!

Opowiem wam historię. Przed obliczem króla Salomona, który był sędzią, pojawiły się dwie niewiasty, walczące o dziecko. Każda twierdziła, że należy ono do niej. Sytuacja była trudna. Jaką podjąć decyzję? Dziecko było tak małe, że nie potrafiło mówić. Salomon spojrzał i powiedział: „Zrobię jedną rzecz. Przetnę dziecko na pół. Chcę być sprawiedliwy, a nie potrafię stwierdzić, która z was jest jego matką. Dlatego każda dostanie połowę".

Jedna kobieta, słysząc to, nie przestała się uśmiechać. Natomiast druga zaczęła się zachowywać jak szalona, jakby chciała zabić Salomona: „Co ty powiedziałeś? Czyś ty oszalał?". Przestała być zwykłą kobietą, stała się inkarnacją gniewu, cała płonęła. W końcu stwierdziła: „Jeżeli taka ma być sprawiedliwość, to wycofuję swoje żądanie. Niech dziecko pozostanie z tą drugą!". Po jej twarzy płynęły łzy. Na to odezwał się król: „Ty jesteś matką. Weź dziecko. Ta druga kobieta kłamie".

Jeżeli kochasz, możesz stać się zagniewany, stać cię na to. Powinieneś wyrażać to wszystko, co przynosi ci życie: radości i smutki, wzloty i upadki, dni i noce. Ale jeżeli kochasz siebie – a jest to konieczne, gdyż w przeciwnym razie zmarnujesz życie – nigdy nie zastosujesz wobec siebie represji. Zostałeś jednak wychowany w taki sposób, że nauczyłeś się być nienaturalny. Ukształtowano cię tak, że stałeś się hipokrytą. Kiedy jesteś zły, pokrywasz to sztucznym uśmiechem. Kiedy odczuwasz wściekłość, natychmiast ją tłumisz. Nigdy nie wyrażasz prawdziwie tego, co się w tobie dzieje. Oto co się pewnego razu wydarzyło:

Joe z małą córką Midge odwiedzili park rozrywki. Po drodze zatrzymali się i zjedli duży posiłek. Już na miejscu, w parku, zbliżyli się do stoiska z hot dogami. Midge powiedziała: – Tato, ja chcę…

Joe przerwał jej i kupił torbę popcornu.

Kiedy podeszli do sprzedawcy lodów, Midge zawołała jeszcze raz: – Tato, ja chcę…

Joe przerwał jej ponownie i powiedział: – Ty chcesz, ty chcesz! Wiem, czego chcesz – lodów?

– Nie, tato – powiedziała błagalnie dziewczynka – chcę, żebyś podrzucił mnie do góry.

Chciała tego od początku, lecz ojciec jej nie wysłuchał. Represja oznacza, że nie słuchasz własnej natury. Represja to sposób na zniszczenie ciebie.

Dwunastu skinheadów weszło do pubu. Podchodząc do barmana, powiedzieli: – Trzynaście piw z beczki.

– Jest was tylko dwunastu – barman na to.

– Chcemy trzynaście piw.

Barman nalał, ile chcieli. Przywódca skinheadów podszedł do starszego mężczyzny siedzącego w kącie pubu.

– Kufel piwa dla ciebie.

– Dziękuję, dziękuję. Jesteś wspaniały, synu.

– Nie ma sprawy, chętnie pomagamy kalekom.

– Ja nie jestem kaleką...

– Ale nim będziesz, jeśli nie postawisz następnej kolejki.

Tym właśnie jest represja. To sprytny sposób, by cię okaleczyć. To sprytny sposób na zniszczenie, osłabienie ciebie. To sprytny sposób, żeby cię zwrócić przeciwko samemu sobie. To metoda na stworzenie w tobie wewnętrznego konfliktu. A kiedy człowiek znajduje się w konflikcie z sobą samym, jest bardzo słaby.

Społeczeństwo wymyśliło wspaniałą grę – zwróciło każdą jednostkę przeciwko niej samej. Dlatego ciągle walczysz z samym sobą. Nie starcza już ci energii na nic innego. Czy nie zaobserwowałeś tej nieustannej walki wewnętrznej? Społeczeństwo zrobiło z ciebie osobę rozszczepioną i pomieszało ci w głowie. Stałeś się podobny do kawałka drewna, dryfującego po oceanie. Nie wiesz, kim jesteś, nie wiesz, dokąd zmierzasz. Nie wiesz, co tu robisz. Przede wszystkim nie wiesz, kim jesteś. Z tego chaosu rodzą się wielcy przywódcy: Adolf Hitler, Mao Tse-tung, Józef Stalin. Z tego chaosu rodzi się papiestwo. To wszystko cię niszczy.

Bądź osobą pełną ekspresji. Pamiętaj jednak, że ekspresja nie oznacza braku odpowiedzialności. Bądź ekspresywny w inteligentny sposób, wówczas nikt nie dozna uszczerbku z twojego powodu. Osoba, która nie szkodzi sobie, nie szkodzi też innym. Natomiast osoba, która szkodzi sobie, jest groźna dla innych. Gdy nie kochasz siebie, stajesz się niebezpieczny. Możesz zranić inne osoby. I rzeczywiście *ranisz*.

Kiedy jesteś smutny, w depresji, zarażasz tym ludzi wokół siebie. Kiedy natomiast jesteś szczęśliwy, przyczyniasz się do powstania szczęśliwego społeczeństwa. Szczęście może istnieć jedynie w szczęśliwym świecie. Jeżeli żyjesz radośnie, chcesz, by radowała się każda osoba. To postawa prawdziwie religijna. Swoją radością błogosławisz całej egzystencji.

Natomiast represja czyni cię osobą sztuczną. Złość, seksualność, pożądanie nie mogą być zniszczone represjami. Nie. Pozostają w tobie. Tylko zmieniają się etykietki. Te uczucia schodzą do nieświadomości i dalej wykonują swe dzieło. Energie schodzą do podziemia, a działając stamtąd, stają się jeszcze potężniejsze.

Psychoanaliza stara się wydobyć nieświadome treści na powierzchnię. Kiedy stłumione uczucia docierają do świadomości, możesz się od nich uwolnić.

Pewien Francuz przebywał w Anglii. Jego przyjaciel zapytał go, jak mu się powodzi. Francuz powiedział, że jest zadowolony. Tylko jedna rzecz mu się nie podoba: – Kiedy idę na party, hostessa nie mówi mi, gdzie jest ubikacja.

– Och, Georges, to ta angielska pruderia. Zamiast tego ona pyta, czy chcesz umyć ręce. Oznacza to to samo.

Francuz zapamiętał tę informację. Następnym razem, kiedy poszedł na party, hostessa zapytała: – Dobry wieczór, panie du Pont, czy chce pan umyć ręce?

– Nie, dziękuję – odpowiedział. – Właśnie umyłem je pod drzewem w ogrodzie.

Oto co się wydarzyło: zmieniły się etykietki. To cię zdezorientowało, spowodowało zaburzenie. Wszystko nadal istnieje, tylko nazwy są inne.

Twoi rodzice i społeczeństwo zniszczyli ciebie. Teraz ty niszczysz swoje dzieci. Powstało błędne koło. Powinieneś z niego wyjść. Jeżeli rozumiesz mnie we właściwy sposób, dostrzegasz, że mój wysiłek jest skierowany na wyprowadzenie cię z tego błędnego koła. Nie złość się na swoich rodziców. Zrobili dla ciebie to, co umieli. Od tej chwili stań się bardziej świadomy. Nie powtarzaj tych samych błędów wobec swoich dzieci. Ucz je wyrażania siebie, wspieraj ich ekspresję, pomagaj im w tym, by stawały się autentyczne. Wówczas będą umiały wyrażać to wszystko, co drzemie w ich wnętrzu. Będą ci za to zawsze wdzięczne, ponieważ nie powstanie w nich wewnętrzny konflikt. Będą osobami scalonymi, unikną fragmentaryzacji. Będą wiedziały, czego chcą. Nie będą pomieszane.

Kiedy naprawdę wiesz, czego chcesz, możesz podążać w tym kierunku, pracować nad tym. Jeżeli nie wiesz, czego chcesz, w jaki sposób możesz nad tym pracować? W takiej sytuacji każda osoba może cię pociągnąć za sobą. Mogą pojawić się przywódcy, którzy będą próbowali przekonać cię do swoich idei, a ty im ulegniesz. Podążałeś za wieloma osobami – wszystkie cię niszczyły. Każde pokolenie niszczy to, które przychodzi po nim.

Jeżeli nie będziesz czujny i świadomy, destrukcja z pewnością nastąpi. Podążaj za naturą.

Mówisz o tym, by być „naturalnym". Jednak czy problem nie powstaje wtedy, kiedy pozwalamy naszej naturze swobodnie się wyrażać? Jeżeli nie mielibyśmy reguł i norm zachowania, choćby tych, które stworzyła religia, czy nasze emocje i impulsy nie ściągnęłyby na nas kłopotów?

Przede wszystkim należy zrozumieć, że do chwili obecnej na ludzkości ciążyło przekleństwo: nigdy nie pozwolono nam, byśmy zaufali swojej naturze. Zawsze nam powtarzano: „Jeżeli zaufasz swojej naturze, popełnisz błąd. Nie ufaj swoim uczuciom, powstrzymuj je i kontroluj, nie działaj zgodnie ze swymi uczuciami". Uczono nas, że ludzka natura jest w swojej istocie zła. To głupie i trujące. Natura ludzka nie jest zła, natura ludzka jest boska. Jeżeli powstaje zło, to właśnie pod wpływem narzuconych ograniczeń.

A teraz pozwólcie, że wam to wyjaśnię. Nigdy nie widzieliście zwierząt, które wywoływałyby wojnę. Nie zdarza się, by wszystkie wrony Wschodu walczyły ze wszystkimi wronami Zachodu; ani też tak, by wszystkie psy Indii walczyły ze wszystkim psami Pakistanu. Wrony, psy nie są tak głupie. Jednak czasem zwierzęta walczą – nie ma w tym nic złego. Walczą, gdy zagrożona jest ich wolność.

Co robią ludzie? Przeciwstawiają się swojej naturze i nie pozwalają sobie na wyrażanie od czasu do czasu złości, która jest czymś naturalnym. Ostateczny rezultat jest taki, że każda jednostka gromadzi w sobie gniew, tłumi go, zatruwa nim siebie. Pewnego dnia to wszystko wybucha w postaci wojny światowej.

Co dziesięć lat wybucha jakiś duży konflikt zbrojny. Kto za to odpowiada? Tak zwani ludzie święci, moraliści, dobroczyńcy, którzy nie pozwalają innym na naturalność.

Zwierzęta nie mają świętych ani moralistów. W świecie zwierząt nie istnieją podziały na chrześcijan, hinduistów, muzułmanów. Zwierzęta nie mają świątyń, meczetów, Biblii, Wed i tego wszystkiego. Tylko to różni świat zwierząt od świata ludzi.

Istnieje kilka pierwotnych społeczności, w których od wielu stuleci nigdy nie wydarzyło się morderstwo, ponieważ nikt nie zatruł umysłów tych ludzi moralizowaniem, nikt nie uczył tych ludzi moralności. Są oni ludźmi naturalnymi. Kiedy jesteś naturalny, funkcjonujesz w harmonijny sposób. Czasami się złościsz, lecz jest to chwilowe.

Osoba, która nigdy się nie złości i kontroluje swój gniew, jest niebezpieczna. Wystrzegaj się jej. Ona może cię zabić. Jeżeli twój mąż nigdy się nie złości, zgłoś to na policję! Mąż, który czasami się złości, jest zwykłą ludzką istotą, pozostającą w zgodzie z naturą. Nie ma czym się w takim wypadku przejmować. Natomiast mąż, który nigdy nie staje się zły, może pewnego dnia gwałtownie się poderwać i udusić ciebie. Zrobi to w takim stanie, jakby coś nim owładnęło. Mordercy zawsze mówią w sądzie: „Popełniłem zbrodnię, ale to jakaś siła mną zawładnęła". Kto nimi zawładnął? Ich własna nieświadomość – eksplodowały stłumione, nieświadome treści i uczucia.

Zauważ prosty fakt. Jeżeli weźmiesz rysunek pięknej suki i pokażesz go psu, nie będzie on tym rysunkiem zainteresowany. Pies nie reaguje na pornografię. Aby powstała pornografia, potrzebujemy osób świętych. Najpierw należy poddać represji instynkt seksualny. Trzeba ludziom powiedzieć, że jest on zły. Kiedy nastąpi represja seksualności, stłumiona energia poszukuje ujścia. Niezręcznie jest wyjść na ulicę i obserwować piękne kobiety. Cóż więc począć? Lepiej zamknąć się w swoim pokoju i wziąć do ręki „Playboya". To bezpieczniejsze.

Nikt się o tym nie dowie. Możesz ukryć to czasopismo w swojej Biblii i udawać, że ją czytasz.

Kto sprawił, że człowieka fascynuje pornografia? Społeczeństwa pierwotne nie są zainteresowane pornografią. Tam kobiety chodzą nago, nie odczuwając wstydu. Jak więc określisz cywilizację, w której przyszło ci żyć? Kobiety nie mogą swobodnie poruszać się po ulicy, gdyż są lustrowane od stóp do głów i traktowane jak przedmioty. Ludzie cierpią na obsesję seksualną dwadzieścia cztery godziny na dobę.

Tak zwani ludzie religijni nigdy nie ufali ludzkiej naturze. Mówili o wierze, lecz nigdy nie ufali życiu. Bardziej ufali regułom i prawom. Nigdy nie ufali miłości. Rozprawiali o Bogu, lecz ich mowa była martwa. Wierzyli w policję i sądy. Wierzyli w ogień piekielny. Stawiali na stwarzanie strachu i pożądania. „Jeżeli jesteś dobrym, moralnym człowiekiem, osiągniesz niebo i wszystkie rajskie przyjemności. Jeżeli jesteś niemoralny, zostaniesz skazany na ogień piekielny. Będziesz cierpiał wieczne męki, pamiętaj – na zawsze". Tego rodzaju postawa ma źródło w strachu i żądzy. Tego rodzaju ludzie manipulują umysłami innych za pomocą strachu i pożądania.

Psycholodzy powiadają, że wszelkiego rodzaju broń ma charakter falliczny. Ponieważ nie możesz penetrować ciała kobiety, mieczem penetrujesz ciało innej ludzkiej istoty.

Żyłeś, przestrzegając norm i reguł. Do czego to doprowadziło? Popatrz na obecny stan ludzkości. Ziemia jest wielkim domem wariatów, obozowiskiem osób neurotycznych. Ludzie nadal obawiają się ognia piekielnego. Nadal podążają w ślepy zaułek.

To tak jak z osobą zmuszoną do postu. Ktoś, kto pości, staje się głodny. Obsesyjnie pragnie coś zjeść. W tym momencie, zamiast go nakarmić, zakuwasz go w łańcuchy, by nie włamał się do cudzej kuchni. I nadal zmuszasz go do postu. Jednocześnie narasta w tobie niepokój, ponieważ ten ktoś staje się coraz bardziej szalony.

Gdy czasami nie masz ochoty na jedzenie – nie jedz. Nie mam nic przeciwko poszczeniu. Jestem natomiast przeciwny filozofii poszczenia. Nie stwarzaj sobie reguły, że musisz pościć w każdą niedzielę. To głupie. Skąd masz wiedzieć, że w każdą niedzielę nie będziesz miał ochoty na jedzenie? Czasami możesz nie odczuwać ochoty na jedzenie w piątek. Co wtedy zrobisz? Zmusisz się do jedzenia, ponieważ to piątek? Kiedy czujesz potrzebę jedzenia, jedz. Kiedy nie odczuwasz takiej potrzeby, nie jedz. Działaj zgodnie ze swoimi odczuciami, a stopniowo osiągniesz harmonię z naturą, dostroisz się do niej.

Uważam, że pozostawanie w harmonii z naturą jest przejawem postawy religijnej. Moja definicja religii mówi, że religia oznacza pozostawanie w zgodzie z naturą. Takie jest właśnie znaczenie indyjskiego słowa *dharma.* To pojęcie oznacza „naturę", naturę wewnętrzną. Zaufaj naturze i nie dokonuj na niej aktów przemocy.

Ufam ludzkiej naturze. Nie ufam natomiast prawom. Te prawa zepsuły ludzkość, zaszkodziły jej. Dość już tego! Nadchodzi czas, gdy wszystkie stare, zgniłe religie powinny doszczętnie spłonąć. Powinno wyłonić się zupełnie nowe oblicze religijności – afirmacja istnienia. Powinna być to religia miłości, a nie religia prawa, religia natury, a nie dyscypliny, religia prowadząca do osiągnięcia pełni, a nie doskonałości, religia związana z uczuciami, a nie z myśleniem. Mistrzem powinno stać się serce, wtedy wszystkie rzeczy odnajdą swoje właściwe miejsce.

Jeżeli potrafisz zaufać naturze, krok po kroku staniesz się spokojny, wyciszony, szczęśliwy, radosny, będziesz celebrował życie. Świat nie jest smutny, świat jest pieśnią, przepiękną pieśnią i nieustannym tańcem. Stań się częścią tego tańca. Ufając sobie, ufasz życiu. Kiedy nie ufasz sobie, nie ufasz również egzystencji, która sprowadziła cię tu, na ziemię.

Nie twierdzę, że będziesz posuwał się drogą usłaną kwiatami. Natrafisz również na kolce, ale to jest korzystne. Nie twierdzę też, że twoje życie będzie ociekać słodyczą. Często będzie ono miało bardzo gorzki smak. W ten jednak sposób możesz wzrastać. Nie twierdzę, że zawsze będziesz dobry. Czasami będziesz bardzo zły. Jedno jest pewne: nawet jeżeli będziesz kimś złym, będzie to autentyczne. Kiedy będziesz kimś dobrym, także będzie to autentyczne. Będzie można ci zaufać i polegać na tobie. Kiedy będziesz zagniewany, będzie można dać wiarę temu, że twój gniew nie jest fałszywy, wyrachowany. Ten gniew będzie gorący, żywy. Kiedy natomiast będziesz kochał, będzie można polegać na tobie, na twoim żywym, ciepłym uczuciu.

Pamiętaj o tym, o czym już powiedziałem: osoba, która nie potrafi się zezłościć, nie potrafi też kochać. Wszystkie róże mają kolce. Jeżeli nie potrafisz być gorący w gniewie, nie będziesz też umiał być gorący w miłości, ponieważ w ogóle nie potrafisz płonąć. Jesteś zamrożony. Jeżeli nadmiernie tłumisz gniew, obawiasz się miłości.

Przyszedł do mnie pewien mężczyzna i powiedział, że nie może osiągnąć orgazmu. Był zdrowy, młody. Co mu dolegało? Nie mógł osiągnąć orgazmu lub też jego orgazm był ograniczony do jednego obszaru, nie rozprzestrzeniał się po całym ciele. Ograniczony orgazm nie ma większego znaczenia. Kiedy orgazm jest totalny i każde włókno twego ciała pulsuje nowym życiem, czujesz się odświeżony, odmłodzony. Przez moment stajesz się częścią całości, częścią potężnego, twórczego planu, który cię otacza. Przekraczasz samego siebie, nie jesteś już swoim ego, rozpuszczasz się. Nie masz w takich chwilach granic. Spytałem więc go o gniew. Odpowiedział: „Dlaczego pytasz mnie o gniew? Ja pytam cię o miłość. Nie potrafię kochać głęboko". Odrzekłem na to: „Zapomnij o miłości. Najpierw musimy pomyśleć o gniewie. Skoro nie potrafisz głęboko kochać, oznacza to, że nie umiesz także głęboko się gniewać". Był zaskoczony, ale okazało się, że trafiłem w sedno. Tego mężczyznę od dzieciństwa wychowywano w duchu ściśle religijnym. Zawsze nakazywano mu, by nie okazywał złości. Musiał kontrolować swój gniew. Nauczył się tej kontroli. Robił to tak skutecznie, że nawet nie zdawał sobie z tego sprawy. Kontrola stała się nieświadoma. Cieszył się powszechnym szacunkiem. Odnosił sukcesy społeczne, lecz w życiu wewnętrznym poniósł klęskę. Nie potrafił kochać. Powiedziałem mu: „Zacznij od tego, by się zezłościć. Rozumiem, że kiedy zbliżasz się do orgazmu, nie umiesz sobie na niego pozwolić. Obawiasz się, że gdybyś pozwolił sobie na orgazm, mógłby się również ujawnić stłumiony gniew". Odpowiedział: „Co ty mówisz? Często śnię, że zabiłem moją partnerkę. Śnię, że zabijam ją, duszę podczas stosunku. Obawiam się, że jeżeli utracę kontrolę nad sobą, zabiję ją lub uduszę".

Gniew stał się w nim potężną siłą. Ten mężczyzna do tego stopnia obawiał się utraty kontroli, że nie był w stanie kochać.

Słyszałem pewną piękną historię.

Kiedy Chruszczow był przywódcą Związku Radzieckiego, wspominał, że czasem Stalin traktował go jak nadwornego błazna i rozkazywał mu:

– Zatańcz hopaka*.

I Chruszczow przyznawał:

– Tańczyłem.

---

* Rosyjski taniec ludowy z podskokami i przysiadami.

Czasem kiedy to powiedział, ktoś z tłumu wołał:

– Dlaczego pozwalałeś, by Stalin robił z ciebie głupka?! Wtedy Chruszczow mówił rozkazującym tonem:

– Kto to powiedział? Proszę wstać!

Oczywiście nikt nie odpowiadał.

– Z tego właśnie powodu, towarzysze, tańczyłem – podsumowywał Chruszczow.

Stalin reprezentował śmierć, podobnie jak reprezentują ją kapłani. Kapłani są reprezentantami śmierci, nie życia. Kapłani zawarli pakt ze śmiercią i okaleczyli życie. Kapłani mówią o Bogu, lecz wygląda na to, że zawarli pakt z diabłem. Zniszczyli twój umysł, wykorzenili twoje uczucia. Zamknęli cię w twojej głowie. Nie rozumiesz swoich uczuć. Z tego powodu nie potrafisz zaufać uczuciom. Dlatego też ciągle szukasz kogoś, kto powie ci, co masz robić.

W dzieciństwie rodzice mówili ci, byś coś robił lub czegoś nie robił. W szkole rolę tę przejął nauczyciel, na studiach zaś profesor. W życiu społecznym tę rolę pełnią dyrektorzy, politycy i przywódcy. Wszędzie słyszysz, co powinieneś robić, a czego nie. Ciągle szukasz osoby, która będzie nad tobą dominować, ty zaś pozostaniesz od niej zależny. Postępujesz w ten sposób, gdyż nie umiesz słuchać swego serca, swej istoty. Uzależnisz się od zewnętrznego autorytetu. To żałosne. Tak być nie powinno.

Ludzie przychodzą do mnie i mówią: „Osho, powiedz nam dokładnie, co mamy robić". Dlaczego nie słuchacie swego serca? Wewnątrz was pulsuje życie. Wewnątrz was znajduje się źródło. Skierujcie się do środka. Mogę wam powiedzieć, w jaki sposób możecie to zrobić. Mogę podać pewne metody, jednak „przykazania" macie zaczerpnąć ze swego wewnętrznego źródła. Biblia znajduje się w waszym wnętrzu. Prawdziwa księga, prawdziwa wiedza. Stamtąd możecie wziąć instrukcje. Jeżeli weźmiecie instrukcje z waszego najgłębszego jądra, staniecie się wolni i szczęśliwi. Wolna osoba jest zawsze szczęśliwa. Osoba zniewolona nigdy nie osiąga szczęścia. Waszym przeznaczeniem nie jest bycie niewolnikami.

Jeżeli zwracam się ku moim uczuciom, na przykład kontaktuję się z gniewem, wówczas moje ciało zaczyna się trząść w niekontrolowany sposób. Odczuwam pewnego rodzaju emocjonalny skurcz, wszystko we mnie wibruje! Nie traktuję tego jako problemu, lecz nie jestem pewny, czy mam rację.

Nie, to nie jest problem. To dobre. Każda osoba powinna zachowywać się właśnie tak. Jeżeli ciało nie podlega represji, będzie funkcjonowało w sposób naturalny.

Kiedy umysł jest napełniony uczuciami, ciało musi na to odpowiedzieć. Emocje przebiegają równolegle do ruchów ciała. Jeśli doświadczamy emocji, a ciało na nie nie reaguje, oznacza to, że nastąpiła represja ciała. Odruchy ciała podlegały tłumieniu w ciągu wieków. Ludzi uczono, by nie poruszali się podczas uprawiania miłości. Kobietom wmawiano, że mają być spokojne, mają leżeć prawie jak zwłoki. Jeżeli kobieta zaczęła się poruszać, mężczyzna czuł się zagrożony. Kobieta mogłaby przecież wpaść w ekstazę, zachowywać się jak szalona. Mogłaby skakać i tańczyć i wszyscy sąsiedzi wiedzieliby o tym! Mężczyzna obawiał się tego. Ten strach był spowodowany nie tylko obawami o reakcję sąsiadów. Wynikał z tego, że kiedy kobieta naprawdę zacznie się poruszać, żaden mężczyzna nie będzie w stanie jej zaspokoić. Męska energia ma określone granice. Mężczyzna może mieć tylko jeden orgazm, a kobieta może doświadczać orgazmu wielokrotnego: sześć, dziewięć, dwanaście razy. Z tego powodu mężczyzna okazuje się impotentem z każdą kobietą.

Przez wieki kobiety całkowicie zapomniały o orgazmie. W pewnych językach to słowo zanikło. Nie może zostać przetłumaczone na przykład na język hindi.

Kiedy czujesz strach, twoje ciało się trzęsie. Jest tak, jakby wiał wiatr, a liście drżały na drzewie. Kiedy wieje wiatr strachu, twoje ciało musi drżeć. Do naturalnych funkcji ciała należy wyrażanie emocji. Emocje muszą korespondować z ruchami ciała. W przeciwnym wypadku nie można mówić o emocjach.

Istnieje sposób kontrolowania emocji. Jeżeli kontrolujesz ciało, także emocje będą podlegać kontroli. Na przykład jeżeli do oczu napływają ci łzy, a ty skupiasz się na tym, by nie dopuścić do płaczu, wtedy płacz i szloch znikną.

William James stworzył teorię, dotyczącą emocji. Jest to słynna teoria, zwana teorią Jamesa-Langego. Zazwyczaj myślimy, że człowiek czuje strach i wtedy zaczyna uciekać. James i Lange założyli, że jest na odwrót: człowiek ucieka i dlatego staje się przestraszony. Twierdzili, że jeżeli człowiek przestanie uciekać, strach zniknie. W pewien sposób mieli rację. Ciało i umysł są od siebie zależne. Kiedy uprawiasz miłość, twój umysł tworzy wyobrażenia, a ciało zaczyna się poruszać. Jeżeli umysł i ciało poruszają się w sposób naturalny, funkcjonują razem. Jeżeli ciało zostanie w jakiś sposób zranione, ten proces współdziałania ustaje.

Tak więc kiedy odczuwasz lęk, miłość lub złość, ciało musi się poruszać zgodnie z energią tych uczuć. Każda emocja łączy się z określonym ruchem ciała. To przejaw naturalnych funkcji i nie należy robić z tego problemu. Pozwól na to i ciesz się tym. Nie stosuj żadnej represji. Na przykład drżą ci ręce. Umysł mówi: „Powstrzymaj to, dlaczego się trzęsiesz, czy jesteś tchórzem?". Jeżeli powstrzymasz drżenie, wymusisz na sobie nienaturalną reakcję.

Współdziałaj z tymi procesami. Stopniowo zaobserwujesz, że ciało zacznie wykonywać subtelne i pełne wdzięku ruchy, towarzyszące każdej emocji. Podczas uprawiania miłości stań się całkowicie dziki. Miłość nie powinna być lokalnym wydarzeniem, w które zaangażowane zostają jedynie genitalia. Miłość powinna angażować całość twej istoty. Nie chodzi o to, abyś miał jedynie orgazm seksualny. Potrzebny jest orgazm duchowy. Należy pobudzić siebie całego, doprowadzić do szalonej ekstazy, osiągnąć szczyt, a potem relaks. Tak naprawdę, jeżeli rzeczywiście uprawiasz miłość, znajdujesz się w stanie swoistego szaleństwa. Nie wiesz, dokąd zmierzasz, nie wiesz, co się dzieje. Czujesz się prawie tak jak po zażyciu narkotyku.

Miłość jest najsilniejszym narkotykiem, jaki istnieje. Jeżeli naprawdę zapamiętałeś się podczas uprawiania miłości, to po zakończeniu wejdziesz w głęboki sen, najgłębszy, jaki jest dla ciebie możliwy. Staniesz się jak martwy. Umysł się zatrzyma. Kiedy powróci świadomość, będziesz się czuł, jakbyś zmartwychwstał.

Każde uprawianie miłości musi być ukrzyżowaniem i zmartwychwstaniem. Przynosić taki ogrom satysfakcji, żeby nie występowała potrzeba powtarzania tego doświadczenia codziennie. Ludzie powtarzają zbyt często to, co określają jako uprawianie miłości, ponieważ nigdy nie mogą osiągnąć satysfakcji.

W Indiach najstarszy tekst na temat seksu pochodzi od autora o imieniu Watsjajana i nosi tytuł *Kamasutra*. Jest tam powiedziane, że wystarczy, jeżeli uprawisz dziką miłość raz w roku. Współczesnemu człowiekowi wydaje się to prawie niemożliwe. Raz w roku? W dawnych czasach ludzie nie tłumili seksualności. Watsjajana był pierwszym w świecie seksuologiem. Wprowadził do seksu medytację. Rozpoznał też podstawowe ośrodki energetyczne. Ma rację: jeżeli proces seksualny prowadzi do szczytowania, dochodzi do ekstremum, to raz w roku wystarcza. Satysfakcja jest tak głęboka, że jej oddziaływanie rozciąga się na całe miesiące.

Nie stwarzaj więc problemu. Zachowuj się naturalnie i pozwól dziać się rzeczom.

DUZI CHŁOPCY NIE PŁACZĄ, DUŻE DZIEWCZYNKI NIE KRZYCZĄ: Bogactwo ekspresji emocjonalnej

Miłość, współczucie, życzliwość, dobroć – to są wspaniałe cechy, które nadają kobiecości szczególny charakter. Istnieją także cechy męskie: wojowniczość, odwaga. Są to „twarde" jakości. Mężczyzna musi być jak ze stali. Cechy męskie kształtowały się na polach bitew, cechy kobiece rozwijały się w życiu domowym, w kontakcie z mężem i dziećmi. Dlatego sytuują się one w dwóch odrębnych rzeczywistościach.

Życie mężczyzn nieustannie związane było z walką. W ciągu ostatnich trzech tysięcy lat na ziemi toczyło się pięć tysięcy wojen. Wygląda na to, że zabijanie było jedynym zajęciem mężczyzn.

Świat istot ludzkich został podzielony na dwie części. Mężczyzna stworzył własny świat. Kobieta żyła w cieniu mężczyzny i stworzyła tam własną przestrzeń. Taka sytuacja jest niekorzystna, ponieważ zarówno mężczyzna, jak i kobieta, by osiągnąć pełnię, potrzebują wszystkich wymienionych wcześniej właściwości. I mężczyźni, i kobiety powinni być delikatni jak płatek róży, a jednocześnie twardzi jak stalowy miecz. Powinni mieć obie te cechy, by mogli reagować odpowiednio do sytuacji. Elastyczność, pozwalająca na swobodne przechodzenie od jednej do drugiej postawy, wzbogaca życie. Chodzi o swobodne korzystanie z całego ludzkiego potencjału.

Mężczyzna i kobieta stanowią dwie części jednej całości. Ich indywidualny świat również powinien być całością. Powinni zjednoczyć w sobie wszystkie właściwości, bez różnicowania ich ze względu na płeć. Żadna właściwość nie powinna być etykietowana jako kobieca czy męska.

Jeżeli chcesz uczynić z kogoś „mężczyznę", straci on po drodze wiele wspaniałych rzeczy. Będzie pozbawiony miękkości, twardy jak stal, sztywny, prawie martwy. Natomiast kobieta, która zapomniała, co znaczy być „twardą", buntowniczą, łatwo wejdzie w sytuację osoby zniewolonej, ponieważ ma jedynie „miękkie" cechy. Róże nie mogą walczyć z mieczami, ponieważ zostałyby zniszczone.

Pełna istota ludzka jeszcze się nie narodziła. Istnieją mężczyźni, istnieją kobiety. Moje działania mają na celu sprowadzenie na ziemię istot ludzkich, które osiągnęły pełnię, istot jednoczących w sobie piękno wszystkich kobiecych i męskich właściwości.

Od pierwszych miesięcy życia kształtujemy dzieci w określony sposób. Powiedzmy, że mały chłopiec chce się bawić lalkami. Natychmiast go powstrzymujemy: „Wstydź się, jesteś chłopcem, jesteś mężczyzną. Nie bądź babą". Podobnie reagujemy, jeśli dziewczynka chce się wspinać na drzewo: „Dziewczynki tego nie robią. To zabawa dla chłopców. Masz zejść na dół!". Od początku oddzielamy mężczyzn i kobiety. Obie grupy cierpią z tego powodu.

Wspinanie się na drzewo stanowi radość samą w sobie. Żadna kobieta nie powinna zostać pozbawiona tego doświadczenia. Znaleźć się na szczycie drzewa, kiedy wieje wiatr, świeci słońce, śpiewają ptaki… Jeżeli tego nie doświadczyłaś, utraciłaś coś cennego. A stało się to tylko dlatego, że jesteś dziewczyną. Dziwna rzecz. Podejmowanie ryzyka, wspinanie się na górskie szczyty czy żeglowanie po oceanie nie powinno być ci zabronione tylko z tego względu, że jesteś dziewczyną. Takie przygody mają w sobie coś duchowego.

Chłopcy nie powinni być powstrzymywani, kiedy chcą płakać. Jednak zakazuje się im płaczu, zarezerwowanego dla dziewcząt: „Jesteś mężczyzną, zachowuj się jak mężczyzna, nie jak beksa!". A przecież łzy są tak wspaniałym doświadczeniem. Pozwalają wyrazić głęboki smutek i głęboką radość. Jeżeli tłumimy płacz, stłumieniu ulegają także uczucia. Zapamiętaj to dobrze: natura nie wytworzyła w tym względzie różnic. Obdarzyła zarówno mężczyzn, jak i kobiety gruczołami łzowymi jednakowych rozmiarów. Jeżeli jednak jesteś mężczyzną i płaczesz, każdy cię potępia: „Zachowujesz się jak kobieta". Powinieneś wtedy odpowiedzieć: „Cóż mogę począć? Natura dała mi gruczoły łzowe. Ja za to nie odpowiadam. Po prostu korzystam z mego naturalnego wyposażenia. Mam prawo do łez".

Każda osoba powinna mieć dostęp do swych naturalnych właściwości. Chciałbym, aby zniknęły wszelkie fałszywe różnice. Każda osoba powinna mieć swobodę wyrażania swych możliwości. Wówczas będziemy żyli w bogatym świecie.

Mężczyźni myślą, kobiety czują. Mężczyzna miewa kłopoty z wyobraźnią, kobieta może wyobrazić sobie dowolną rzecz. Kobieta może pomóc w tworzeniu piękna. Może napełnić ziemię pieśniami, tańcem i miłością. Oczy kobiet wypełniają marzenia, które mogą zostać spożytkowane w poezji, sztuce dramaturgicznej. Jednak marzenia mogą być też poważnymi przeszkodami na drodze ku prawdzie. Prawda nie jest wyobrażeniem, nie jest uczuciem. Mężczyźni są zasadniczo sceptyczni, we wszystko wątpią, są podejrzliwi. Z tego względu mają większe predyspozycje do prowadzenia badań naukowych.

Mężczyźni obawiają się twórczej postawy kobiet, ponieważ kiedy kobieta uzyska wolność tworzenia, mężczyzna nie będzie w stanie z nią współzawodniczyć. Zagrożone zostanie jego poczucie wyższości. Bezpieczniej jest nie stwarzać kobietom szansy wyrażania uczuć.

Kiedy spojrzymy na to wszystko z pozycji prawdy ostatecznej, zobaczymy, że problemem mężczyzny jest jego rozum. Natomiast problemem kobiety są jej uczucia. Zarówno rozum, jak i uczucia są przeszkodami na drodze ku oświeceniu. Mężczyzna powinien uwolnić się od ograniczeń stwarzanych przez intelekt, kobieta od przeszkód stwarzanych przez uczucia. Kobiety i mężczyźni znajdują się w tej samej odległości od oświecenia. Mężczyzna musi uwolnić się od logiki, kobieta zaś od emocji.

Czy istnieje możliwość porozumienia między mężczyznami a kobietami, zanim osiągną oni oświecenie? Moja żona zwalcza rozum. Moje rozumowanie określa jako „racjonalizację". Czym jest rozumowanie, a czym racjonalizacja?

Mogę zrozumieć twój kłopot. Rozum to cecha męska, emocje zaś kobieca. Stąd powstają trudności w porozumiewaniu się między mężczyzną a kobietą, mężem a żoną. Często krzyczą do siebie, lecz informacja nie dociera, ponieważ sposób pojmowania obu stron jest zupełnie różny. Komunikacja między nimi jest niełatwa. Mężczyzna wypowiada się z głowy, a kobieta mówi z serca. Są to dwa odmienne języki, jakby jedna osoba posługiwała się chińskim, druga zaś niemieckim.

Jednak z powodu tych odmienności mężczyzna i kobieta są sobą wzajemnie zainteresowani, są dla siebie atrakcyjni. Są jak biegun dodatni i ujemny, istnieje między nimi przyciąganie.

Małżeństwo pokłóciło się.

– Nie kłóćmy się już, kochanie. Przedyskutujmy problem delikatnie – powiedział mąż.

– Nie – odrzekła ze złością żona. – Za każdym razem, gdy rozmawiamy delikatnie, ja przegrywam!

Kobieta tylko wtedy jest w stanie rozmawiać racjonalnie i delikatnie, kiedy jest gotowa przegrać. Każda też kobieta zdaje sobie sprawę z tego, że racjonalna dyskusja nie zapewni jej zwycięstwa. Zamiast więc rozumować logicznie, woli zacząć płakać. W takiej sytuacji zaczyna *przegrywać* mężczyzna. Kocha kobietę, a ona płacze... Jaki ma sens dalsza sprzeczka? Mężczyzna mówi więc: „Już dobrze, w porządku – masz rację". Kobieta uczy się, że łzy w takim momencie pomagają. Kwestią nie jest więc to, kto ma rację, lecz to, kto zwycięży.

Jeżeli naprawdę chcesz się porozumieć ze swoją kobietą, jeżeli naprawdę chcesz się porozumieć ze swoim mężczyzną, *oboje* z czegoś zrezygnujcie. Jedno z postawy racjonalnej, drugie – emocjonalnej. Przyjmijcie oboje postawę bardziej medytacyjną. Medytacja nie jest związana ani z rozumem, ani z emocjami. Wykracza poza polaryzacje. Jest transcendentna. Wyprowadza w przestrzeń wolną od rozumowania i emocji. Nie zależy ani od głowy, ani od serca. Tylko medytacja stwarza szansę na osiągnięcie prawdziwego połączenia między kobietą a mężczyzną, prawdziwego porozumienia. Nie ma innej możliwości.

Kobieta nazywa twoje rozumowanie racjonalizacją. Ty nazywasz jej emocjonalne reakcje sentymentalizmem. Są to słowa poniżające, potępiające. Ty jednak uważasz, że masz rację. Podobnie uważa kobieta. Nikt z was nie ma racji, nikt też się nie myli. Prawda związana jest ze stanem wolnym od myśli i od emocji.

Kiedy kochasz kobietę i kiedy kobieta kocha ciebie, powstaje zjednoczenie, ponieważ w miłości jest zawarta medytacja. Jednak to, co zwykle nazywa się miłością, pojawia się i znika. Nie jesteś w stanie zatrzymać tego na zawsze. Miodowy miesiąc szybko się kończy.

Prawie każdego dnia przychodzi do mnie jakieś małżeństwo. Stoczyli ze sobą walkę i są na krawędzi separacji. Pytam ich: „O co chodzi?". Mężczyzna zwraca się do kobiety: „Ty o tym powiedz". Ona zaś odpowiada: „Nie, lepiej ty". Faktycznie oboje czują się zakłopotani, ponieważ tak naprawdę problem nie istnieje, jest to coś trywialnego, drobnego. Być może sprzeczka zaczęła się od tego, że kobieta chciała kupić jakąś sukienkę, a mężczyźnie nie spodobał się kolor. Wtedy powiedział: „Jeżeli włożysz tę suknię, nigdzie z tobą nie pójdę!". Jakie to głupie, głupie z obu stron. Jednak może wywołać wielką kłótnię. Potem zaczynają wyciągać jeszcze inne rzeczy, tym razem poważniejsze. Potem siebie poniżają: „Nie masz racji – całe twoje gadanie to stek bzdur, racjonalizujesz".

Pięćdziesięcioletni mężczyzna poślubił trzydziestoletnią kobietę. To małżeństwo wywołało nieco sensacji w kręgu ich znajomych. Kiedy ktoś zapytał mężczyznę o różnicę wieku, ten odpowiedział: „To w ogóle mi nie przeszkadza. Kiedy żona spogląda na mnie, czuje się o dziesięć lat starsza. Natomiast kiedy ja na nią patrzę, czuję się o dziesięć lat młodszy. Tak więc każde z nas ma czterdzieści lat".

Oto przykład racjonalizacji. Racjonalizacja to sprytny sposób, by ukryć prawdę. Możesz racjonalizować wszystko i udawać, że to rozumowanie. Ale tak nie jest. Rozumowanie musi być obiektywne, bez żadnych uprzedzeń.

Pewnego razu przyszedł do mnie mężczyzna, który napisał wiele książek. Był dyrektorem wydziału na uniwersytecie. Zajmował się prowadzeniem badań nad zjawiskami paranormalnymi. Powiedział: „Chcę udowodnić, że reinkarnacja jest faktem naukowym". Odrzekłem: „Zanim to udowodnisz, powstrzymaj się od wydawania sądów. W przeciwnym wypadku popadniesz w uprzedzenie. Już w tej chwili stwierdziłeś, że jest to fakt naukowy. Pozostaje tylko to udowodnić. Nie jest to postawa obiektywna ani naukowa. Nie jest to podejście racjonalne. Na głębokim poziomie pozostajesz Hindusem. Dlatego akceptujesz tę teorię. Jeżeli byłbyś muzułmaninem, starałbyś się w naukowy sposób dowieść, że reinkarnacja nie istnieje. Ani umysł hinduisty, ani umysł muzułmanina nie opiera się na podejściu naukowym. Muzułmanin nie wierzy w reinkarnację. Z tego względu próbuje udowodnić to, w co wierzy, za pomocą nauki. Ty także próbujesz udowodnić to, w co wierzysz, za pomocą nauki. To racjonalizacja".

Człowiek, którego umysł jest czysty, nie kieruje się uprzedzeniami, nie przyjmuje żadnych idei *a priori*. Bada kwestię bez osądzania, bez wyciągania przedwczesnych wniosków. To przebieg procesu badania prowadzi do powstania wniosków. Decyduje wynik badania. Jeżeli istnieje w tobie ukryte pragnienie, by coś udowodnić, *udowodnisz to.* Jednak zupełnie rozminiesz się z obiektywizmem. Nie jest to rozumowanie, lecz racjonalizacja.

Podobnie jest z emocjami. Emocje są czyste, sentymentalizm zaś jest grą. Nauczyłeś się tej gry. Kobieta wie, że jeżeli się rozpłacze, zwycięży w walce z mężczyzną. Czasami łzy się nie pojawiają, ponieważ nie jest łatwo manipulować płaczem. Kobieta jednak próbuje wywołać płacz, udaje. Jednak te łzy są fałszywe, ponieważ nie zrodziły się z autentycznej sytuacji. Zostały wyprodukowane.

Racjonalizacja jest manipulacją dokonaną za pomocą rozumu. Sentymentalizm jest manipulacją dokonaną za pomocą emocji. Jeśli jesteś osobą racjonalną, naprawdę racjonalną, zostaniesz naukowcem. Jeśli natomiast jesteś osobą naprawdę emocjonalną, zostaniesz poetą. Dialog między kobietą a mężczyzną – jeśli zostaną do niego włączone racjonalizacja czy sentymentalizm – staje się niemożliwy. Kiedy pojawiają się rozum i emocje, jest trochę łatwiej, choć trudności nadal mogą występować. Należy zawsze pamiętać o współczuciu i dążeniu do wzajemnego zrozumienia. Mężczyzna będzie zmierzał do zrozumienia kobiecego punktu widzenia w sposób racjonalny. Natomiast kobieta będzie próbowała zrozumieć męski punkt widzenia na drodze emocjonalnej. Pierwszy krok polega na tym, by porzucić wszelkie racjonalizacje i wszelkie sentymentalizmy. Drugi krok wiąże się z porzuceniem także rozumu i emocji. Przychodzi wówczas stan ekstazy, medytacji, a to oznacza zjednoczenie. To zjednoczenie jest doświadczeniem modlitewnym. Gdy wypowiadasz „ty", będąc w tym stanie, nie ma wtedy kobiety, jest tylko modlitwa. Nie ma też mężczyzny. Jest tylko modlitwa.

Terapeuta powiedział mi kiedyś, że możemy utknąć w naszych uczuciach, podobnie jak w naszym umyśle. Powinniśmy porzucić także uczucia czy też je przekroczyć. Często się nad tym zastanawiam, ponieważ uczucia są zwykle przewodnikiem w moim życiu. Bardzo intensywnie odczuwam różne zjawiska. Czy możesz to skomentować?

Mamy trzy ośrodki, które zawiadują wszelkimi działaniami: głowę, serce i naszą istotę. Głowa jest najbardziej na powierzchni. Rozmyśla o rzeczach. Nawet kiedy jesteś zakochana, głowa się zastanawia: „Czy naprawdę jestem zakochana?". Jeżeli stwierdzasz, że tak, głowa mówi do drugiej osoby: „Myślę, że cię kocham".

Mężczyźni funkcjonują głównie za pomocą głowy. W ten sposób stworzono całą naukę, technologię, broń nuklearną. Być może wkrótce dojdzie do globalnego samobójstwa.

Natomiast kobiety funkcjonują za pomocą serca. Kobieta nie może powiedzieć: „Myślę, że cię kocham". Coś takiego nie wydarzyło się w całej historii ludzkości! Kobieta po prostu mówi: „Kocham cię". Głowa nie odgrywa tu żadnej roli. Serce wystarcza.

Jeżeli ktoś musiałby wybierać między głową a sercem, powinien wybrać serce, ponieważ wszystkie wartości życia kryją się w sercu. Zastosowanie głowy przynosi dobre rezultaty w mechanice, technice. Jednak nie możesz przejść radośnie przez życie, będąc mechanikiem, technikiem czy naukowcem. Głowa nie umie przeżywać radości, błogości, ciszy, niewinności, piękna, miłości – tego wszystkiego, co wzbogaca życie.

Terapeuta, który ci to powiedział, nie popełnił błędu. Możesz zakleszczyć się w swoich uczuciach, w sercu, podobnie jak w myślach. Lecz prawdopodobnie terapeuta nie wiedział, że istnieje centrum jeszcze głębsze niż serce. Jest to sama istota. Ma ona wszystkie własności serca, a ponadto jeszcze wiele innych. Jest bogatsza, ma prawdziwe skarby: błogość, ciszę, pogodę ducha,ześrodkowanie, zakorzenienie, wrażliwość, wyższą świadomość... Wgląd w świętość istnienia.

Najpierw przejdź z głowy do serca. Jednak nie zatrzymuj się tam. Jest to miejsce tylko na jeden nocleg, zajazd na szlaku wędrówki, karawanseraj. Możesz tam trochę wypocząć. Jednak nie jest to twój ostateczny cel.

Przejdź z serca do istoty. To sekret medytacji. Medytacja przenosi cię z obszaru głowy i serca do obszaru istoty. Medytacja to ścieżka, która wiedzie do samego centrum egzystencji. Tam już nie możesz utknąć. Jesteś tym. Kto i w czym miałby utknąć? Nie istnieje tam przedmiot ani podmiot, ty ani coś poza tobą. Jesteś tylko ty i twoja absolutna gloria.

Pytanie padło z ust kobiety. Jest przestraszona. Uczucia są w jej życiu przewodnikiem. Nie stracisz przewodnika. Do istoty łatwiej dotrzeć z serca niż z głowy. Tak naprawdę zresztą wcale go nie potrzebujesz. Jesteś tak pełna światła... Przewodnika potrzebują tylko ślepi. Nie ma czym się martwić. Twoje obawy są czymś naturalnym, ponieważ kierujesz się uczuciami. Intensywnie odczuwasz życie. Obawiasz się, że kiedy stracisz uczucia, stracisz też przewodnika. Nie wiesz o tym, że istnieje w tobie jeszcze głębsze centrum. Na tym głębokim poziomie nie istnieje potrzeba posiadania przewodnika. Tam sama staniesz się przewodnikiem. Tam twoje czucie stanie się pełne – nie tylko to, które istniało w sercu. Spotkasz się z uniwersalnym doświadczeniem oświecenia, przebudzenia. Niczego nie stracisz. Nie musisz się obawiać.

„W jaki sposób mogę pozostawić uczucia?". Nie musisz ich pozostawiać. Naucz się medytacji, a uczucia odpadną same z siebie, tak jak zeschłe liście z drzew. Wczoraj siedziałem na ganku, wiał silny wiatr, a suche liście opadały jak deszcz. Kiedy pogłębi się w tobie doświadczenie medytacji, zaczną zanikać myśli i uczucia. Staniesz się jak gładka tafla wody. Wtedy będziesz mogła zobaczyć swoją twarz. Nie zostaniesz pozbawiona inteligencji ani uczuć. Medytacja uczyni wszystko w tobie bardziej autentycznym, bardziej realnym, pełniejszym i czystszym. Inteligencja sięgnie szczytów, podobnie jak miłość.

Poznanie swojej istoty i skupienie się w niej oznacza odnalezienie sensu życia. Zrozumiesz, w jakim celu przybyłaś na tę planetę. Odsłoni się przed tobą sens egzystencji.

Moja dziewczyna uważa, że nadmiernie się izoluję, że nie daję jej energii. Czuję, że w relacjach jestem cichy i spokojny. Natomiast w środku odczuwam silne emocje: gniew, miłość.

Pozostawanie w ciszy i spokoju to twoja prawdziwa droga. Nie narzucaj sobie aktywności. To byłoby nadużyciem wobec twojej natury. Każdy powinien wsłuchiwać się w swą istotę, słuchać swego serca. Możesz stać się bardzo aktywny, ekstrawertyczny. Jednak zawsze odczuwałbyś to jako napięcie. Nigdy nie czułbyś spełnienia. Twój umysł nie ma męskiego charakteru, twoja energia jest bardzo kobieca. Twoja natura wyraża się w sposób pasywny, nie aktywny. Aktywność prowadziłaby cię do rozgorączkowania i destrukcji. Powinieneś się skupić na rzeczach zasadniczych. Musisz pozostać spokojny, skupiony, skoncentrowany. Im mniej będziesz wybiegał na zewnątrz, tym lepiej dla ciebie.

Nie możesz być aktywnym kochankiem. Możesz przyjmować miłość. Miłość ma być darem dla ciebie. Nie możesz jej stworzyć. Możesz jedynie pozwolić, by do ciebie przyszła. Aktywność właściwa dla ciebie polega na tym, by pozwalać rzeczom się wydarzać. Nie możesz przyjmować postawy aktywnej. Musisz czekać, czekać, aż życie zapuka do twych drzwi. Twoje życie ma polegać właśnie na czekaniu, nie na aktywnym poszukiwaniu. Powinieneś czekać – jak kobieta. Kobieta nigdy nie przejmuje w miłości inicjatywy. Czeka, aż zrobi to jej partner. Kobieta nawet nie powie: „Kocham cię". Czeka, że mężczyzna zrobi to pierwszy. Wtedy przyjmuje lub odrzuca jego wyznanie. Gdy kobieta przejmuje inicjatywę, reprezentuje typ męski. Taka kobieta potrzebuje mężczyzny o kobiecej energii.

Pamiętajcie, że mówiąc o męskości i kobiecości, nie mam na myśli aspektów fizjologicznych. To byłoby powierzchowne. Różnice istnieją na głębszym poziomie. Wielu mężczyzn jest kobiecych, a wiele kobiet męskich. Ponieważ jednak tego nie rozumiemy, powstają problemy.

Gdybyś spotkał prawdziwą kobietę – mam na myśli osobę, która pod względem zarówno fizjologicznym, jak i psychicznym, wewnętrznym jest kobietą – nie byłbyś zadowolony, odbierałbyś ten związek jako relację prawie homoseksualną. Potrzebujesz kobiety bardziej aktywnej, niemal męskiej. Tylko do takiej poczujesz głęboką miłość. To właśnie daje ci twoja dziewczyna. Dlatego czujesz, że daje ci miłość. Ona staje się twoją aktywnością, której sam nie możesz osiągnąć. Ona cię dopełnia.

Tak więc najważniejsze jest, abyś nie próbował podchodzić aktywnie do tego, co można nazwać prawdą lub życiem. Musisz pozostać pasywny, pasywny, lecz czujny. Nie mówię, byś był pasywny i otępiały. Podkreślam: *pasywny i czujny.* Nie chodź byle gdzie, nie rób byle czego. Obserwuj zdarzenia, pozwalaj im zachodzić. Pozostawaj w postawie otwartej, przyzwalającej, a jednocześnie w pełni świadomej. Ta otwarta świadomość ma być twoją jedyną aktywnością.

Kiedy uprawiasz miłość, nie próbuj niczego sobie narzucać. Naturalną tendencją męskiego umysłu jest przyjmowanie aktywnej postawy. Mężczyzna chce udowodnić kobiecie, że jest aktywny, agresywny, bardzo męski. Jeżeli będziesz postępował w ten sposób, podążysz pod prąd, sprzeciwisz się własnej naturze. Oszukasz też kobietę. Ona nigdy nie poczuje się z tobą szczęśliwa.

Musisz być sobą. Tylko wtedy stanie się możliwa prawdziwa intymna relacja.

Jedynie prawda przynosi zadowolenie. Tak więc decyzja spoczywa w rękach twojej dziewczyny. Zakochała się w mnichu – co ma z tym zrobić? Ty naprawdę powinieneś przebywać w klasztorze, ale jesteś w tym świecie, a ona cię złapała!

Pozostań tym, kim jesteś. Fałsz wcześniej czy później wychodzi na jaw. Odpręż się i bądź sobą. Człowiek pragnie prawdy, a nie pustych gestów. Autentyczna postawa będzie sprzyjać twemu zdrowiu, osiągniesz wewnętrzny spokój, będziesz się rozwijał. Będzie to również korzystne dla otaczających cię ludzi. Zrozumieją cię i przystosują się do ciebie w ten czy inny sposób.

Nie potrafię wyrazić swych potrzeb, nigdy nie potrafiłem. Ukrywam je na różne sposoby i poddaję racjonalizacji. Czuję się sztucznie, kiedy próbuję wyrazić to, co odczuwam.

Nie jesteśmy w stanie wyrazić uczuć. Jeżeli żyjesz tylko w głowie, wtedy sądzisz, że jesteś autentyczny, ponieważ głowa wyraża wszystko z łatwością, zna wiele sposobów ekspresji. Jeżeli jednak coś *odczuwasz*, natychmiast pojawia się problem. Jakkolwiek będziesz się starał to wyrazić, nie będziesz w stanie tego zrobić, poczujesz się sztucznie. Nie możesz wyrazić tego, co czujesz. Nie oznacza to braku autentyczności. Odkrywasz po prostu, że uczucia nie mogą zostać wyrażone. Każdy rodzaj ekspresji staje się w tym wypadku nieadekwatny.

Nie trzeba z tego powodu smucić się ani martwić. Po prostu zapamiętaj, że uczuć nie można wyrażać w taki sposób, w jaki wyraża się myśli. Język został stworzony przez myśl, w celu wyrażania myśli, tak więc w tym obszarze sprawdza się doskonale. Uczucia stanowią zaś inny świat.

Po raz pierwszy od wielu lat poczułeś uczucia. Stąd zrodził się problem. Problem nie polega na tym, że nie jesteś autentyczny. Długo żyłeś w swojej głowie. Po raz pierwszy otworzyło się twoje serce, otworzył się nowy świat – dla wyrażenia go brakuje ci języka. W tym nowym świecie czujesz się jak analfabeta. Takie doświadczenie przydarza się każdej osobie, ponieważ całe wykształcenie zawiera się w głowie. W chwili gdy otwiera się serce, nagle cała dotychczasowa wiedza staje się nieprzydatna. Jednak stopniowo serce znajduje własne formy wyrazu. Nie będą one tak precyzyjne, klarowne i jednoznaczne jak te, które pochodzą z głowy. Nie będą też równie skuteczne. Jednak serce znajdzie swą drogę. Tak właśnie kochasz drugiego człowieka. Po prostu podnosisz ręce. Wszystko, co chcesz powiedzieć, wydaje ci się głupie. Stosujesz więc język ciała. Obejmujesz drugą osobę; mówisz: „Nie mogę tego wyrazić". Wyrażasz – obejmując ją. Albo płaczesz i łzy płyną ci po twarzy. Jesteś tak pełen radości, że nie możesz tego wyrazić słowami. Albo tańczysz, śpiewasz... Są to pośrednie drogi wyrażania uczuć.

Musisz nauczyć się nowego języka, nowej gramatyki i semantyki. Nie możesz tego procesu przyśpieszyć. Powinieneś po prostu pójść głębiej. To wszystko. Umysł będzie ci mówił, że stajesz się coraz głupszy – w porządku. Masz stać się trochę bardziej szalony, a serce znajdzie swoją drogę. W tej chwili twoje serce otwarło się po raz pierwszy. Dlatego możesz odczuć różnicę. Twoja głowa już dawno się rozwinęła, jest inteligentna, sprytna. Serce natomiast jest całkiem świeże. Ta nierównowaga wywołuje wrażenie, że jesteś sztuczny, ale to nieprawda!

Po prostu ciesz się sercem i uczuciami. Bądź bardziej obecny w ciele, wyrażaj się poprzez ciało, poprzez działania. Być może trudno ci będzie coś powiedzieć twojej kobiecie, ale możesz dać jej kwiat. Albo sposób, w jaki na nią patrzysz, uleganie jej urokowi czy błysk w twoich oczach będą wystarczającymi sygnałami twoich uczuć. Kobiety bardzo szybko to chwytają. W rzeczywistości, jeśli zbyt wiele mówisz, staje się to puste. Kobieta nie patrzy na to, co mówisz, ale na to, co *czujesz*. To właśnie stanowi problem. Mężczyzna myśli: „Mówię tak pięknie, jak zakochany, mówię o tak wspaniałych rzeczach", a kobieta nie jest po prostu tym zainteresowana! Ona wie, że mówisz, lecz nie ma w tym serca. Czasami milczysz, lecz spoglądasz w określony sposób czy też unosisz jej rękę, a kobieta rozumie. Możesz siedzieć w ciszy – nie pada ani jedno słowo – a następuje przekaz.

Kobieta kieruje się intuicją. Jest bardziej naturalna niż mężczyzna. Na tym polega jej piękno. W tym tkwi nadzieja na przyszłość, że połowa ludzkości nie uległa cywilizacji, nadal jest dzika. Tworzy to szansę, że także druga połowa powróci do stanu naturalnego, wcześniejszego niż kultura.

Czy można to nazwać odwagą, że kobiety pragną okazywać i wyrażać ciepłe uczucia? Czy możesz powiedzieć coś o odwadze i mądrości serca, które różnią się od awanturniczych i intelektualnych właściwości umysłu?

Ścieżka umysłu jest zwyczajna i bezpieczna. Ścieżka serca jest piękna, lecz niebezpieczna. Mężczyzna wybrał ścieżkę bezpieczną i prostą. Kobieta wybrała najpiękniejszą, ale równocześnie najbardziej wyboistą, niebezpieczną ścieżkę emocji, sentymentów, nastrojów. Ponieważ do chwili obecnej świat był rządzony przez mężczyzn, kobiety cierpiały. Nie mogły dopasować się do społeczeństwa, które stworzyli mężczyźni, posługując się rozumem i logiką.

Kobieta potrzebuje świata, którym kieruje serce, a w społeczeństwie stworzonym przez mężczyznę nie ma miejsca na serce. Mężczyźni muszą się uczyć bycia bardziej serdecznymi, ponieważ rozum prowadził ludzkość w stronę globalnego samobójstwa. Rozum zaburzył równowagę środowiska naturalnego, spowodował kryzys ekologiczny. Rozum skonstruował wspaniałe maszyny, lecz równocześnie zniszczył piękno. Potrzebujemy bardziej serdecznej postawy we wszystkich dziedzinach życia.

Uważam, że droga do naszej prawdziwej istoty jest krótsza, jeżeli wybiega z serca. Ścieżka rozumu jest najprostsza tylko w rzeczywistości zewnętrznej, materialnej.

Z tego powodu tak bardzo podkreślam znaczenie miłości. Z doświadczenia miłości bardzo łatwo jest przejść do medytacji, do doświadczenia wieczności naszego istnienia, do kontaktu ze świętością. Natomiast to wszystko bardzo trudno osiągnąć, jeśli kierujemy się głową.

Człowiek musi najpierw wejść do serca, dopiero potem może powędrować ku swej prawdziwej istocie.

Żadna logika nie może przewyższyć miłości. Żaden umysł nie może przewyższyć serca. Umysł może natomiast przejawiać mordercze skłonności, może stosować przemoc. Taki był właśnie umysł przez wieki, czynił zło. Mężczyźni bili kobiety, represjonowali je i poniżali. W wyniku tego mężczyźni zahamowali rozwój swojej wyższej świadomości. Ale oni także mogą opanować sztukę rozwoju, mogą wstąpić na tę samą ścieżkę, którą kroczą kobiety. Z tego powodu powtarzam, że wyzwolenie kobiet jest równoznaczne z wyzwoleniem mężczyzn. Jest to nawet proces wyzwolenia bardziej mężczyzn niż kobiet.

Tak, kobiety mają więcej miłości... Lecz powinny być także świadome odwrotnej strony medalu. Męski umysł jest logiczny, kobiecy – alogiczny. Nie jest to jednak groźne. To rodzaj pomyłki, która da się naprawić.

Z tego właśnie względu droga serca jest piękna, lecz jednocześnie niebezpieczna. Odwrotną stroną miłości jest nienawiść. Odwrotną stroną miłości jest też zazdrość. Dlatego jeśli kobieta utknie w uczuciu nienawiści lub zazdrości, umiera całe piękno miłości i pozostaje ona z pustymi dłońmi, w których jest tylko trucizna. Może wówczas zatruć samą siebie, podobnie jak każdą osobę, która znajdzie się w jej pobliżu.

Aby kochać, należy być czujnym, ponieważ można wpaść w dół nienawiści. Znajduje się on tuż obok. Każdy szczyt miłości leży obok ciemnej doliny nienawiści. Ciemne doliny otaczają miłość ze wszystkich stron, łatwo się tam ześliznąć. Być może z tego właśnie powodu wiele kobiet rezygnuje z miłości. Prawdopodobnie z tego też względu mężczyźni decydują się żyć w głowie i zapomnieć o sercu… Bo serce jest tak wrażliwe. Serce można łatwo zranić, a jego nastroje zmieniają się jak pogoda.

Osoba, która chce się uczyć sztuki miłości, musi o tym wszystkim pamiętać. Musi zabezpieczyć miłość przed upadkiem w otchłań nienawiści. W przeciwnym razie nie będzie możliwe zbliżanie się ku wewnętrznej istocie. Stanie się to zadaniem trudniejszym niż zaczynanie wędrówki od głowy.

Mężczyzna musi porzucić logikę, stać się bardziej kochający. Logiki można używać, jest praktyczna. Przydaje się w pracy naukowej, ale nie w relacjach międzyludzkich. Mężczyzna musi uważać, by logika nie stała się jego jedyną drogą. Ma ona pozostać instrumentem, którego użyje i który następnie odłoży. Kobieta musi natomiast uważać, by nie popaść w nienawiść, zazdrość i gniew. Oboje powinni głębiej zanurzyć się w miłości. Im głębiej zanurzą się w miłości, tym bliżej swojej prawdziwej istoty się znajdą. Miłość, która jest absolutnie czujna, przytomna i świadoma, natychmiast prowadzi do potężnej rewolucji. Otwiera bramę do najskrytszej świątyni naszej istoty. Kiedy osiągamy swoje centrum, otrzymujemy to wszystko, co życie może nam ofiarować: wszelkie aromaty, całe piękno, całą radość, wszelkie błogosławieństwa.

EMOCJE I CIAŁO

Twoje ciało nie jest tylko obiektem fizycznym. W całej jego strukturze, w mięśniach znajduje się wiele rzeczy, które znalazły się tam na skutek represji. Jeżeli tłumisz gniew, trująca energia dociera do mięśni i do krwi. Jeżeli tłumisz jakiekolwiek emocje, nie jest to zjawisko wyłącznie mentalne. Ma ono swój aspekt fizyczny, ponieważ nie jesteś podzielony na umysł „i" ciało. Jesteś ciałemumysłem, całością psychosomatyczną. Cokolwiek więc wydarza się w ciele, oddziałuje na umysł. Cokolwiek wydarza się w umyśle, wpływa na ciało. Umysł i ciało są dwoma aspektami jednej całości.

Na przykład kiedy stajesz się zły, co się dzieje w twoim ciele? Do krwi uwalniają się trujące substancje. Bez działania tych trucizn nie byłbyś tak szalony, by dalej się złościć. W twoim ciele znajdują się gruczoły, uwalniające pewne substancje chemiczne, zatruwające krew. Z tego właśnie powodu w złości możesz robić rzeczy, których nigdy nie zrobiłbyś w normalnym stanie. Możesz poruszyć duży kamień, przeskoczyć szeroki rów. Gniew oznacza gotowość do zrobienia czegoś. Ciało przygotowało się do walki, do agresji. Jeżeli mógłbyś stać się agresywny, zastosować przemoc, napięcie zostałoby uwolnione. Nie mogłeś jednak zachować się w ten sposób. Moralność, zasady, etykieta nakazują ci udawanie spokoju. Stłumiłeś energię. Pokazałeś sztuczny uśmiech. Gotowe do walki mięśnie zastygają. Powstaje konflikt obejmujący nie tylko mięśnie, lecz również krew i tkanki. Ciało zostaje w jakiś sposób uszkodzone.

Podobny proces zachodzi w wypadku tłumienia każdej innej emocji, dzień po dniu, przez szereg lat. Skutki tego obejmują całe ciało. Uszkodzeniu ulegają wszystkie nerwy; słabnie w nich przepływ impulsów, obumierają. Stają się nienaturalnie splątane i zatrute.

Spójrz na jakieś zwierzę, zauważ wdzięk jego ciała. Co się stało z ciałem człowieka, dlaczego nie jest tak samo pełne wdzięku? Zostało nadużyte i ustał w nim spontaniczny przepływ. Zastygło. Każda jego część jest zatruta. W każdym mięśniu tkwią stłumiony gniew, stłumiona seksualność, stłumione pożądanie, stłumiona zazdrość i stłumiona nienawiść. Ciało stało się naprawdę chore.

Psycholodzy mówią, że stworzyliśmy wokół ciała zbroję, która jest przyczyną problemów. Co robisz, kiedy masz okazję w pełni wyrazić gniew? Zaczynasz zaciskać zęby, chcesz wykonywać jakieś ruchy rękami, coś schwytać, zniszczyć. W ten bowiem sposób przejawia się w człowieku zwierzęce dziedzictwo. Jeżeli nie podążysz za tym impulsem, twoje palce pozostaną w przykurczu, utracą swój wdzięk. Przestaną być żywymi członkami ciała. Staną się zatrute. Kiedy później będziesz wymieniał z kimś uścisk dłoni, zabraknie w tym rzeczywistego dotyku, życia – twoje ręce są martwe.

Przekonaj się o tym. Dotknij ręki małego dziecka. Odczujesz subtelną różnicę. Jeżeli dziecko nie będzie miało ochoty podać ci dłoni, po prostu ucieknie. Nie poda ci martwej dłoni. Kiedy jednak zechce podać ci dłoń, wtedy odczujesz, jak rozpuszcza się ona w twojej. Pojawią się ciepło i przepływ, jakby cała energia dziecka skupiła się w dłoni. To prawdziwy dotyk, wyrażający całą miłość, która jest możliwa do wyrażenia.

To samo dziecko, kiedy podrośnie, będzie podawać dłoń tak, jakby była martwym narzędziem. Nie włoży w to energii. Nie zaistnieje wówczas żaden przepływ. Zanim twoje ręce znowu ożyją i będą w stanie wyrażać miłość, musisz przejść przez doświadczenie graniczne – przez głębokie wyrażenie złości. Jeżeli złość nie zostanie uwolniona, zablokuje energię i miłość nie będzie mogła płynąć.

Zablokowane zostały nie tylko twoje ręce, lecz także całe twoje ciało. Możesz kogoś objąć, przytulić do piersi, lecz nie będzie to oznaczało, że go przytulasz do serca. To dwie różne rzeczy. Możesz przytulać kogoś do piersi, to działanie czysto fizyczne. Jeśli twoje serce otacza zbroja zablokowanych emocji, tak naprawdę trzymasz tę osobę jak zwykle na dystans. Nie jest możliwa prawdziwa bliskość. Ale jeśli zbroja nie istnieje, nie ma dzielącej was ściany, twoje serce rozpuszcza się w sercu drugiej osoby. Zaistnieje prawdziwe spotkanie i zjednoczenie.

Kiedy twoje ciało odzyska wrażliwość i będzie wolne od bloków, od trujących energii, wówczas zawsze będziesz odczuwał, że otacza cię subtelne odczucie radości. Niezależnie od tego, czy będziesz działał, czy pozostawał bierny, zawsze będziesz odczuwał tę subtelną wibrację radości. Tylko uczucie radości świadczy o tym, że twoje ciało uczestniczy w symfonii, że płynie przez nie rytm muzyki. Uczucie radości nie jest równoznaczne z przyjemnością. Przyjemność ma swoje materialne źródło. Natomiast radość wynika z bycia sobą, bycia żywą, witalną, wibrującą istotą. Radość to odczucie subtelnej muzyki wokół twego ciała oraz w jego wnętrzu, odczucie symfonii. Napełniasz się radością, kiedy w twoim ciele istnieje przepływ podobny do nurtu rzeki.

Zauważyłem, że kiedy czuję się zły, smutny lub przestraszony, w moim brzuchu lub splocie słonecznym pojawiają się związane z tym wrażenia. Kiedy jestem bardzo zdenerwowany, te odczucia są tak mocne, że mam trudności ze snem lub nie mam chęci na jedzenie. Czy możesz coś o tym powiedzieć?

Każda osoba gromadzi w brzuchu dużo śmieci, ponieważ to jedyne miejsce, w którym upycha się uczucia. Kiedy chcesz coś stłumić, wpychasz to do żołądka. Powiedzmy, że zmarła twoja żona, ukochana osoba lub przyjaciel. Chce ci się płakać, ale wiesz, że nie będzie to dobrze wyglądać. Jeżeli zaczniesz płakać, okażesz się człowiekiem o słabym charakterze. W związku z tym tłumisz płacz. Gdzie go upchniesz? Oczywiście w żołądku. To jedyna dostępna przestrzeń w całym ciele, pusta przestrzeń, gdzie możesz gromadzić tłumione energie.

Każdy człowiek tłumi wiele emocji: miłość, seksualność, złość, smutek, nawet radość. Nie możesz śmiać się głośno, z głębi brzucha, gdyż wygląda to prymitywnie i wulgarnie. W wielu kulturach zdrowy śmiech, płynący z brzucha, jest traktowany jako objaw braku kultury osobistej. Musisz wszystko tłumić. Z tego powodu nie możesz głęboko oddychać. Twój oddech staje się płytki. Jeżeli oddychałbyś głęboko, wtedy uczucia, które uległy stłumieniu, mogłyby odżyć. Obawiasz się tego. Każdy boi się pozwolić sobie na głębokie oddychanie do brzucha.

Nowo narodzone dziecko oddycha do brzucha. Spójrz na śpiące dziecko. Jego brzuch unosi się do góry i opada. Żadne dziecko nie oddycha piersią. W takim stanie dziecko jest całkowicie swobodne, niczego nie poddaje represji. Brzuch porusza się swobodnie, jest wolny. Ta swoboda nadaje ciału piękno.

Kiedy w brzuchu pojawia się nadmiar tłumionej energii, ciało zostaje podzielone na dwie części: dolną i górną. Nie jesteś całością. Część dolna zostaje odrzucona. Tracisz spójność. Tracisz piękno i wdzięk. Zamiast jednego ciała masz dwa, oddzielone trwałą przerwą. Nie możesz chodzić elegancko, lecz powłóczysz nogami. Jeżeli ciało zachowało pierwotną jedność, wówczas nogi swobodnie cię niosą. Jeśli natomiast ciało zostało podzielone na dwie części, to wtedy ty niesiesz swoje nogi. Musisz ciągnąć swoje ciało. Nie możesz czerpać radości ze swobodnego marszu, nie możesz czerpać radości z pływania ani z szybkiego biegu. Aby te wszystkie ruchy stały się swobodne i przynosiły radość, ciało ponownie powinno zostać zjednoczone. Powinna zostać przywrócona harmonia, a brzuch powinien zostać całkowicie oczyszczony.

Brzuch może oczyścić bardzo głębokie oddychanie. Głęboki wdech i wydech pozwalają się pozbyć wszelkich zalegających w brzuchu energii. Na wydechu energia z brzucha uwalnia się spontanicznie. Dlatego istotne jest, by oddychać głęboko. Bardziej należy akcentować wydech.

Kiedy uwolnimy brzuch, czasem ustępują różne dolegliwości, choćby obstrukcja. Obstrukcja to dolegliwość bardziej mentalna niż fizyczna. Jej źródłem jest częściej umysł niż ciało.

Pamiętaj jednak, że nie dokonuję podziału na ciało i umysł. Są one dwoma aspektami tego samego zjawiska. Ciało jest zjawiskiem psychofizycznym. Umysł jest najbardziej subtelną częścią ciała. Ciało natomiast jest najgęstszą częścią umysłu. Oba aspekty wpływają na siebie i współdziałają. Jeżeli tłumisz coś w umyśle, ciało także podejmie proces tłumienia. Jeżeli umysł uwolni wszystko, podobnie zareaguje ciało. Z tego względu opracowałem medytacje pozwalające na dokonanie uwolnienia, przeżycie *katharsis*.

Katharsis to proces oczyszczania.

W Indiach splot słoneczny nazywa się *manipura*. To słowo oznacza „diament". *Manipura* to centrum wrażeń i emocji. Właśnie tam umieszczamy tłumione emocje. O wartości życia decyduje bogactwo wrażeń, emocji, śmiechu, płaczu, łez, uśmiechów. Życie jest cenne ze względu na to wszystko. W tym zawiera się jego piękno. Z tego właśnie powodu trzecia czakra, trzecie centrum energii, nosi nazwę *manipura* – czakra diamentowa.

Tylko istoty ludzkie są wyposażone w ten cenny diament. Zwierzęta nie mogą się śmiać ani płakać. Płacz jest cechą charakterystyczną jedynie dla ludzi. Piękno łez, piękno śmiechu, poezja łez, poezja śmiechu dostępne są doświadczeniu jedynie istot ludzkich. Wszystkie pozostałe zwierzęta wyposażone są jedynie w dwie czakry. Są to *muladhara* – centrum seksualne, życiowe, oraz *swadhisthana*, czyli *hara* – centrum, przez które uchodzi życie. Zwierzęta rodzą się i umierają. Pomiędzy tymi granicznymi wydarzeniami nic więcej nie zachodzi. Jeżeli ty także ograniczasz się tylko do narodzin i śmierci, jesteś jak zwierzę. Nie stałeś się jeszcze człowiekiem. Miliony ludzkich istot egzystują jedynie w oparciu o te dwie czakry. Nigdy nie wykraczają poza nie.

Nauczono nas tłumienia uczuć, nauczono nas, abyśmy nie byli wrażliwi. Nauczono nas, że odczuwanie nie popłaca: bądź praktyczny, bądź twardy. Nie bądź miękki, nie bądź wrażliwy, gdyż wtedy zostaniesz wykorzystany. Bądź twardy! Przynajmniej pokazuj, że jesteś twardy, udawaj, że jesteś niebezpieczny, że nie jesteś łagodną istotą. Rozsiewaj wokół siebie strach. Nie śmiej się, ponieważ kiedy się śmiejesz, nie możesz wywołać w innych strachu. Nie płacz, ponieważ płacząc, sygnalizujesz, że się boisz. Nie pokazuj swoich ludzkich słabości. Udawaj, że jesteś doskonały.

Dokonaj represji w trzecim ośrodku (*manipura*), a wtedy staniesz się żołnierzem. Nie będziesz człowiekiem, ale żołnierzem, człowiekiem armii, fałszywym człowiekiem.

W tantrze wykonuje się dużo pracy zorientowanej na rozluźnienie trzeciego ośrodka. Należy uwolnić emocje, rozluźnić się. Jeżeli czujesz potrzebę, by płakać, płacz. Kiedy odczuwasz potrzebę śmiechu, śmiej się. Musisz pozbyć się tego nonsensownego tłumienia. Musisz nauczyć się ekspresji. Tylko poprzez swoje odczucia, emocje, wrażenia nastroisz się na takie wibracje, które zapewniają komunikowanie się z innymi.

Czyż nie zauważyłeś tego? Możesz mówić bardzo dużo, a tak naprawdę niczego nie wyrazić. Natomiast jedna łza, która spływa po twoim policzku, może powiedzieć wszystko. Możesz także mówić, że jesteś szczęśliwy, ale wyraz twarz wskazuje na coś zupełnie odwrotnego. Kiedy się roześmiejesz... Po prostu trochę prawdziwego śmiechu i nie potrzebujesz już niczego mówić. Śmiech wyraził wszystko. Kiedy spotykasz przyjaciela, twoja twarz błyszczy radością.

Istotne jest, by trzeci ośrodek stawał się stopniowo coraz bardziej dostępny. Kontakt z nim zapobiega nadmiernemu myśleniu. Jeżeli go nawiążesz, wówczas twój umysł się odpręży. Bądź autentyczny, wrażliwy, więcej dotykaj, więcej odczuwaj, więcej śmiej się i płacz. Pamiętaj też, że nie musisz robić niczego więcej ponad to, czego rzeczywiście potrzebujesz. Nie musisz przesadzać. Nie musisz ronić ani jednaj zbędnej łzy, nie musisz śmiać się ponad miarę. Nie martw się więc i nie bądź przygnębiony.

Od kiedy zacząłem medytować, dostrzegłem, że bardzo zmieniło się moje ciało i moje nastawienie wobec niego.

Zmienił się sposób chodzenia, inaczej patrzę na siebie, kiedy biorę prysznic. Wszystko zmieniło się tak bardzo, że ledwo mogę to rozpoznać! Czy ciało podąża za umysłem? Czy mój umysł znajduje się pod wpływem serca?

Człowiek nie jest maszyną. Bardzo ważne jest, by uchwycić tę różnicę. Maszynę możesz rozłożyć na części, a następnie złożyć i będzie ona funkcjonować tak samo jak przedtem. Kiedy dokonasz rozczłonkowania organizmu, on nie ożyje, kiedy złożysz go na nowo.

Wszystkie procesy zachodzące w ciele, umyśle, sercu, świadomości wprowadzają zmiany w całym organizmie, dotykają całości. Członki organicznej całości nie są po prostu częściami, które zostały ze sobą połączone. Są czymś więcej.

Maszyna jest sumą wszystkich swoich części. Natomiast organizm jest czymś więcej niż sumą członków. O tym decyduje dusza, która przenika całość. To dlatego każda zachodząca w tobie zmiana wyraża się w całej twojej istocie.

Istnieje wiele różnych systemów rozwoju duchowego. Jednym z nich jest joga. Zajmuje się ona przede wszystkim ciałem człowieka i jego pozycjami. Stworzono ją na podstawie rozległych badań. Twórcy jogi wykonali pracę prawie niemożliwą do wykonania. Zbadali, w jakich pozycjach umysł osiąga określony stan, serce określony rytm, a świadomość staje się mniej lub bardziej wyraźna. Pozycje ciała (asany) opracowano w ten sposób, że sama praca z ciałem, bez wchodzenia w inne obszary, zmienia istotę ludzką.

Jest to jednak długa, mozolna i trudna praca, ponieważ ciało jest całkowicie nieświadomą częścią naszej istoty. Ćwiczenie ciała dzięki przybieraniu dziwnych pozycji okazuje się trudne. Twórcy jogi zorientowali się, że życie przeciętnego człowieka jest zbyt krótkie, aby mógł on opanować wszystkie asany i w ten sposób zmienić swą wewnętrzną istotę. Jako pierwsi pomyśleli więc o tym, by wydłużyć życie. Wtedy osiągnięcie celu stałoby się możliwe.

Trudność w pracy z ciałem polega na tym, że możesz pracować nad nim przez całe życie – sześćdziesiąt lub siedemdziesiąt lat – i osiągasz pewien stan. Jednak po tym czasie ono umiera. A kiedy odradzasz się w nowym ciele, musisz zaczynać wszystko od początku. Nie możesz wystartować z punktu, który osiągnąłeś w poprzednim życiu. Tworzyło to poważną trudność w procesie treningu jogi. Z tego powodu jogini szukali metod przedłużenia ludzkiego życia.

Powszechnie znana, najsłynniejsza jest pozycja lotosu, w której widzimy siedzącego Buddę. Współcześnie stwierdzono, że siła grawitacji wywiera na człowieka najmniejszy wpływ, kiedy przyjmuje on właśnie tę pozycję, utrzymując wyprostowane plecy i rozluźnione ciało. Siła grawitacji stopniowo niszczy człowieka. Im większy wywiera na niego wpływ, tym bliższy śmierci się on staje.

Ta zależność całkiem się wyjaśniła w toku badań prowadzonych przez Einsteina. Oświadczył on, że gdybyśmy skonstruowali pojazd kosmiczny, który poruszałby się z prędkością światła, to podróżujące nim osoby nie starzałyby się. Jeśli opuściłyby Ziemię i powróciły na nią po pięćdziesięciu latach, ich rówieśnicy byliby już martwi. A one miałyby dokładnie tyle lat, ile miały w momencie startu. Einstein uważał, że w momencie osiągnięcia prędkości światła ustaje proces starzenia się. Jest to jednak tylko hipoteza. Nie istnieją eksperymenty, które by ją potwierdzały. Bardzo trudno skonstruować pojazd, który porusza się z prędkością światła, ponieważ przy tej prędkości każdy materiał ulega spaleniu.

Einstein nie był świadom tych wyjaśnień, których udziela joga. Według joginów osoba powracająca z podróży kosmicznej nie zestarzała się, ponieważ przebywała poza polem grawitacji. Jest to wniosek praktyczny, nie hipoteza. Tysiące joginów żyje o wiele dłużej niż przeciętni ludzie, ponieważ często siedzi w pozycji, w której wpływ siły grawitacji na ciało jest najmniejszy.

Jogini nie interesują się metodami wydłużania życia dlatego, że chcą żyć jak najdłużej. Powodem jest to, że wybrali bardzo powolną metodę transformacji – ciało. Istoty ludzkie mogą osiągnąć oświecenie dzięki treningowi ciała. Jogini są skupieni na uczeniu się i praktykowaniu pewnych pozycji ciała. Kiedy ciało przybiera określoną pozycję, umysł funkcjonuje w określony sposób. W pewnych pozycjach jego funkcje ustają, w innych zaś staje się on bardzo czujny.

Dzieje się to także w życiu codziennym. Zależnie od nastroju, emocji, myśli ciało przyjmuje określoną pozycję. Bacznie się przyglądając, można zauważyć związek, który zachodzi pomiędzy tymi sferami i którego nie można zmienić. Wyjaśnię to na własnym przykładzie. Jeżeli związalibyście mi ręce, nie mógłbym mówić! Nie potrafiłbym mówić, nie wiedziałbym, co robić, ponieważ moje ręce są tak ściśle związane z moją ekspresją.

Musicie wiedzieć, że każda ręka połączona jest z jedną półkulą mózgową. Lewa ręka z prawą półkulą, prawa z lewą półkulą. Ręce stanowią więc przedłużenie umysłu. Dlatego kiedy mówię, wyrażam siebie dwoma kanałami: poprzez słowa oraz poprzez ciało. Każdy gest, który wykonuję rękami, pomaga mi wyrazić określoną ideę. Jeżeli moje ręce zostałyby związane, nie mógłbym niczego powiedzieć. Próbowałem, lecz okazało się to niezwykle trudne. Próbowałem coś powiedzieć, lecz mówiłem zupełnie coś innego. Działo się to z tego powodu, że został zaburzony rytm ruchów moich rąk.

W ciele wszystkie narządy są ze sobą połączone. Joga pracuje z ciałem i jest to długi, trudny proces. Człowiek współczesny nie ma dużo czasu. Trzeba znaleźć krótszą drogę. Jest nią praca z umysłem. Na dodatek to droga łatwiejsza, ponieważ z umysłem nie trzeba robić nic szczególnego. Należy jedynie zachować uważność i świadomość. Nie warto stosować psychoanalizy, gdyż to tylko niepotrzebnie wydłuża proces.

Joga przynajmniej doprowadza proces do końca, a psychoanaliza nie, ponieważ umysł każdego dnia tworzy nowe śmieci, jest pod tym względem bardzo płodny. Porządkujesz stare sny, a tymczasem umysł tworzy nowe. Jest tak sprytny, że może stworzyć sen, w którym widzisz, że śpisz i masz sny. Analizowanie tego wszystkiego może trochę pomóc, przynieść małą ulgę, lecz to niekończący się proces.

Osoby, które naprawdę pracują z umysłem, wyostrzają uważność i świadomość bycia świadkiem wydarzeń. Kiedy obserwujesz umysł, uspokaja się on stopniowo, przestaje gadać, staje się cichy. Kiedy umysł staje się cichy i spokojny, twoje ciało może stopniowo zmieniać się w zdumiewający sposób. Tego właśnie doświadczyła osoba, która postawiła pytanie. Zauważasz, że ciało zachowuje się we wcześniej nieznany sposób. Ciało inaczej się porusza, inaczej wykonuje gesty. Kiedy umysł staje się cichy i spokojny, ciche i spokojne staje się również ciało. W ciele panuje spokój, a jednocześnie jest ono tak żywe, jak nigdy przedtem. Wcześniej doświadczałeś swojego ciała, ale nigdy nie byłeś z nim w tak bliskim kontakcie, ponieważ nieustannie angażował cię umysł. Umysł stwarzał barierę i z tego względu twoja świadomość nigdy nie połączyła się z ciałem.

Teraz umysł stał się spokojny, a świadomość po raz pierwszy stała się czujna i odbiera sygnały ciała. Z tego też względu Budda wykonuje charakterystyczne gesty; inaczej się porusza, inaczej patrzy. Wszystko przebiega inaczej, ponieważ teraz umysł nie istnieje. Ciało w takiej sytuacji nie podąża za umysłem, lecz za świadomością, która stanowi najgłębszą część ludzkiej istoty. Kiedy więc w ciele następują zmiany, obserwuj je i ciesz się nimi. Bądź bardziej uważny, a nastąpi więcej zmian. Stań się bardziej świadomy, a zauważysz, że nawet w ciele budzi się swoista świadomość. Kiedy staniesz się bardziej czujny i świadomy, będziesz odczuwał więcej miłości do swego ciała, więcej współczucia dla niego. Zbliżysz się do niego i nawiążesz z nim intymną, przyjacielską relację. Do tej chwili po prostu używałeś ciała. Nie powiedziałeś mu nawet „dziękuję", a przecież ciało służyło ci na wszelkie sposoby. Jest to więc dobre doświadczenie. Pozwól, by stało się bardziej intensywne, i wspieraj je, stając się jeszcze bardziej czujnym.

Z UMYSŁU I SERCA DO ISTOTY:
Powrót do centrum

Społeczeństwo nie chce, abyś stał się człowiekiem serca. Społeczeństwo potrzebuje głów, a nie serc.

Pewnego razu odwiedziłem uniwersytet w Waranasi. Rozmawiałem z jednym z najbardziej w owym czasie znanych w Indiach uczonych – doktorem Halami Prasad Dwiwedi. Przewodniczył spotkaniu, na którym miałem wygłosić wykład. Był on dyrektorem („głową"*) wydziału sztuki.

---

* W języku angielskim słowo *head* – głowa – oznacza także funkcję przewodniczącego, dyrektora; w języku polskim odpowiednik może stanowić powiedzenie: „Mężczyzna jest głową rodziny".

– Czy zastanawiałeś się kiedykolwiek, dlaczego jesteś nazywany głową, a nie sercem? – spytałem go.

– Stawiasz dziwne pytania – odpowiedział. Był wtedy starszym mężczyzną. Obecnie już nie żyje. – W ciągu całego życia nikt mnie o to nie zapytał.

Rozważył jednak moje pytanie.

– Jest coś istotnego w tym, o co pytasz. Zacząłem się zastanawiać, dlaczego ludzie nie są nazywani na przykład sercem wydziału filozofii. Brzmiałoby to bardziej autentycznie, bardziej prawdziwie niż określanie ich mianem głowy.

W społeczeństwie występuje podział na głowy i ręce. Czy zwróciliście uwagę, że robotnicy nazywani są „rękami"*? Nad nimi znajdują się osoby, nazywane „głowami"**. Natomiast zupełnie zapomniano o sercu. Nikogo nie nazywa się „sercem". Bardzo istotna jest chwila, kiedy odczuwasz poruszenie w sercu. Twoje serce jest o wiele cenniejsze niż twoja głowa. Twoja głowa zawiera jedynie zapożyczone treści, nie mieści się w niej nic oryginalnego. Natomiast twoje serce należy naprawdę do ciebie. Twoje serce nie jest chrześcijańskie ani hinduskie. Ono jest napełnione życiem. Nie zostało zepsute ani zatrute. Jest wciąż autentyczne.

Przejście z głowy do serca oznacza zmianę skokową. Jeszcze jeden krok dalej – z serca do swojej istoty – i wracasz do domu. Wędrówka zostaje zakończona.

Nikt nie może przejść bezpośrednio z głowy do swojej istoty. Głowa i wewnętrzna istota nie mają ze sobą kontaktu ani połączenia. Nie poznały siebie wzajemnie! Głowa nie wie nic o istocie, podobnie istota nie wie nic o głowie. Mieszkają w jednym domu, lecz są sobie zupełnie obce. Ich funkcjonowanie jest całkowicie odmienne.

---

* Ręce do pracy, brak rąk do pracy.

** Głowa państwa.

Dlatego nie mają punktu stycznego, nigdy nie dochodzi do ich spotkania.

Natomiast serce stanowi rodzaj mostu pomiędzy głową a istotą. Pewna część serca zna głowę, inna część serca zna istotę. Serce jest stacją pośrednią. Na ścieżce, która prowadzi do poznania istoty, serce stanowi miejsce nocnego spoczynku. Spędzasz tam noc i wędrujesz dalej.

Z poziomu serca jesteś w stanie dostrzec pewien obszar, który należy do wewnętrznej istoty. Nie możesz tego uczynić z poziomu głowy. Z tego względu filozofowie nigdy nie mogą stać się mistykami. Natomiast poeci mogą. Przechodzą transformację. Malarze, rzeźbiarze, muzycy, śpiewacy są bliżsi istoty.

Całe nasze społeczeństwo jest zdominowane przez głowę, ponieważ głowa umie zarabiać pieniądze. Jest bardzo wydajna. Maszyny są zawsze bardziej wydajne. Głowa jest w stanie zrealizować wszystkie twoje ambicje. Głowa jest zasilana przez system edukacji i cała energia człowieka kieruje się do głowy, a omija serce.

Serce jest najważniejsze, ponieważ stanowi bramę wiodącą do twej istoty, do wiecznego źródła życia. Chciałbym, aby na wszystkich uniwersytetach w całym świecie budzono świadomość serca, by czyniono ludzi bardziej czułymi na piękno, bardziej wrażliwymi na wszystko, co nas otacza, na niezwykłe piękno, na potęgę radości.

Podążaj więc z głowy do serca, a potem podejmij trochę większe ryzyko i przesuń się z serca do istoty. To prawdziwa podstawa twego życia.

W pewnym mieście żył człowiek, który był uważany przez wszystkich za największego idiotę, jaki kiedykolwiek istniał. Ten człowiek ciągle miał problemy. Cokolwiek powiedział, ludzie śmiali się z tego, nawet jeżeli było to coś pięknego i prawdziwego. Mógł cytować słowa mędrców, lecz ludzie mimo to się śmiali.

Ów człowiek udał się do mędrca i powiedział:

– Nie mogę dłużej znosić bezustannego poniżania. Albo mi pomożesz znaleźć jakieś rozwiązanie, albo popełnię samobójstwo.

Mędrzec roześmiał się:

– To nie jest wielki problem. Zrób tylko jedną rzecz. Zacznij wszystkiemu zaprzeczać, wszystko kwestionować. Jeżeli ktoś powie: „Spójrz na zachód słońca, jaki jest piękny!", natychmiast zapytaj: „Gdzie widzisz to piękno? Ja niczego nie widzę. Udowodnij to! Czym jest piękno? Nie istnieje żadne piękno. To nonsens". Żądaj dowodów. Mów: „Pokaż mi, gdzie znajduje się piękno, pokaż mi je, chcę go dotknąć. Podaj mi jego definicję". Postępuj tak w każdym wypadku, a po upływie siedmiu dni przyjdź do mnie. Zaprzeczaj wszystkiemu, zadawaj pytania, na które nie ma odpowiedzi: Czym jest piękno, czym jest miłość, czym jest ekstaza? Czym jest życie, czym jest śmierć, czym jest Bóg?

Po siedmiu dniach głupiec przyszedł ponownie do mądrego człowieka, za nim zaś podążał tłum ludzi. Był odświętnie i bogato ubrany.

– Co się stało? – zapytał mędrzec.

– Stało się coś niewiarygodnego – odrzekł człowiek uważany za głupca. – Teraz całe miasto myśli, że jestem najmądrzejszy na świecie. Wszyscy sądzą, że jestem wielkim filozofem, wielkim myślicielem. Zamknąłem wszystkim usta. Ludzie zaczęli się mnie obawiać. W mojej obecności zachowują milczenie, ponieważ cokolwiek powiedzą, natychmiast obracam to w pytanie. Wszystko podaję w wątpliwość. Twój sposób się sprawdził!

– Kim są ludzie, którzy przyszli tu za tobą? – dopytywał się mędrzec.

– To moi uczniowie. Chcą się ode mnie nauczyć, czym jest mądrość!

Właśnie tak to wygląda. Umysł żywi się tym, co negatywne, ciągle zaprzecza. Jest zasadniczo ateistyczny i negatywny. Nie istnieje umysł pozytywny.

Pozytywne jest serce. Umysł mówi „nie", serce powiada „tak". Oczywiście, lepiej jest mówić „tak". Nie można naprawdę istnieć, mówiąc „nie". Im częściej mówisz „nie", tym bardziej stajesz się skurczony, zamknięty. Im częściej mówisz „nie", tym mniej w tobie życia.

Jeżeli mówisz „nie" miłości, pomniejszasz samego siebie. Jeżeli zaprzeczasz pięknu, pomniejszasz samego siebie. Jeżeli mówisz „nie" każdej osobie i rzeczy, stopniowo znikasz. Pozostaje tylko puste życie, pozbawione znaczenia i sensu, pozbawione radości, tańca i celebracji.

Powiedzieliśmy „nie" Bogu, powiedzieliśmy „nie" transcendencji, powiedzieliśmy „nie" wszelkim wartościom, dla których człowiek żył przez wieki. Udowodniliśmy naszym sercom, że wszystkie te rzeczy są pozbawione wartości. Teraz jednak znaleźliśmy się w trudnym położeniu, w głębokim zamęcie. Życie wydaje się nam coraz bardziej niemożliwe do udźwignięcia. Żyjemy nadal tylko dlatego, że nie potrafimy popełnić samobójstwa. Motywuje nas lęk, a nie miłość.

Umysł zna tylko pytania, serce zna tylko odpowiedzi. Umysł ciągle pyta, lecz nie jest w stanie znaleźć odpowiedzi. Dlatego też w filozofii nie występują odpowiedzi, a jedynie mnożą się pytania. Każde pytanie staje się tysiącem kolejnych pytań.

Serce wie, co jest ważne. Serce zna wspaniałość życia, ogromną radość zawartą w samej egzystencji. Serce jest zdolne do celebrowania życia, lecz nigdy nie stawia pytań. Z tego względu umysł sądzi, że serce jest ślepe. Umysł jest pełen wątpliwości, serce zaś pełne ufności. Znajdują się one na przeciwnych biegunach.

Mówi się, że lepiej przyjmować postawę pozytywną niż negatywną. Pamiętaj jednak, że aspekt pozytywny jest połączony z negatywnym. Są to dwie strony tego samego zjawiska.

Nie jestem tu, by was uczyć dróg serca. Tak, używam ich, lecz tylko po to, by wyprowadzić was poza umysł. Używam serca jako łodzi, która ma was przewieźć na drugi brzeg. Kiedy przepłyniecie rzekę, możecie zostawić łódź. Nie potrzeba, abyście ją dalej dźwigali.

Cel polega na tym, by wykroczyć poza przeciwieństwa, wyjść poza „nie" i „tak".

Nie nauczam was ani pozytywnego, ani negatywnego sposobu życia. Uczę was ścieżki transcendencji. Musicie porzucić wszelkie pary przeciwieństw – podział na umysł i serce, materię i umysł, pozytywne i negatywne, męskość i kobiecość, jin i jang, dzień i noc, lato i zimę, życie i śmierć – porzucić *wszystkie* przeciwieństwa.

W momencie gdy oddalasz się od „tak" i „nie", doświadczasz pierwszych przebłysków ostatecznej rzeczywistości. Ponieważ ostateczna rzeczywistość jest całkowicie niewyrażalna, nie możesz powiedzieć „nie", nie możesz powiedzieć „tak".

Jeżeli jednak miałbyś dokonać wyboru pomiędzy podejściem pozytywnym a negatywnym, zachęcam cię do wybrania podejścia pozytywnego. Łatwiej jest wydostać się z „tak", niż wydostać się z „nie". Zaprzeczenie nie ma wiele przestrzeni; jest niczym ciemna więzienna cela. Potwierdzenie jest bardziej obszerne, bardziej otwarte i wrażliwe. Życie w pozycji negatywnej jest najgłupszym wyborem, jakiego można dokonać. Jednak robią tak miliony ludzi. Ego można porównać do więziennej celi, zbudowanej z cegiełek „nie". Ego żywi się negatywnością.

Od „nie" przejdź do „tak", a od „tak" przejdź ku transcendencji. Transcendencja nie jest ani pozytywna, ani negatywna. Jest świętością, oświeceniem.

Czy to możliwe, abyśmy funkcjonowali, opierając się jednocześnie na głowie i sercu? Czy głowa i serce muszą pozostać na zawsze rozdzielone? Czy musimy świadomie pomiędzy nimi wybrać?

Wszystko zależy od ciebie, ponieważ zarówno głowa, jak i serce są pewnego rodzaju mechanizmami. Ty zaś nie jesteś ani głową, ani sercem. Możesz używać głowy, możesz używać serca. Osiągniesz odmienne rezultaty, ponieważ głowa i serce prowadzą cię w przeciwnym kierunku.

Głowa ciągle myśli, rozważa, filozofuje, to mechanizm logiczny. Nie są to jednak płodne rozważania. Nie możesz za pomocą głowy dotrzeć do prawdy. Prawda jest bardzo prosta, natomiast głowa komplikuje całą sprawę.

Serce to mechanizm emocjonalny. Dzięki niemu pojawiły się religijna wiara, modlitwy, związki uczuciowe. Jednak za pomocą serca także nie dotrzesz do prawdy. Emocje stanowią taką samą barierę na drodze ku prawdzie, jak logika. Możesz obserwować, jak twoja głowa myśli, a także jak emocje pulsują w twoim sercu.

Społeczeństwo ustawiło głowę na pozycji pana, natomiast serce na pozycji sługi, ponieważ społeczeństwo jest wytworem męskiego umysłu i męskiej psychiki. Mężczyzna zniewolił kobietę, głowa zniewoliła serce. Możemy odwrócić tę sytuację. Serce może stać się panem. Jeżeli mamy dokonać wyboru, to lepiej jest, by tak właśnie się stało.

Są określone rzeczy, do których wykonania serce nie jest zdolne. To samo odnosi się do głowy. Głowa nie potrafi kochać, nie potrafi odczuwać. Natomiast serce nie potrafi być racjonalne, rozsądne.

W miarę jak twoja medytacja staje się coraz głębsza i zanika twoja identyfikacja z głową oraz z sercem, stwierdzasz, że jesteś istotą trójwymiarową. Stwierdzasz, że twoja rzeczywistość zawiera się w trzecim wymiarze, w świadomości. Świadomość posługuje się zarówno głową, jak i sercem.

Opowiadałem historię o ślepym żebraku i kulawym żebraku, którzy mieszkali w lesie. Rywalizowali ze sobą. Żebranie to też rodzaj biznesu. Pewnego dnia w lesie wybuchł pożar. Kulawy nie mógł uciec, ponieważ nie był w stanie poruszać się samodzielnie. Ślepy też nie mógł uciec, ponieważ nie widział drogi. Obaj mogli zginąć w płonącym lesie. W stanie zagrożenia życia zapomnieli o niesnaskach. Ślepy wziął na plecy kulawego i w ten sposób wydostali się z ognia. Jeden z nich patrzył na drogę, drugi poruszał się według jego wskazówek.

Podobny proces zachodzi w twoim wnętrzu. Głowa ma oczy, serce ma energię, by się poruszać. Musisz dokonać połączenia ich obu. Serce ma pozostawać panem, głowa – sługą. Osoba świadoma używa głowy jako sługi, serca jako pana. Jeżeli przestałeś utożsamiać się z głową i z sercem, stajesz się świadkiem działania ich obu. Możesz wtedy rozpoznać hierarchię wartości, określić cel.

Musimy przebudować wnętrze człowieka. Zasadnicza rewolucja nastąpi wtedy, kiedy serce będzie decydować o podstawowych wartościach. Serce nie będzie podejmować decyzji o prowadzeniu wojen, produkcji broni nuklearnej. Serce nie jest zorientowane na budowanie cywilizacji śmierci.

Jednak problem leży o wiele głębiej. Polega on na tym, że żyjemy w społeczeństwie zdominowanym przez mężczyzn. Mężczyzna stworzył reguły gry, do których kobieta musi się dostosować. Te uwarunkowania kształtowały się przez miliony lat. Jeżeli serce zostanie panem, a głowa sługą, przemianie ulegnie cała struktura społeczna. Istnieje taka możliwość, aby jednak została zrealizowana, musisz stać się bardziej świadomy, musisz stać się świadkiem wszystkich procesów, które zachodzą w twoim wnętrzu. Obserwator natychmiast staje się wolny od identyfikacji. Może postrzegać emocje, ale wie: „Nie jestem emocjami". Może postrzegać myśli, ale wie: „Nie jestem procesem myślenia". „Wobec tego kim jestem?" „Czystym obserwatorem, świadkiem". Przebywając w takim stanie, docierasz do samego jądra swych możliwości, swojej inteligencji. Stajesz się świadomą ludzką jednostką. Jeżeli ta przemiana obejmie wielu ludzi, wyłoni się nowe społeczeństwo. Powstanie nowy gatunek ludzkich istot. Może to zmienić tak wiele, że przekracza to nasze obecne wyobrażenia. Zmianie ulegnie system wartości. Podążam ścieżką medytacji. Wiąże się ona ze wzrostem świadomości, przekraczającej głowę i serce. Ta droga stanowi klucz do pojawienia się na ziemi nowego rodzaju istot ludzkich.

Wysłuchałam twego wykładu na temat myślenia, odczuwania oraz istoty. Zrozumiałam, że musimy uwolnić się od jednego poziomu doświadczeń, by osiągnąć kolejny poziom. Pojawiło się w związku z tym pytanie, czy mam się także uwolnić od miłości. Czy miłość jest przejawem naszej wewnętrznej istoty i będzie zawsze obecna? Czy możesz wypowiedzieć się na temat uczuć, miłości oraz istoty?

Mogę mówić wiele, ale najpierw chcę cię zapytać, czy wiesz, czym jest miłość? Obawiasz się ją utracić? Ludzie wyobrażają sobie różne rzeczy…

Przed sędziego doprowadzono dwóch przyjaciół, którzy pobili się ze sobą. Sędzia nie mógł uwierzyć, że między nimi mogło dojść do bójki. Działo się to w niewielkim mieście. Wszyscy mieszkańcy znali się i wiedzieli, że ci dwaj ludzie byli zawsze wspaniałymi przyjaciółmi.

– Co się stało? Jaka była przyczyna waszej walki? – zapytał zatem sędzia.

– Ty mów – powiedział jeden z przyjaciół.

– Nie, ty powiedz – drugi na to.

– Każdy z was może opowiedzieć. Zasady nie określają, kto pierwszy ma mówić. Czekam – zniecierpliwił się sędzia.

Obaj milczeli.

– Mówcie! W przeciwnym razie wtrącę was do więzienia – zagroził sędzia.

– To takie głupie... Po prostu siedzieliśmy na piasku na brzegu rzeki. Przyjaciel powiedział, że chce kupić krowę. „Porzuć tę myśl, bo twoja krowa może wejść na moje pola i zdeptać zboże. Wtedy nastąpi koniec naszej przyjaźni. Zabiję twoją krowę" – powiedziałem mu.

„Po co się denerwujesz? Mam całkowite prawo do tego, żeby kupić krowę, a nawet dziesięć krów. Krowy są po prostu krowami. Mogą oczywiście czasami wejść na twoje pole. Zobaczymy, co się zdarzy. Jeżeli jednak zabijesz moją krowę, spalę twoje zboże!" – zagroził mi przyjaciel.

Tak się to dalej toczyło od słowa do słowa... Zaczęliśmy okładać się pięściami. Nie było ani krowy, ani zboża. Teraz jest nam bardzo głupio. Dlatego też żaden z nas nie chciał powiedzieć, o co poszło!

Wiem, że ty jeszcze nie masz miłości, bo gdybyś ją miała, nie powstałoby twoje pytanie. Z tego powodu mówię z całkowitą pewnością, że jej nie masz. Ale twoje pytanie zachowuje ważność.

Jednostkę ludzką można podzielić na trzy poziomy: ciało, umysł, wewnętrzną istotę. Miłość może występować na wszystkich trzech poziomach.

Na poziomie ciała przejawia się jako seksualność. Możesz nazywać to miłością, ponieważ słowo „miłość" brzmi poetycko, pięknie. Dziewięćdziesiąt dziewięć procent ludzi nazywa życie seksualne „miłością". Seks ma charakter biologiczny, fizjologiczny. Zakochujesz się w kobiecie lub w mężczyźnie. Czy możesz dokładnie opisać, dlaczego przyciąga cię właśnie ta osoba? Twoja fizjologia, twoja chemia, twoje hormony przyciągane są przez hormony, fizjologię, chemię drugiej osoby. To proces chemiczny, fizjologiczny poziom miłości.

Na poziomie umysłu można ją nazwać miłością. Muzyk, malarz czy poeta przebywa w swoim sercu, może więc odczuć serce drugiej osoby. Doświadcza tego zaledwie jeden procent wszystkich ludzi. Dlaczego więcej osób nie dociera do tego wyższego poziomu? Ponieważ jest on niezwykle piękny... A to, co jest bardzo piękne, jest też bardzo delikatne. Ludzie obawiają się głębokiego zaangażowania w miłość, obawiają się dotarcia do delikatnych warstw miłości. Ten poziom ulega bowiem nieustannym zmianom. Uczucia nie są jak kamienie, lecz jak żywe kwiaty róż. Poeci i artyści znani są z tego, że zakochują się prawie codziennie. Ich miłość przypomina kwiat róży. Jest aromatyczna, żywa jak taniec na wietrze, na deszczu, na słońcu. Wieczorem jednak może odejść. Wpada do twego pokoju jak wiatr, wnosi świeżość, chłód i odchodzi. Nie możesz złapać wiatru w dłonie, zamknąć go w pięści. Tylko nieliczne osoby potrafią żyć z chwili na chwilę, podążać za zmianami.

Nie wiem, który rodzaj miłości poznałaś. Prawdopodobnie pierwszy. Zastanawiasz się, co stanie się z miłością, kiedy dotrzesz do wewnętrznej istoty. Z pewnością miłość odejdzie, ale nie staniesz się osobą przegraną. Pojawi się nowy rodzaj miłości. Taka miłość pojawia się u jednej osoby spośród miliona. Taką miłość można określić jako bezwarunkową. Jej energia nie jest skierowana na konkretny obiekt. Nie jest to miłość, która chce kogokolwiek posiadać na własność. Nie pozwala się ona także zawłaszczyć. Tego rodzaju miłość przynosi wewnętrzną, rewolucyjną zmianę. Trudno to nawet sobie wyobrazić.

Co się stanie, kiedy miłość odejdzie? Na jej miejsce pojawi się coś potężnego, nieskończonego. Będziesz w stanie kochać bez przywiązania. Będziesz w stanie kochać wielu ludzi. Miłość ograniczona do jednej osoby jest uboga. Ta osoba może ci dostarczyć pewnego doświadczenia miłości, lecz kochać wiele osób... Będziesz zachwycona tym, że każda osoba daje ci nowe uczucie, nową pieśń, nową ekstazę.

Z tego właśnie powodu jestem przeciwny instytucji małżeństwa. Ludzie, jeśli tego chcą, mogą spędzać razem całe życie. Jednak nie powinna być to konieczność potwierdzana przez prawo. Ludzie powinni przemieszczać się i mieć tak dużo doświadczeń miłości, jak to możliwe. Ludzie nie powinni kochać miłością zawłaszczającą. Chęć posiadania osoby na własność zabija miłość. Ludzie nie powinni też pozwalać na to, by ich traktowano jak własność. To także niszczy miłość.

Wszystkie ludzkie istoty zasługują na miłość. Nie ma potrzeby, by dwie ludzkie istoty były spętane ze sobą przez całe życie. Z tego między innymi powodu wszyscy ludzie na całym świecie wyglądają na tak znużonych. Dlaczego nie mogą się śmiać? Dlaczego nie mogą tańczyć? Są skuci niewidzialnymi łańcuchami: małżeństwo, rodzina, mąż, żona, dzieci. Są obciążeni wszelkiego rodzaju obowiązkami, odpowiedzialnością, wyrzeczeniami. Jak można oczekiwać od nich, że będą się uśmiechać, tańczyć, radować? Takich wymagań spełnić nie sposób.

Miłość ludzka powinna być wolna, a nie dążyć do posiadania kogokolwiek. Stanie się to możliwe, jeśli na drodze medytacji odkryjesz wewnętrzną istotę. Nie jest to kwestia działań praktycznych. Nie mówię ci, byś tej nocy poszła do innego mężczyzny, by praktykować wolność. W takiej sytuacji nie dostaniesz niczego. Stracisz tylko swojego partnera. Rano będziesz głupio wyglądać.

Wraz z odkryciem istoty pojawia się miłość bezwarunkowa, bezosobowa. Wtedy po prostu kochasz, a to doświadczenie się poszerza. Najpierw obejmujesz tą energią ludzkie istoty, następnie zwierzęta, ptaki, drzewa, góry, gwiazdy. Nadchodzi dzień, kiedy już kochasz całość istnienia. To nasz potencjał. Osoba, która nie realizuje go, marnuje swoje życie.

Tak, utracisz pewne rzeczy, lecz są one pozbawione wartości. Uzyskasz tak wiele, że nigdy nie będziesz myślała o tym, co utraciłaś.

Czysta, nieosobowa miłość może przeniknąć istotę każdego człowieka. Stanowi ona rezultat medytacji, ciszy, głębokiego zanurzenia się we własnym wnętrzu. Staram się was przekonać: nie obawiajcie się utraty tego, co macie.

Moje zadanie polega przede wszystkim na zachęceniu was, abyście krok po kroku przechodzili z poziomu fizjologicznego do psychicznego, z umysłu do serca. Następnie przesuńcie się z serca do istoty. Na poziomie istoty otwierają się drzwi do najgłębszych pokładów rzeczywistości. Nie można ich opisać. Można na nie tylko wskazać, tak jak można palcem wskazać na księżyc.

CZĘŚĆ II

Emocjonalny dobrostan: odzyskiwanie wewnętrznej harmonii

Kiedy używasz swojej energii na poziomie świadomości, prowadzi cię to ku centrum istnienia. Twoje myślenie oddala cię od tego centrum, a jeszcze bardziej oddala cię twoja ekspresja. Kiedy zaprzestajesz ekspresji i powracasz do myślenia, od myślenia zaś do niemyślenia, do czystej świadomości, zbliżasz się najbardziej do własnego centrum i do centrum wszelkiego istnienia.

Kiedy doznajesz emocji, kiedy pojawiają się myśli, to w trakcie ich wyrażania energia porusza się na zewnątrz, ku peryferiom. A im bardziej znajdujesz się na obwodzie, tym bardziej oddalasz się od samego siebie.

Powracaj krok po kroku. To podróż do źródła, a źródło jest tym, czego potrzebujesz doświadczyć… To nie tylko twoje źródło. To źródło gwiazd, księżyca, słońca. To źródło całego bytu.

ZACZNIJ OD AKCEPTACJI

Największe pragnienie, jakie może mieć ludzka istota, dotyczy wewnętrznej transformacji. W porównaniu z tym pragnieniem niczym jest żądza posiadania pieniędzy, władzy czy prestiżu. Transformacja staje się możliwa, kiedy się po prostu odprężysz, niezależnie od tego, w jakiej znajdujesz się sytuacji. Transformacja pojawia się wraz z bezwarunkowym zaakceptowaniem samego siebie. Zajmiemy się teraz głębiej tym zagadnieniem.

Człowiek znajduje się w nieszczęśliwym położeniu i w pomieszaniu. Dlatego chce odnaleźć stan błogości, zjednoczenia z istnieniem. Czuje się wyobcowany, wykorzeniony. Z tego powodu ma naturalne pragnienie, by ponownie zakorzenić się w egzystencji, zazielenić się, zakwitnąć.

Aby nastąpiło doskonałe zjednoczenie z istnieniem, świadomość musi się zjednoczyć. Ten stan jest możliwy tylko wtedy, gdy powstrzymamy się przed odrzucaniem jakiegokolwiek realnego doświadczenia. Najpierw należy to zrozumieć. Oto odczuwasz strach. Ten strach jest realnym doświadczeniem. Jest tutaj! Możesz go odrzucić, lecz w ten sposób go stłumisz. Tłumiąc strach, dokonasz okaleczenia swej istoty. Strach nie zniknie. Zachowujesz się wtedy jak struś: kiedy widzi on zagrożenie, chowa głowę w piasek. Nie powoduje to, że zagrożenie znika, a wróg odchodzi. W istocie struś staje się bardziej podatny na atak wroga. Znajduje się w jeszcze większym niebezpieczeństwie. Jego wróg stał się potężniejszy, ponieważ nie jest zauważany. Gdyby struś nie schował głowy, mógłby działać.

Ludzie postępują w ten właśnie sposób. W jakiejś osobie pojawia się strach, lecz ona stara się tego nie zauważać. Pewna część jej istoty znajduje się poza jej świadomością. Któregoś dnia pojawia się następne uczucie – złość. Jej również ta osoba woli nie widzieć. Nie chce zaakceptować tego, że jest w niej złość. Nie chce patrzeć w tamtym kierunku. Innego dnia pojawia się chciwość... I tak dalej.

Wszelkie uczucia czy postawy, których nie chcesz dostrzegać, pozostają na głębszym poziomie. Na skutek opisanego procesu kurczy się twoja świadomość. Wiele części twojej istoty zostaje oddzielonych od świadomości. To ty dokonałeś tej separacji. Im bardziej jesteś podzielony na fragmenty, tym bardziej czujesz się nieszczęśliwy.

Pierwszy krok, który cię prowadzi ku doświadczeniu błogości, polega na tym, byś odzyskał jedność. O tym mówią mistycy. Jedność oznacza błogość, podział jest piekłem. To proste. Czujesz strach, więc stwierdzasz: „Jestem tchórzem". Po prostu zauważ to! Jeżeli zaakceptowałeś swoją tchórzliwość, już stałeś się odważny. Tylko odważna osoba może zaakceptować fakt, że jest tchórzliwa. Żaden tchórz tego nie zrobi. Już znajdujesz się na drodze przemiany. Najważniejsze jest więc to, by nie zaprzeczać niczemu, co jest faktem.

Aby stało się to możliwe, świadomość musi się uwolnić od wszelkich sztywnych wyobrażeń, z którymi się utożsamiła. Jeżeli twój umysł przylgnął do wyobrażenia, jaki jesteś, nie ma w tobie wolnej przestrzeni, w której mogą się pojawić odmienne koncepcje. Jeżeli masz pewne wyobrażenie, jaki powinieneś być, wtedy nie możesz zaakceptować prawdy o samym sobie, która jest oparta na doświadczeniach. Jeżeli masz przekonanie, że powinieneś być odważny, że odwaga jest wartością, wówczas trudno ci będzie zaakceptować własne tchórzostwo. Jeżeli uważasz, że masz być osobą podobną do Buddy, obdarzoną absolutnym współczuciem, to nie będziesz w stanie zaakceptować swojego gniewu. To właśnie idealne wyobrażenia tworzą problem.

Jeżeli nie masz ideałów, nie będziesz miał problemów. Czujesz strach – tak, jesteś tchórzem. Nie ma idealnego wymagania, by być odważnym.

Cokolwiek wrzucisz do swojej nieświadomości, będzie to działało z tego nieświadomego poziomu i stworzy problemy. Nawet niewielka choroba, kiedy jest tłumiona, może przekształcić się w groźną. Jeżeli ideałem jest celibat, wtedy problemem staje się seks. Jeżeli będziesz miał wyobrażenie, że ideałem jest posiadanie trojga oczu, od razu powstanie problem. Masz bowiem tylko dwoje oczu. Jednak ideał to troje. W związku z tym czegoś ci brakuje. Tęsknisz za trzecim okiem. W najlepszym wypadku namalujesz sobie trzecie oko na czole, ale to nie będzie to samo. Namalowane oko nie jest prawdziwe. To hipokryzja.

Ideały powodują, że pojawia się hipokryzja. Hipokryzja rodzi się z pielęgnowania ideałów. Jeżeli znikną ideały, zniknie też hipokryzja. W Indiach można napotkać więcej hipokryzji niż gdziekolwiek na świecie, ponieważ przez całe tysiąclecia w tym kraju istniały wielkie ideały. Dziwne i szalone ideały...

Na przykład mnich w dżinizmie dąży do szczególnej ascezy. Poczuje satysfakcję tylko wtedy, gdy będzie umiał, na wzór Mahawiry*, zadowolić się niezwykle skromną ilością pożywienia. Powiada się, że Mahawira podczas dwunastoletniego odosobnienia zjadł tyle, ile normalny człowiek zjada w ciągu roku. Oznacza to, że po dwunastu dniach postu jadł przez jeden dzień, a następnie pościł przez kolejne dwanaście dni. Mnisi dżinijscy cierpią, ponieważ nie mogą osiągnąć tego ideału.

* Mahawira – legendarny święty, założyciel dżinizmu.

Pewnego dnia ktoś mnie zapytał: „Czy nie jesteś hipokrytą? Mieszkasz w luksusie, w pięknym domu, jeździsz wspaniałym samochodem, żyjesz jak król". Ta osoba nie zrozumiała, co oznacza słowo „hipokryzja". Całe moje nauczanie mówi o tym, by żyć tak wspaniale, jak to możliwe. Nie jestem hipokrytą. Żyję w sposób zgodny z moim nauczaniem.

Jeżeli nauczałbym, by żyć w ubóstwie, a mieszkałbym w pałacu, to byłaby hipokryzja. Moim celem nie jest ubóstwo. Żyję w sposób naturalny, a komfort i wygoda są naturalne. Jeżeli życie w komforcie nie jest możliwe, sytuacja przedstawia się odmiennie. W takim wypadku zadowalaj się tym, co masz.

Żyłem w różnych warunkach, lecz zawsze zapewniałem sobie komfort. Kiedy byłem studentem, każdego dnia chodziłem pieszo na uniwersytet około pięciu kilometrów. Bardzo to lubiłem! Przemierzałem codziennie tę odległość z wielkim zadowoleniem. Kiedy stałem się nauczycielem, jeździłem na uczelnię na rowerze. Również z tego byłem zadowolony. Nie sprawiało mi to żadnej różnicy, czy jechałem rowerem, czy mercedesem. Byłem zadowolony, żyłem w komforcie. Uczucie komfortu jest określoną postawą umysłu, podejściem do życia. Zdarzało mi się mieszkać w ubogich domach. Kiedy zacząłem pracować na uniwersytecie, mieszkałem w niewielkim pokoju bez okien i wentylacji. Płaciłem za wynajem dwadzieścia rupii miesięcznie. Bardzo lubiłem to miejsce, cieszyłem się nim. Te warunki nie stanowiły dla mnie problemu. Czerpałem zadowolenie z chwili bieżącej i maksymalnie ją wykorzystywałem. Odczuwałem pełnię momentu, w którym jestem. Nigdy niczego nie żałowałem, nigdy nie oczekiwałem czegoś więcej. Jeżeli wydarzało się coś nowego, cieszyłem się tym. W żadnym wypadku nie można powiedzieć, że jestem hipokrytą. Nie mogę być hipokrytą, ponieważ nie mam żadnych ideałów, które chcę zrealizować. Nie ma we mnie przymusów i powinności. Jest to, co jest. W tym właśnie żyję.

Moim zadaniem i moją rolą jest odebranie wam wszelkich ideałów. Przyszliście tu ze swoimi ideałami. Chcecie, abym je w was wzmocnił. Chcecie, abym was wsparł i pomógł wam stać się osobą, którą chcecie się stać. Może to być motywacja, która was tu przyprowadziła. Jednak moje zadanie jest odmienne. Chcę wam pomóc zaakceptować waszą obecną postać, a jednocześnie zapomnieć o wszelkich fantazjach. Chcę, abyście się stali bardziej realistyczni i pragmatyczni. Chcę, abyście się zakorzenili w ziemi. Wy natomiast tęsknicie za niebem i całkowicie zapomnieliście o ziemi.

Owszem, niebo jest dostępne, ale przedostać się tam mogą tylko te osoby, które zapuściły korzenie głęboko w ziemi. Jeżeli drzewo chce rosnąć wysoko, rozmawiać z chmurami, bawić się z wiatrem i połączyć z gwiazdami, powinno zapuszczać coraz głębiej korzenie. Najpierw należy zakorzenić się w ziemi, a następne rzeczy przyjdą w swoim rytmie. Im głębiej sięgną korzenie, tym wyższe urośnie drzewo. Nie ma potrzeby, by coś tu dodawać.

Moje wysiłki skierowane są na to, abyście zapuścili głęboko swe korzenie w glebie prawdy. Prawda zaś jest taka, jacy wy jesteście. Nagle rozpoczną się spontaniczne procesy. Zaczniecie wzrastać. We własnym rytmie będziecie mogli realizować ideały, do których zawsze próbowaliście dotrzeć, lecz których nigdy nie mogliście osiągnąć.

Jeżeli człowiek potrafi zaakceptować rzeczywistość taką, jaka ona jest, zanikają wszelkie napięcia. Niepokój, lęk, rozpacz – wszystkie te uczucia po prostu wyparowują. Nie ma już lęku ani napięcia, nie ma rozszczepienia ani podziałów osobowości. Nieoczekiwanie pojawiają się radość, miłość i współczucie. Nie są to ideały, lecz zjawiska zupełnie naturalne. Pokój można osiągnąć jedynie poprzez zaakceptowanie i wchłonięcie bólu, a nie poprzez jego odrzucenie. Jeżeli odrzucasz jakiekolwiek uczucia czy doznania, kurczysz się i tracisz moc. Pozostaniesz też w nieustannej wewnętrznej walce, w wojnie domowej, w której jedna ręka walczy z drugą, w której rozpraszasz własną energię.

Tylko połączenie z psychicznym bólem otwiera możliwość jego uwolnienia i przekroczenia. *Tylko połączenie z psychicznym bólem.* Wszystko, co boli, powinno zostać zaakceptowane. Przeprowadź wewnętrzny dialog z bólem. Ból jest tobą. Nie ma innej drogi prowadzącej do rozwiązania problemu. Jedyna droga polega na wchłonięciu bólu.

Uczucia mają ogromny potencjał. Gniew jest energią, podobnie jak strach. Wszystko, co ci się przydarza, ma ukryty potencjał energetyczny. Kiedy zaakceptujesz zachodzący proces, ta energia staje się twoja. Jesteś silniejszy, rozprzestrzeniasz się. Powiększa się twój świat wewnętrzny.

Ból psychiczny kończy się wtedy, kiedy zostanie całkowicie zaakceptowany. Ból psychiczny nie pojawia się z tego powodu, że istnieje coś, co można nazwać „bolesnym". Ten ból powstaje w wyniku twojej interpretacji rzeczywistości. Spróbuj zrozumieć, że ból psychiczny jest twoim wytworem. Tchórzostwo samo w sobie nie sprawia bólu. Ból wywołuje twoje przekonanie, że jest ono czymś złym, ból wywołuje twoja interpretacja. To twoje ego potępia tchórzostwo. Nie jesteś w stanie zaakceptować swojego tchórzostwa, nie możesz go także zniszczyć, odrzucając je. Nie można niczego zniszczyć, odrzucając to. Wcześniej czy później będziesz musiał się z tym spotkać. Odrzucona energia będzie ciągle wybuchać i niszczyć twój spokój.

Nie wycofuj się, kiedy uświadomisz sobie pojawienie się strachu, gniewu czy smutku. Obserwuj te uczucia we własnym wnętrzu. Stań się wielkim eksperymentalnym laboratorium. Obserwuj. Jest ciemno, jesteś zupełnie sam, w okolicy nie ma żywej duszy. Zgubiłeś się w dżungli, siedzisz pod drzewem w ciemną noc. Słyszysz ryk lwów. Przychodzi strach. Masz dwie możliwości. Pierwsza – możesz to uczucie odrzucić. Napniesz się wówczas i nie będziesz drżeć ze strachu. Wtedy strach zacznie rodzić ból. Nawet jeżeli napniesz się bardzo mocno, strach już z tobą jest i rodzi ból.

Drugie podejście polega na tym, by cieszyć się doświadczeniem. Pozwól sobie na drżenie, przekształć je w medytację. To naturalne. Ciemna noc, ryczą lwy, w każdej chwili może nadejść śmierć. Ciesz się tym, co się wydarza. Pozwól, by drżenie przekształciło się w taniec. Kiedy zaakceptujesz drżenie, stanie się ono tańcem. Zacznij współpracę z drżeniem, a będziesz zaskoczony, *staniesz się* bowiem drżeniem. A wówczas zniknie wszelki ból.

W rzeczywistości, jeśli pozwolisz sobie na drżenie, zamiast bólu pojawi się wielki przypływ energii. Tego właśnie chce ciało. Dlaczego strach wywołuje drżenie? Drżenie uruchamia proces chemiczny, uwalnia energię, przygotowuje cię do walki lub ucieczki. Dostarcza ci dużej dawki energii. Kiedy pozwolisz sobie na drżenie, zacznie robić ci się ciepło.

Pojawia się pytanie, dlaczego człowiek drży, kiedy jest mu zimno. Przecież wtedy niczego się nie boi. Ciało, doznając zimna, drży automatycznie, aby się ogrzać. To naturalna reakcja.

Dostrzeż piękno strachu, dostrzeż alchemiczną pracę, którą strach w tobie wykonuje. On przygotowuje cię do sytuacji, w której się znalazłeś, która stanowi wyzwanie. A ty, zamiast zaakceptować wyzwanie i zrozumieć strach, wybierasz jego odrzucenie.

Nie mów: „Odczuwam strach". Nie mów też: „Jestem przestraszony". Powiedz po prostu: „Jestem strachem. W tym momencie jestem strachem". Nie stwarzaj żadnych podziałów. Kiedy mówisz: „Odczuwam strach", oddzielasz siebie od swoich uczuć. Brakuje w tym jedności. Powiedz sobie: „Jestem strachem", i zauważ, że tak jest w istocie! Kiedy pojawia się strach, jesteś strachem. Nie odczuwasz wtedy miłości. Kiedy natomiast pojawia się miłość, jesteś miłością.

To właśnie miał na myśli Krishnamurti, kiedy wielokrotnie powtarzał: „Widzący jest widzianym, doświadczający jest doświadczeniem". Nie stwarzaj podziału na podmiot i przedmiot. To podstawowa przyczyna wszelkich nieszczęść. Klucz, który otwiera bramę do najgłębszej tajemnicy twojej istoty, to zachowanie nieróżnicującej świadomości tego, co jest. Nie mów, że coś jest dobre, nie mów, że coś jest złe. Kiedy mówisz, że coś jest dobre, pojawia się przyciąganie i przywiązanie. Kiedy mówisz, że coś jest złe, powstaje awersja. Strach jest strachem. Nie jest ani dobry, ani zły. Nie oceniaj go, pozwól mu po prostu być. Kiedy pozostajesz w stanie nieróżnicującej świadomości, cały psychiczny ból po prostu wyparowuje. Znika jak krople rosy w słoneczny poranek. Pozostaje tylko czysta, dziewicza przestrzeń. Pozostaje „jedno", Tao, możesz to też nazwać Bogiem. Kiedy znika wszelki ból i znikają wszelkie podziały, gdy obserwator staje się obserwowanym, pozostaje „jedno". Jest to doświadczenie świętości, oświecenia. W tym stanie nie pojawia się też „ja". W rzeczywistości nie istnieje „ja", które doświadcza uczuć. Istnieją uczucia.

Wszystko, co się przejawia, jest piękne, nawet brzydota. Cokolwiek istnieje, po prostu jest, niezależnie od twojej opinii na ten temat. Fakty po prostu istnieją. To, co jest, jest. Kiedy to zaakceptujesz, odczujesz rosnącą radość. Kiedy natomiast to odrzucisz, przyjdzie ból. A i tak rzeczywistość pozostanie taka sama. Możesz doświadczać psychicznego bólu. Wynika on z twojej postawy, ponieważ nie byłeś w stanie zaakceptować tego, co się pojawiło. Odrzucasz prawdę. Odrzucając ją, stajesz się więźniem. Prawda wyzwala, lecz ty ją odrzucasz. Z tego powodu zakuwasz się w łańcuchy. Kiedy odrzucasz prawdę, stajesz coraz bardziej zniewolony.

Prawda pozostaje. Niezależnie od tego, czy ją akceptujesz, czy też odrzucasz, nie zmienia to faktów. Zmienia się tylko twoja sytuacja psychiczna. Pojawiają się dwie możliwości: doświadczenie bólu lub radości, choroby lub zdrowia. Jeżeli odrzucisz prawdę, pojawią się choroba i dyskomfort. Jeżeli ją zaakceptujesz, doświadczysz zdrowia i poczucia jedności. Będziesz celebrował życie.

Prawda nie krępuje – nikogo i nigdy. Lecz gdy ją odrzucasz, stajesz się zamknięty, zakorkowany. Stajesz się kaleką.

Pamiętaj: myśl o wolności jest kolejnym ideałem. A wolność to nie ideał, lecz produkt uboczny zaakceptowania tego, jaki jesteś. Do prawdy nie dochodzi się wielkim wysiłkiem. Prawda „wydarza się", kiedy jesteś zrelaksowany. Jakże jednak możesz się zrelaksować, jeśli nie zaakceptujesz swojego tchórzostwa? Jeżeli nie zaakceptujesz swojego lęku, swojej miłości, swojego smutku?

Dlaczego ludzie nie mogą się odprężyć? Jaka jest przyczyna ich ciągłego napięcia? Podstawowa przyczyna tkwi w tym, że przez tysiąclecia tak zwane religie nieustannie uczyły ludzi odrzucania. Nauczały ich wyrzeczeń, nauczały, że rzeczywistość jest zła. Musisz zmienić to podejście. Tylko wtedy Bóg będzie mógł cię zaakceptować. Religie sprawiły, że nie jesteś w stanie zaakceptować samego siebie. Nie mogą cię także zaakceptować najbliższe ci osoby. W jaki sposób może więc zaakceptować cię Bóg?

Życie już cię zaakceptowało. Dlatego jesteś tutaj. Gdyby tak nie było, nie przybyłbyś na tę planetę. To moje zasadnicze nauczanie: życie już cię zaakceptowało. Nie musisz na to pracować. Już jesteś tego wart. Zrelaksuj się i ciesz się tym, w jaki sposób stworzyła cię natura. Jeżeli natura wyposażyła cię w tchórzostwo, musi coś w tym być. Zaufaj naturze i zaakceptuj to. Co jest złego w byciu tchórzem? Co jest złego w baniu się? Tylko idioci nie odczuwają strachu, tylko imbecyle niczego się nie obawiają. Jeżeli na drogę wypełznie wąż, natychmiast odskoczysz. Tylko głupiec, idiota nie będzie się obawiał węża. Jeżeli jesteś inteligentny, odskoczysz. Im większą masz inteligencję, tym szybciej zareagujesz! Takie zachowanie chroni twoje życie.

Podążacie za starymi wzorcami. Nie słuchacie tego, co do was mówię. Powtarzam wam, że kimkolwiek jesteście, macie zaakceptować to w sposób bezwarunkowy. Ta akceptacja stanowi klucz do wewnętrznej przemiany.

Nie mówię, abyście zaakceptowali siebie po to, by się przemienić. Jeżeli ktoś w głębi duszy pragnie przemiany, to znaczy, że zupełnie siebie nie akceptuje. Powiesz sobie: „W porządku, jeżeli to ma prowadzić do przemiany, zaakceptuję siebie". To jednak nie jest akceptacja. Niczego nie zrozumiałeś. Akceptacja musi być bezwarunkowa, bez istnienia jakichkolwiek powodów, bez jakiejkolwiek motywacji. Tylko wtedy uczyni cię ona wolnym. Przyniesie ci ogromną radość, wielką wolność. Wolność nie jest jednak celem. Akceptacja to inna nazwa wolności. Jeżeli zrozumiałeś, co nazywam akceptacją, to już jest wolnością. Pojawia się ona bezpośrednio i natychmiast. Nie jest tak, że masz najpierw zaakceptować siebie, a potem pojawi się wolność. Nie. Zaakceptuj siebie – i to jest właśnie wolność.

W pewnych chwilach, gdy przejawia się ciemna strona mego umysłu, czuję się naprawdę przestraszony. Trudno mi zaakceptować, że to odwrotność jasnej strony. Czuję się zanieczyszczony, doświadczam poczucia winy, jakbym był nic niewart. Czy możesz coś o tym powiedzieć?

Podstawowa sprawa, którą trzeba zrozumieć, polega na tym, że nie jesteś umysłem: ani jego jasną, ani ciemną stroną. Jeżeli utożsamisz się z jasną stroną, wówczas nie możesz porzucić utożsamiania się z ciemną stroną, ponieważ są one dwiema stronami tej samej monety. Możesz przyjąć tę całość lub ją odrzucić. Nie możesz jednak tej całości rozdzielić.

Problem wynika z tego, że człowiek chce wybrać to, co prezentuje się pięknie, świetliście. Chce wybrać srebrzystą otoczkę, a pominąć ciemny obłok. Nie wie jednak o tym, że srebrzysta otoczka nie może istnieć bez ciemnego obłoku. Ciemny obłok jest niezbędnym tłem, na którym może się ukazać srebrzysta otoczka.

Wybór rodzi niepokój. Dokonywanie wyboru niesie ze sobą trudności. Przyjęcie postawy nieróżnicującej, wolnej od wyborów, oznacza, że umysł jest, jaki jest. Ma swoją ciemną i swoją jasną stronę. O co więc chodzi? Jakie ma to dla ciebie znaczenie? Dlaczego masz się tym martwić?

W chwili kiedy nie dokonujesz wyboru, znika wszelki niepokój. Pojawia się głęboka akceptacja. Umysł ma pozostawać w takim właśnie stanie. To jego natura. Nie jest to twój problem, ponieważ nie jesteś umysłem. Gdybyś *był* umysłem, problem w ogóle by nie zaistniał. Kto wówczas bowiem dokonywałby wyboru, kto myślałby o przekroczeniu uwarunkowań? Kto próbowałby akceptować i rozmieć akceptację?

Jesteś czymś oddzielnym, zupełnie oddzielnym, jedynie świadkiem i niczym poza tym. Stałeś się jednak obserwatorem, który utożsamił się z ładnymi elementami, a zapomniał o tym, że brzydkie elementy podążają za nimi krok w krok – jak cień. Przyjemna strona nie sprawia ci kłopotu, cieszysz się nią. Problem pojawia się wtedy, kiedy wyłania się strona przeciwna. Wtedy czujesz się nieszczęśliwy. Jednak to ty spowodowałeś cały ten zamęt. Opuściłeś pozycję świadka i zacząłeś się utożsamiać z pewnymi elementami rzeczywistości.

Biblijna historia o upadku jest fikcją. Prawdziwy upadek to opuszczenie pozycji świadka i utożsamienie się z obiektami.

Po prostu spróbuj tego przez chwilę. Pozwól umysłowi być takim, jaki jest. Pamiętaj, że nie jesteś umysłem. Doświadczysz wielkiej niespodzianki. Kiedy będziesz się mniej utożsamiał z umysłem, zacznie on tracić swą moc. Moc umysłu wynika z identyfikacji. Umysł wysysa twoją krew. Kiedy zachowasz dystans, umysł zacznie się kurczyć.

Pewnego dnia, kiedy choć przez chwilę przestaniesz się utożsamiać z umysłem, nastąpi objawienie. Umysł po prostu obumrze. Nie będzie go. Było go pełno, istniał ciągle. Dzień po dniu budził się i usypiał. Był tutaj. I nagle go nie ma! Rozglądasz się i widzisz pustkę. Wraz z umysłem znika także „ja". Pozostaje pewien stan świadomości, wolny od „ja". Ten stan można określić jako „jestem", ale nie ma w nim istnienia „ja". Dokładniej: to stan „jest", ponieważ nawet w stanie „jestem" pojawia się cień „ja". W momencie gdy poznajesz istotę stanu „jest", stanu „bycia", staje się on uniwersalny. Wraz ze zniknięciem umysłu znika także „ja". Znika też wiele rzeczy, które były dla ciebie tak ważne, które przyczyniały ci tak wielu kłopotów. Próbowałeś rozwiązać te problemy, lecz stawały się one coraz bardziej skomplikowane. Wszystko było problemem i wzbudzało lęk. Wydawało się, że nie ma drogi wyjścia.

Przypomnę wam historię „Gęś jest na zewnątrz". Ta historia opowiada o umyśle oraz o stanie „jest", o stanie „bycia". Mistrz dał uczniowi koan do medytacji. Oto mała gęś została włożona do butelki. Karmiono ją i tuczono. Gęś rosła, wreszcie zajęła całą butelkę. Stała się tak duża, że nie mogła przejść przez szyjkę butelki. Koan mówi, że trzeba wyjąć gęś, nie rozbijając butelki. Nie można też zabić gęsi.

Sytuacja przyprawia o zawrót głowy. Gęś jest duża. Żeby ją wyjąć, trzeba by było stłuc butelkę. Tego nie wolno uczynić. Albo trzeba by było ją zabić. Tego także nie wolno uczynić.

Dzień po dniu uczeń medytuje, lecz nie znajduje żadnego rozwiązania. Rozważa różne możliwości, lecz w rzeczywistości rozwiązanie nie istnieje. Zmęczony i całkowicie wyczerpany nagle doznaje olśnienia... Rozumie, że mistrza nie interesują butelka i gęś. Muszą one przedstawiać coś innego. Butelka jest umysłem, a człowiek jest gęsią. Jeżeli przyjmiemy pozycję świadka, wówczas bycie poza umysłem, poza butelką jest możliwe. Uczeń biegnie do mistrza, by powiedzieć, że gęś jest na zewnątrz. Mistrz odpowiada: „Zrozumiałeś to. Teraz trzymaj ją na zewnątrz. Ona nigdy nie była w środku".

Jeżeli walczysz z gęsią i z butelką, nie możesz w żaden sposób rozwiązać koanu. Nagle pojawia się zrozumienie, że opisana w koanie sytuacja musi przedstawiać coś innego. W przeciwnym razie mistrz nie dawałby tej zagadki. Co to może znaczyć? Relacja pomiędzy mistrzem a uczniem dotyczy umysłu i świadomości.

Świadomość jest gęsią, która wcale nie znajduje się w butelce umysłu, lecz ty wierzysz, że tak jest. Pytasz każdego, w jaki sposób można ją stamtąd wydostać. Znajdą się idioci, którzy będą ci gotowi służyć opisami różnych technik wydobywania gęsi na zewnątrz. Nazywam ich idiotami, ponieważ niczego nie rozumieją. Gęś znajduje się na zewnątrz. Nigdy nie była w środku. Dlatego nie istnieje kwestia wydobywania jej.

Umysł jest procesem przepływu myśli, który dokonuje się przed tobą na ekranie mózgu. Jesteś obserwatorem. Zacząłeś jednak identyfikować się z pięknymi rzeczami. Są one swego rodzaju pułapką. Kiedy pochwyciły cię rzeczy piękne, jednocześnie chwyciły cię rzeczy brzydkie. Umysł opiera się na zasadzie przeciwieństw. Tym się różni od świadomości. Świadomość jest niedualna, natomiast umysł jest dualny. Dlatego mówię: „Tylko obserwuj". Nie uczę żadnych gotowych rozwiązań. Daję tylko jedno zalecenie: „Cofnij się nieco i obserwuj. Stwórz dystans między sobą a umysłem. Niezależnie od tego, czy to, co pojawia się w umyśle, jest dobre, piękne, czy też przykre, pozostań w odpowiedniej odległości; tak daleko, jak to możliwe. Patrz na to jak na film". Jednak ludzie identyfikują się nawet z filmami... Widziałem ludzi, którzy płakali na filmach. A nic się przecież w rzeczywistości nie działo! Dobrze, że w sali kinowej jest ciemno. To oszczędza im wstydu. Pytałem mego ojca: „Czy zauważyłeś? Facet siedzący obok ciebie płakał!". Ojciec odpowiadał: „Cała sala płakała. Scena była taka...". Jednak działo się to tylko na ekranie. Nikogo naprawdę nie zabito, nie wydarzyła się żadna tragedia. A ludzie śmiali się i płakali i przez trzy godziny byli prawie zagubieni w tych przeżyciach. Mój ojciec odpowiadał: „Jeżeli poruszasz kwestię reakcji ludzi, nie możesz cieszyć się oglądaniem filmu". Odpowiadałem: „Mogę oglądać film, ale nie chcę stawać się jego częścią. Ci wszyscy ludzie stają się częścią filmu".

Mój dziadek miał fryzjera uzależnionego od opium. Ten człowiek robił dwie godziny to, co można było zrobić w pięć minut. W tym czasie ciągle gadał. Dziadek i fryzjer od dzieciństwa byli przyjaciółmi. Ciągle widzę, jak dziadek siedzi u niego na krześle... Ten facet wspaniale opowiadał. Ludzie uzależnieni od opium potrafią pięknie mówić. Tak więc fryzjer opowiadał, a dziadek wtrącał od czasu do czasu: „Tak, w porządku, to wspaniałe...". Pewnego dnia powiedziałem do dziadka: „Zawsze potakujesz, a ten fryzjer czasami opowiada nonsensy". Dziadek odrzekł: „Czego się spodziewasz? Ten człowiek jest uzależniony od opium. Zresztą co mam powiedzieć facetowi, który trzyma ostrą brzytwę i przykłada ją do mego gardła? Jeżeli mu się sprzeciwię, zabije mnie. On też o tym wie". Zapytałem dziadka: „Dlaczego nie zmienisz fryzjera? Jest ich wielu w naszej miejscowości". Odpowiedział: „Co mogę zrobić? Nie wyobrażam sobie, abym, dopóki on żyje, mógł pójść do innego fryzjera. On był moim fryzjerem przez całe życie. Tak bardzo się przyzwyczaiłem, że mogę przestać się golić, ale nie mogę zmienić fryzjera". Dziadek zmarł wcześniej niż uzależniony od opium fryzjer.

Możesz utożsamić się z każdym, ze wszystkim. Ludzie utożsamiają się z innymi osobami i sami tworzą cierpienie. Utożsamiają się także z rzeczami, a następnie czują się nieszczęśliwi, kiedy tych rzeczy zabraknie. Utożsamianie się stanowi podstawową przyczynę twego cierpienia. Każda identyfikacja jest identyfikacją z umysłem. Po prostu wykonaj krok do tyłu, pozwól umysłowi odejść. Wkrótce zauważysz, że problem w ogóle nie istnieje. Gęś znajduje się na zewnątrz. Nie musisz rozbijać butelki, nie musisz też zabijać gęsi.

Czasami zastanawiam się, czy naprawdę chcę, by moje problemy zniknęły. Czy może chcę je zaakceptować, zamiast walczyć z nimi? Czuję, że część mnie samego utożsamia się z tą walką. Myśl o porzuceniu walki nieco mnie przeraża.

To prawda. Ludzie lgną do swoich chorób, do swoich skarg, do tego, co im dokucza. Ciągle powtarzają: „To są moje rany i chcę, by zostały wyleczone", ale w głębi siebie tworzą nowe rany. Jeśli bowiem wszystkie zranienia zostałyby uzdrowione, ludzie utraciliby dotychczasową tożsamość.

Zauważ, że ludzie lgną do swoich chorób. Rozmawiają o nich tak, jakby to było coś wartościowego. Rozmawiają o chorobach, o negatywnych nastrojach więcej niż o czymkolwiek innym. Wsłuchaj się w to, a stwierdzisz, że oni cieszą się z takich rozmów. Codziennie przychodzą do mnie ludzie. Od wielu lat słucham ich i patrzę na ich twarze. Oni są męczennikami... Ich choroby, gniew, nienawiść, taki czy inny problem, ich pożądania, ambicje. Kiedy przyjrzeć się temu uważniej, cała sprawa wygląda na zwariowaną. Chcą uwolnić się od tych problemów, kiedy jednak spojrzeć na ich twarze, widać, że te osoby cieszą się ze swoich problemów. Jeżeli problemy przestałyby istnieć, co byłoby przedmiotem ich uwagi? Jeżeli wszystkie ich choroby zniknęłyby, oni nie mieliby o czym rozmawiać.

Ludzie chodzą do psychiatrów, a potem o tym rozmawiają. Mówią, że byli u tego czy innego psychiatry, u tego lub innego nauczyciela. Naprawdę odczuwają satysfakcję, gdy mówią: „Nikt z nich nie pomógł mi. Nic się we mnie nie zmieniło". Ludzie uważają, że odnieśli sukces, ponieważ udowodnili, że psychiatra jest nieskuteczny!

Słyszałem o pewnym mężczyźnie, który był hipochondrykiem i ciągle mówił o swoich chorobach. Nikt mu nie wierzył, ponieważ przeszedł on wszelkie możliwe badania i niczego złego nie stwierdzono. Jednak każdego dnia szedł on do lekarza i uskarżał się na różne poważne dolegliwości. Stopniowo lekarz zrozumiał, o co chodzi. Kiedy ten człowiek słyszał w telewizji informację o nowym lekarstwie na jakąś chorobę czy też rozmowę na temat jakiejś choroby, natychmiast ta choroba pojawiała się u niego. Jeżeli przeczytał o jakiejś chorobie w czasopiśmie, następnego dnia pojawiał się w gabinecie lekarskim chory właśnie na nią. Dlatego lekarz zwrócił się do niego: „Niech już mi pan tak bardzo nie dokucza. Czytałem to samo czasopismo, oglądałem ten sam program w telewizji...". Mężczyzna powiedział: „Czy myśli pan, że jest pan jedynym lekarzem w mieście?". Wreszcie po iluś latach hipochondryk zmarł. Przed śmiercią powiedział żonie, by na jego pomniku kazała wyryć kilka słów. Ciągle się tam znajdują. Dużymi literami napisano: „Czy teraz mi wierzycie?".

Ludzie cieszą się z powodu swego cierpienia. Czasami zastanawiam się, co zrobią, kiedy ich cierpienie zniknie. Z powodu braku zajęcia mogą popełnić samobójstwo. Zaobserwowałem, że jeżeli jednego dnia pomogę im wydobyć się z jakiegoś cierpienia, następnego przyjdą z czymś nowym. Cierpienie jest swoistą inwestycją i wynagrodzeniem.

Na czym polega ta inwestycja? Kiedy but nie pasuje do stopy i uwiera, wtedy bardziej odczuwasz swoje istnienie. W przypadku gdy but dobrze pasuje, nie tylko zapominasz o stopie, lecz znika także „ja". Nie może istnieć jakiekolwiek „ja", kiedy pojawia się błogość. „Ja" może istnieć tylko w umyśle nieszczęśliwym, jest bowiem kombinacją wszelkiego rodzaju cierpień. Tylko wtedy, gdy jesteś gotów porzucić „ja", mogą zniknąć wszystkie cierpienia.

Następnym razem, zanim przyjdziesz do mnie z jakimkolwiek problemem, zadaj samemu sobie pytanie, czy chcesz, by ten problem został rozwiązany. Uważaj, mogę ci dać rozwiązanie. Czy jesteś zainteresowany rozwiązaniem problemu, czy raczej rozmową o nim? Myślę, że czujesz się dobrze, kiedy o nim rozprawiasz.

Wejdź do swego wnętrza i zbadaj tę sprawę. Stwierdzisz wtedy, że wszystkie twoje cierpienia istnieją, ponieważ je podtrzymujesz, istnieją, ponieważ zasilasz je swoją energią. Nie mogłyby istnieć bez twego energetycznego wsparcia. A kto zmusza cię do dawania energii? Energia potrzebna jest nawet wtedy, gdy jesteś smutny. Bez energii nie mógłbyś być smutny. Aby zaistniał smutek, musisz wydatkować energię. To właśnie dlatego po doświadczeniu smutku czujesz się wyczerpany.

Pamiętaj, że wszystkie negatywne emocje pochłaniają energię, pozbawiają cię energii. Natomiast wszystkie pozytywne emocje i pozytywne postawy są prądnicami, które produkują energię. Te emocje tworzą energię i nigdy nie pozbawiają cię jej zasobów. Kiedy jesteś szczęśliwy, nagle dopływa do ciebie energia z całego świata. Cały świat śmieje się razem z tobą. Mają rację ci, którzy mówią: „Kiedy się śmiejesz, cały świat śmieje się razem z tobą. Kiedy płaczesz, płaczesz samotnie". To prawda, całkowita prawda. Kiedy przyjmujesz pozytywną postawę, cały świat daje ci jeszcze więcej. Kiedy jesteś szczęśliwy, cały świat jest szczęśliwy razem z tobą. Nie jesteś ciężarem, jesteś kwiatem; nie jesteś skałą, jesteś ptakiem.

Kiedy jesteś jak skała, kiedy pielęgnujesz smutek, siedzisz martwy, zanurzony w nim, wtedy nikogo nie ma przy tobie. Nikt nie potrafi być z tobą. Pomiędzy tobą a życiem pojawia się przepaść. W takiej sytuacji opierasz się tylko na własnym źródle energii. Twoja energia ulega rozproszeniu, marnujesz ją.

Jak już powiedziałem, kiedy jesteś smutny i przyjmujesz postawę negatywną, wyraźniej odczuwasz własne „ja". W sytuacji zaś gdy doświadczasz szczęścia i przeżywasz ekstazę, „ja" nie istnieje. Łączysz się wtedy z życiem, nie oddzielasz się od niego. Natomiast wtedy, gdy jesteś smutny, zły, gdy zamykasz się w sobie, gdy koncentrujesz się na swych zranieniach, powracasz do nich i bawisz się nimi, gdy przyjmujesz postawę męczennika, powstaje przepaść pomiędzy tobą a życiem. Gdy pozostajesz w samotności, wyraźnie odczuwasz „ja". Odczucie oddzielnego „ja" wywołuje wrażenie, że cały świat jest do ciebie wrogo nastawiony. Nic takiego w rzeczywistości nie zachodzi. To wrażenie subiektywne. Ale jeśli czujesz, że każda osoba jest twoim wrogiem, będziesz zachowywał się w taki sposób, że wywołasz oczekiwany przez siebie skutek.

Jeżeli natomiast zaakceptujesz naturę i rozpuścisz się w niej, będziesz się poruszał zgodnie z nią. Pieśń całości stanie się twoją pieśnią, taniec całości stanie się twoim tańcem. Nie jesteś już oddzielony. Zniknęło poczucie „ja jestem". Teraz odczuwasz inaczej: „Istnieje całość. Jestem tylko falą, przybywam i odchodzę, jestem i nie ma mnie, a całość pozostaje. Moje ja istnieje, ponieważ istnieje całość. Całość istnieje przeze mnie".

To czasami przyjmuje formę, czasami zaś staje się bezforemne. Oba procesy są piękne. Tak musi być, ponieważ życie to rytm. Czasami musisz przyjąć formę (ciało), a czasami uwolnić się od formy, odpocząć. Czasami musisz być aktywny i poruszać się, być falą. Czasami natomiast schodzisz do głębi i spoczywasz bez ruchu. Życie jest rytmem.

Śmierć nie jest wrogiem. Stanowi po prostu zmianę rytmu, jest ruchem w innym kierunku. Wkrótce narodzisz się żywy, młodszy, odświeżony. Śmierć jest konieczna. W momencie gdy następuje fizyczna śmierć, tak naprawdę nie umierasz. Brud, który zgromadził się wokół ciebie w ciągu życia, musi zostać spłukany. Tylko w ten sposób możesz zostać odmłodzony. Nie tylko Jezus zmartwychwstał. W życiu wszystko zmartwychwstaje. Drzewo migdałowe za oknem mego pokoju utraciło wszystkie liście. Zastąpią je nowe. To się właśnie dzieje! Jeżeli drzewo utrzymywałoby stare liście, nigdy nie pojawiłyby się nowe. Stare liście zaczęłyby gnić. Po co stwarzać konflikt? Stare liście znikają, by mogły pojawić się nowe. Ich zniknięcie stwarza przestrzeń, daje miejsce nowemu życiu. Nowe musi zawsze nadejść, a stare odejść.

Nie umierasz. Opadają tylko stare liście, by dać miejsce nowym. Umierasz w jednej formie, w innej zaś się odradzasz. Z formy przechodzisz w postać bezforemną, z postaci bezforemnej powracasz do formy. Z ciała przechodzisz do formy bezcielesnej, z formy bezcielesnej do ciała. Jest to rytm ruchu i spoczynku. Kiedy zauważysz ten rytm, nic cię nie będzie niepokoić. Zaufasz.

GNIEW, SMUTEK I DEPRESJA: Gałęzie tego samego drzewa

Zwyczajny gniew nie jest czymś złym. Jest częścią natury istnienia. Przychodzi i odchodzi. Natomiast jeżeli go represjonujesz, wtedy pojawia się problem, wtedy kumuluje się jego energia. Uczucie przestaje przepływać, gniew łączy się z twoją istotą. Normalnie wpadasz w złość od czasu do czasu*. Gdy tłumisz to uczucie,

* Słowa „gniew" oraz „złość" stosowane są przeze mnie zamiennie.

pozostajesz w stanie złości, jesteś ciągle wściekły. Tylko czekasz, żeby ktoś cię sprowokował. Kiedy pojawi się choćby ślad prowokacji, wpadasz w pasję i robisz coś, co później określasz słowami: „Zrobiłem to wbrew sobie". Przeanalizuj to wyrażenie: „wbrew sobie". W jaki sposób możesz robić cokolwiek wbrew sobie? Jednak to wyrażenie jest prawidłowe. Stłumiony gniew staje się czasowym szaleństwem. Zachodzi coś, co wymyka się spod twojej kontroli. Jeśli byłbyś w stanie kontrolować energię gniewu, zrobiłbyś to. Jednak nagle energia przelała się, wydarzyło się coś poza tobą. Nie mogłeś nic zrobić, czułeś się bezradny. Energia wydobyła się na zewnątrz.

Stań z boku na ulicy i obserwuj. Zauważysz dwa typy ludzi. Jeden to człowiek smutny; wygląda tak, jakby się wlókł ostatkiem sił. Drugi to człowiek gniewny. Kipi szaleństwem, może wybuchnąć z byle powodu.

Gniew jest aktywnym smutkiem. Smutek jest pasywnym gniewem. Te uczucia są ze sobą powiązane. Zaobserwuj swoje zachowanie. Kiedy czujesz się smutny? Zdarza się to tylko wtedy, gdy nie możesz być zły. Szef w pracy powiedział coś, a ty nie możesz okazać złości, ponieważ straciłbyś pracę. Nie możesz być zły, musisz się uśmiechać. Wtedy stajesz się smutny. Energia przestaje być aktywna.

Mąż wraca z pracy do domu i znajduje jakiś drobny pretekst do sprzeczki z żoną, coś zupełnie nieistotnego. Staje się zły. Ludzie cieszą się, kiedy wpadają w gniew. Znajdują w tym swoistą przyjemność. Czują wtedy, że przynajmniej coś robią. W stanie przygnębienia odczuwasz, że to inni robią coś z tobą. Wtedy znajdujesz się na biegunie pasywnym. Coś ci zrobiono, a ty byłeś bezradny, nie mogłeś zripostować, odwzajemnić się, zareagować.

W sytuacji gdy odczuwasz gniew, czujesz się nieco lepiej. Po wielkim wybuchu gniewu jesteś trochę rozluźniony. Żyjesz! Możesz coś zrobić! Oczywiście nie wybuchasz wobec szefa, ale wobec żony – czemu nie?

Żona nie może wyrazić gniewu wobec męża. Mógłby bowiem rozwieść się z nią. On jest głową rodziny. Żona jest od niego zależna. Wyrażanie gniewu byłoby dla niej ryzykowne.

Żona czeka więc na powrót dzieci ze szkoły. Na nie może napaść, może je ukarać, stwarzając pozory, że robi to dla ich dobra.

Co teraz zrobią dzieci? Pójdą do swoich pokoi i będą rzucać książkami, drzeć je lub bić lalki albo psa. Mogą też torturować kota. Będą musiały coś zrobić. Każdy człowiek musi coś zrobić ze swoim gniewem, gdyż w przeciwnym wypadku wpadnie w przygnębienie.

Na ulicy można spotkać ludzi, którzy ciągle są przygnębieni, smutni. Ich twarze zastygły w grymasie. To bezradne osoby, które znajdują się na dole drabiny społecznej. Nie mogą znaleźć nikogo, na kim mogłyby odreagować złość. To smutni ludzie. Na wyższych szczeblach drabiny znajdują się osoby gniewne. Im wyższe szczeble drabiny, tym bardziej skorzy do gniewu są znajdujący się na nich ludzie.

W Indiach można zaobserwować, że najniższa kasta, „niedotykalni", wyglądają bardzo smutno. Natomiast bramini sprawiają wrażenie zagniewanych. Bramin zawsze jest zły. Z byle powodu może szaleć z gniewu. „Niedotykalny" jest smutny dlatego, że nie ma nikogo stojącego niżej w hierarchii, na kogo mógłby przerzucić swój gniew.

Gniew i smutek są dwiema odmianami tej samej energii, która została stłumiona. Gniew zwykle nie jest niczym złym. Ludzie, którzy się złoszczą, a za chwilę zapominają o swojej złości, są dobrzy. Są zawsze przyjaźnie nastawieni, ożywieni, kochający i współczujący.

Natomiast ludzie, którzy ciągle lgną do swoich emocji, ciągle próbują je kontrolować, nie są dobrzy. Zawsze próbują pokazać, że są bardziej święci niż ty. Jednak w ich oczach czai się złość. Można ją dostrzec w ich twarzach, w każdym geście, w sposobie poruszania się i mówienia, w sposobie odnoszenia się do innych. Złość jest ciągle obecna, gotuje się w ich wnętrzu. Tacy ludzie mogą lada chwila wybuchnąć. To są mordercy i kryminaliści, to są prawdziwi złoczyńcy.

Spójrz na dziecko, kiedy gniewa się na ciebie. Popatrz na jego twarz! Masz wrażenie, że mogłoby cię zabić. Mówi: „Nigdy więcej nie będę z tobą rozmawiać. To koniec!". Chwilę później jest już w twoich objęciach i ciepło z tobą rozmawia. Zapomniało o tamtej sytuacji. To, co powiedziało w chwili wściekłości, nie utrzymuje się w jego umyśle, nie jest stałym ciężarem. To prawda, że w gorącym momencie było zagniewane i powiedziało wiele ostrych słów. Teraz jednak gniew przeminął. Uleciały też z pamięci wypowiedziane słowa. Dziecko nie przywiązuje się na zawsze do swojego gniewu i swoich słów. Był to chwilowy wybuch, pojawiła się fala uczuć. Dziecko nie skostniało. Jest elastyczne. Jego życie płynie dalej. Fala gniewu przepłynęła. Dziecko nie ma zamiaru stale dźwigać tych doświadczeń. Jeżeli nawet przypomnisz mu zaistniałą sytuację, roześmieje się. Powie: „To wszystko nie miało sensu. Nie pamiętam tego. Czy tak było naprawdę? Czy naprawdę to powiedziałem? Niemożliwe!". To tylko chwilowy wybuch.

Trzeba to zrozumieć. Osoba, która żyje z chwili na chwilę, jest czasem zła, czasem szczęśliwa, czasem smutna. Możesz być jednak pewien, że nie będzie trzymała w sobie tych uczuć na zawsze. Osoba, która bardzo mocno się kontroluje i nie pozwala sobie na wyrażanie uczuć, jest niebezpieczna. Jeżeli obrazisz takiego kogoś, on nie stanie się zły. Ukryje swoje uczucia. Stopniowo nagromadzi tak dużo złości, że może zrobić coś naprawdę przykrego. Nie ma niczego złego w chwilowym wybuchu gniewu. Jest w nim swoiste piękno. Pokazujesz w ten sposób, że pozostajesz żywy. Chwilowy wybuch dowodzi, że reagujesz na sytuację w autentyczny sposób.

Nie jestem przeciwnikiem złości. Jestem przeciwnikiem skumulowanej złości. Nie jestem przeciwnikiem seksu. Jestem przeciwnikiem zablokowanej seksualności. Wszystko, co zachodzi w danym momencie, jest właściwe, dobre. To wszystko zaś, co pochodzi z przeszłości, jest zablokowaną energią, chorobą.

W dawnych czasach nazywano ją melancholią. Dziś nazywana jest depresją. Ta choroba przyjmuje w krajach rozwiniętych postać epidemii. Wyjaśnienia przyczyn depresji są różnorodne – od teorii chemicznych do psychologicznych. W każdym razie na tę chorobę cierpi coraz większa liczba ludzi. Czym jest depresja? Czy to reakcja na przygnębiającą rzeczywistość? Czy rodzaj hibernacji, której ulega człowiek?

Człowiek zawsze żył nadzieją i przyszłością, wyobrażeniem odległego raju. Nigdy nie istniał w teraźniejszości. Wciąż oczekiwał nadejścia złotego wieku. Jego entuzjazm podtrzymywały wyobrażenia, że nastąpią wspaniałe chwile. Liczył na spełnienie wszystkich swoich pragnień. Antycypował nadejście czasu radości.

Człowiek cierpiał w teraźniejszości, w teraźniejszości czuł się nieszczęśliwy. Wierzył, że jego głęboko skrywane marzenia spełnią się w przyszłości. Jutro zawsze dawało nadzieję na coś lepszego. Sytuacja w teraźniejszości nie była dobra, ponieważ oczekiwane jutro i spełnienie marzeń nigdy nie nadchodziły. Człowiek umierał, wciąż mając nadzieję – nadzieję na przyszłe życie. Jednak nigdy nie doświadczał pocieszenia ani nie znajdował głębszego sensu.

Ludzie potrafili tolerować taką sytuację. Chodziło o to, by przeżyć bieżący dzień. Ten dzień przeminie i z pewnością nadejdzie lepsze jutro. Religijni prorocy, mesjasze, zbawcy obiecywali ludziom wszelkiego rodzaju przyjemności, których doświadczą w raju. Przywódcy polityczni, głosiciele społecznych ideologii, twórcy utopii obiecywali te same rzeczy. Miały one zdarzyć się nie w raju, lecz tu, na ziemi. Oczekiwano, że społeczeństwo w przyszłości przejdzie powszechną rewolucję, w której wyniku zniknie ubóstwo, znikną też rządy, a człowiek stanie się całkowicie wolny i wszystkie jego potrzeby zostaną zaspokojone.

Obie ideologie – religijna i materialistyczna – zaspokajały tę samą potrzebę psychiczną. Do osób o orientacji materialistycznej przemawiali twórcy utopii politycznych i socjologicznych. Do osób zaś niezorientowanych materialistycznie przemawiali przywódcy religijni. W obu jednak wypadkach przedmiot tęsknot był ten sam: spełnienie wszelkich marzeń oraz pragnień. Ludzie wierzyli w realizację tych utopii. Wobec tej wiary bieżące cierpienia wydawały się niewielkie. Na świecie panował entuzjazm. Ludzie nie popadali w depresję.

Depresja jest zjawiskiem współczesnym. Pojawiła się, ponieważ przestało istnieć jutro. Zawiodły wszelkie ideologie polityczne. Nie ma już szansy na to, że ludzie staną się sobie równi, że nadejdzie czas, kiedy znikną rządy, a wszystkie marzenia zostaną spełnione. Ta świadomość spowodowała szok. Jednocześnie człowiek stał się bardziej dojrzały. Może chodzić do kościoła, meczetu, synagogi, do świątyni. Jego uczestnictwo w obrzędach religijnych to przejaw konformizmu. Człowiek nie chce być sam w depresji. Chce przebywać w tłumie. Wie jednak, że raj nie istnieje, że nie przyjdzie żaden zbawiciel.

Hindusi od pięciu tysięcy lat oczekują na przyjście Kryszny. Kryszna obiecywał, że będzie się pojawiał co pewien czas na ziemi. Będzie przychodził wtedy, kiedy zapanują cierpienie i nieszczęścia, kiedy rozpowszechni się zło, upadnie cnota, kiedy prości, niewinni ludzie będą wykorzystywani przez chytrych i przewrotnych. Kryszna zapowiedział: „Będę materializował się w każdym nadchodzącym stuleciu". Ale przez pięć tysięcy lat nie pojawił się żaden znak jego obecności.

Podobnie Jezus obiecywał, że powróci. Kiedy go pytano, kiedy to nastąpi, odpowiadał: „Już wkrótce". Można ten czas wydłużać, ale nie na dwa tysiące lat. To zbyt długo.

Do ludzi nie przemawia już pomysł, że nieszczęścia, ból i cierpienia zostaną usunięte. Koncepcja, że istnieje Bóg, który o nas dba, wydaje się żartem. Kiedy patrzymy na świat, odnosimy wrażenie, że nie ma nikogo, kto dbałby o nasze życie.

Jest faktem, że człowiek zawsze żył w ubóstwie. Ubóstwo ma w sobie coś fascynującego – nigdy nie pozbawia nadziei na lepszą przyszłość, nigdy nie przeczy marzeniom. Człowiek ufa, wierzy, że będzie lepiej: „Właśnie przemija czas ciemności. Wkrótce pojawi się światło". Obecnie jednak sytuacja uległa zmianie. Zwróć uwagę, że problem depresji nie przyjął postaci epidemii w krajach słabo rozwiniętych. W krajach biednych ludzie są ciągle napełnieni nadzieją. Natomiast depresja rozpowszechnia się w krajach bogatych, gdzie ludzie mają wszystko, czego pragnęli. Nie może im pomóc wizja raju lub społeczeństwa bezklasowego ani inna utopia.

Rozwinięte społeczeństwa osiągnęły cel. To przyczyna depresji. Nie istnieje już nadzieja. Jutro jest mroczne, a następne dni jeszcze mroczniejsze.

Rzeczy, o których marzyli ludzie bogaci, były piękne. Nigdy jednak nie zastanawiali się oni nad skutkami swoich wyborów. Teraz mają wspaniałe rzeczy, ale ma to określone konsekwencje.

Człowiek ubogi ma apetyt. Osoba zamożna nie odczuwa głodu, nie ma apetytu. Lepiej pozostać ubogim i mieć apetyt, niż być bogatym i nie mieć apetytu. Co zrobisz ze złotem, srebrem, z całym zapasem pieniędzy? Nie możesz ich zjeść. Zniknął głód, zniknęła nadzieja, która podsycała chęć walki. Osiągnąłeś sukces. Ciągle podkreślam, że nic nie prowadzi do głębszego niepowodzenia niż sukces. Dotarłeś do miejsca, które chciałeś osiągnąć, lecz nie byłeś świadomy skutków ubocznych własnych działań. Masz pieniądze, miliony dolarów, ale nie możesz spać.

Aleksander Wielki przebywał w Indiach. Na pustyni napotkał nagiego mistyka. Powiedział do niego:

– Jestem Aleksander Wielki.

– To niemożliwe – odparł mistyk.

– Nonsens. Jestem Aleksander Wielki. Możesz też zobaczyć wokół moje wojska – zniecierpliwił się wódz.

– Widzę twoje wojska, ale człowiek, który nazwał siebie „wielkim", nie osiągnął jeszcze prawdziwej wielkości. Prawdziwa wielkość czyni ludzi pokornymi. Jesteś w całkowitym błędzie – powiedział mistyk.

Aleksander był uczniem Arystotelesa i przeszedł u niego kurs logiki. Nie mógł słuchać bełkotu mistyka. Powiedział:

– Nie wierzę twym słowom. Ja podbiłem cały świat.

– Jeżeli będąc na pustyni, odczułbyś pragnienie, a na przestrzeni wielu kilometrów nie byłoby studni, to jak wiele dałbyś za kubek ofiarowanej ci wody? – zapytał mistyk.

– Dałbym połowę mego królestwa.

– Nie, nie sprzedałbym wody za połowę królestwa. Umierasz z pragnienia. Albo będziesz miał królestwo, albo wodę. Co zrobisz?

– Wtedy, naturalnie, oddałbym całe królestwo.

Mistyk roześmiał się i powiedział:

– To jest wartość całego twego królestwa: kubek wody? Myślisz, że podbiłeś cały świat? Od dziś powinieneś mówić, że podbiłeś cały kubek wody!

Osoba, która osiągnęła swoje cele, uświadamia sobie konsekwencje, które z tego wynikają. Na przykład przez całe życie starałeś się zarabiać pieniądze. Myślałeś, że pewnego dnia będziesz ich miał wystarczająco dużo, by wieść spokojne życie. Przez całe życie działałeś w napięciu. Napięcie przerodziło się w swoistą dyscyplinę. Po koniec życia, gdy masz wszystko, co chciałeś, nie możesz się odprężyć. Napięcie, ból i niepokój, które zgromadziłeś podczas całego życia, nie pozwalają ci teraz się zrelaksować. Nie jesteś zwycięzcą, jesteś przegranym. Straciłeś apetyt, zrujnowałeś zdrowie, zniszczyłeś swoją wrażliwość i delikatność. Zabiłeś też wrażliwość na otaczające cię piękno, ponieważ nie miałeś czasu na sprawy, które nie przynosiły pieniędzy. Wszystko odkładałeś na później. Myślałeś, że się zrelaksujesz i będziesz cieszyć się życiem, kiedy wszystko osiągniesz. Kiedy już to osiągnąłeś, stałeś się wewnętrznie usztywniony. Stałeś się osobą, która jest ślepa na piękno kwiatów, która nie potrafi cieszyć się muzyką, nie potrafi czerpać przyjemności z tańca, nie rozumie poezji. Stałeś się osobą, która rozumie jedynie pieniądze. Ale pieniądze nie przynoszą zadowolenia. To jest właśnie przyczyna depresji. Nie można osobie bogatej dać nadziei, by wyleczyć depresję. Taka osoba ma bowiem wszystko.

Czerpanie przyjemności z życia jest czymś, co trzeba pielęgnować. Jest to pewnego rodzaju sztuka – sztuka cieszenia się. Nawiązanie kontaktu z wartościowymi treściami życia wymaga czasu. Ale człowiek, który goni za pieniędzmi, omija wszystkie ścieżki prowadzące do boskości. W pewnym momencie uświadamia sobie, co utracił. Znajduje się jednak wówczas na końcu drogi. Dostrzega przed sobą jedynie śmierć.

Przez całe życie był nieszczęśliwy. Tolerował i ignorował ten stan, ponieważ miał nadzieję, że kiedyś sprawy przyjmą inny obrót. Teraz jednak nie może lekceważyć sytuacji. Nie ma już nadziei. Jutro oznacza bowiem spotkanie ze śmiercią. W jego wnętrzu eksploduje cierpienie, które zgromadził przez całe życie, a które wcześniej lekceważył.

Najbogatszy człowiek jest w pewnym sensie człowiekiem najuboższym. To wielka sztuka, by być osobą zamożną, a nie być przy tym osobą ubogą duchowo. Można napotkać ludzi ubogich, którzy wewnętrznie są niezmiernie bogaci. Nie mają niczego, lecz są bogaci. Ich bogactwo zawarte jest nie w rzeczach, lecz w ich wnętrzu, w ich istocie, w ich różnorodnych doświadczeniach.

Najważniejszą rzeczą w życiu jest umiejętność znalezienia znaczenia w chwili obecnej. Twoje istnienie powinno być wypełnione miłością, radością i celebracją. Wtedy możesz robić wszystko. Pieniądze nie wyrządzą ci szkody. Ty jednak uganiasz się za pieniędzmi, lekceważysz inne sprawy. Myślisz, że za pieniądze będziesz mógł wszystko kupić. W ten sposób poświęcasz całe życie na zarabianie pieniędzy. W tym tkwi przyczyna depresji.

Na Wschodzie też żyli ludzie bogaci, lecz ich droga ku bogactwu nie była ślepą uliczką. Potrafili w odpowiednim czasie znaleźć w życiu nowy kierunek. Ludzie ubodzy, żyjący na Wschodzie, zadowalali się istniejącymi warunkami. Tego byli uczeni. Nie podążali za ambicjami. Natomiast ludzie zamożni rozumieli, że pewnego dnia będą musieli wyrzec się własności i udać na poszukiwanie prawdy. Budda Gautama, Mahawira i wielu innych mistyków Wschodu osiągnęło szczyt bogactwa. Zorientowali się wówczas, że bogactwo jest balastem. Trzeba znaleźć jeszcze coś istotnego, nim nadejdzie śmierć. Ci mistycy mieli dość odwagi, by wyrzec się wszystkiego. Ich wyrzeczenie nie zostało jednak prawidłowo zrozumiane. Wyrzekli się wszystkiego, ponieważ nie chcieli ani sekundy dłużej zabiegać o pieniądze czy władzę. Dotarli na szczyt drabiny i niczego tam nie znaleźli. Stwierdzili, że ta droga nigdzie dalej nie prowadzi. Kiedy znajdujesz się na środku drabiny, masz nadzieję. Istnieją przecież wyżej położone szczeble, na które możesz się wspiąć. Nadchodzi taki moment, kiedy docierasz na najwyższy szczebel drabiny. Tam możesz tylko popełnić samobójstwo lub oszaleć. Możesz też utrzymywać postawę hipokryty i uśmiechać się, aż dopadnie cię śmierć. W głębi siebie wiesz, że zmarnowałeś życie.

Nie ma powodu do rozpaczy czy depresji. Musisz po prostu udać się w nieznanym dotąd kierunku. W miarę badania tego nowego kierunku, odbywania podróży w głąb siebie, podróży ku swojej jaźni wszystko, co zostało utracone, powraca.

Zachód potrzebuje wielkiego ruchu medytacji. W przeciwnym razie depresja będzie zabijać ludzi. Jej ofiarami staną się osoby utalentowane, które osiągnęły władzę, pieniądze, to, czego pragnęły.

Zachód znajduje się w gorszej sytuacji niż Wschód. Niektórzy tego nie rozumieją. Wydaje im się, że Zachód znajduje się w lepszym położeniu, gdyż na Wschodzie panuje ubóstwo. Ubóstwo nie stanowi jednak tak dużego problemu jak bogactwo. Ubogi człowiek ma przynajmniej marzenia, nadzieje. Człowiek bogaty nie ma niczego.

Na Zachodzie ludzie, którzy popadli w depresję, udają się do psychoanalityków, terapeutów, do wszelkiej maści szarlatanów, którzy sami znajdują się w depresji nawet głębszej niż ich pacjenci. Jest to zrozumiałe, ponieważ cały dzień wysłuchują opowieści o depresji, rozpaczy i bezsensie życia. Kiedy widzą tak wiele utalentowanych osób w złym stanie, sami zaczynają tracić ducha. Nie potrafią pomóc innym, sami potrzebują pomocy.

Nie nauczam, że należy wyrzekać się bogactwa czy czegokolwiek innego. Pozwól, by wszystko pozostało tak, jak jest. Dodaj tylko coś do swego życia. Dotąd dodawałeś jedynie rzeczy. Teraz dodaj coś do swej istoty. Stworzy to muzykę, cuda i magię. Stworzy to nową podnietę, młodość i świeżość.

Problem jest poważny, lecz jego rozwiązanie – bardzo proste.

Nie jestem bogaty ani nie mam wszystkiego, czego potrzebuję. Jednak ciągle czuję się samotny, pomieszany i przygnębiony. Czy mogę coś zrobić w przypadku tego rodzaju depresji?

Jeżeli jesteś w depresji, pozostań w niej. Nie rób niczego. Co możesz zrobić? Cokolwiek zrobisz, będzie pochodziło z depresji. W ten sposób powstanie jeszcze większe zamieszanie. Możesz modlić się do Boga, lecz jeśli będziesz to robił w przygnębieniu, to nawet Bóg popadnie w depresję. Nie rób tego biednemu Bogu. Twoja modlitwa będzie smutna. Ponieważ jesteś w depresji, cokolwiek uczynisz, pociągnie za sobą nastrój depresyjny. Powstanie więcej frustracji. Nie możesz osiągnąć sukcesu. Jeżeli nie możesz osiągnąć sukcesu, będziesz się czuł jeszcze gorzej. W ten sposób może to trwać w nieskończoność.

Lepiej pozostać z pierwszą depresją, niż zataczać drugie i trzecie koło. Oryginał jest piękny. Drugie koło będzie fałszywe, trzecie zaś stanie się tylko odległym echem poprzednich.

Jesteś w depresji, a więc tak wygląda twoje życie w chwili obecnej. Jesteś w depresji i pozostań z tym. Czekaj i obserwuj. Nie możesz długo pozostawać w depresji, gdyż w tym świecie nie ma niczego trwałego. Świat znajduje się w ruchu. Nie zmieni swoich podstawowych praw ze względu na ciebie. Nic nie trwa wiecznie. Wszystko pozostaje w ruchu i zmienia się. Egzystencja jest jak rzeka. Nie zatrzyma się ze względu na ciebie. Właśnie nastąpił ruch. Jeśli przyjrzysz się swojej depresji, stwierdzisz, że w następnym momencie nie jest już ona taka, jak była w poprzednim. Poprzez niedziałanie następuje transformacja.

Odczuwaj depresję, smakuj ją głęboko, przeżywaj. Jest twoim przeznaczeniem. Potem nagle odczujesz, że zniknęła. Dzieje się tak, ponieważ osoba, która potrafi zaakceptować nawet depresję, nie może trwać w przygnębieniu! Depresję stwarza umysł, który nie jest zdolny do akceptowania rzeczywistości: „To nie jest dobre, tamto nie jest dobre; to nie powinno się wydarzyć, tamto nie powinno się wydarzyć, to musi przebiegać inaczej". Wszystko podlega zaprzeczeniu, odrzuceniu. Podstawowa postawa komunikuje: „Nie". Tego rodzaju umysł odrzuca nawet szczęście, podaje je w wątpliwość, uznaje, że coś nie jest w porządku. Czujesz się szczęśliwy, więc myślisz, że coś poszło źle. „Medytując przez kilka dni, mogę się poczuć szczęśliwy? Nie, to niemożliwe".

Umysł, który nie akceptuje, odrzuca wszystko. W momencie gdy zaakceptujesz swoją samotność, depresję, pomieszanie, smutek, dokonasz transcendencji. Akceptacja jest transcendencją. Usunąłeś grunt, na którym może zaistnieć depresja. Nie ma już dla niej miejsca.

Spróbuj wykonać następujące ćwiczenie. Niezależnie od tego, jaki jest stan twojego umysłu, zaakceptuj go i zaczekaj, aż ulegnie spontanicznej zmianie. Niczego nie rób, a odczujesz piękno, które przychodzi, gdy ten stan zmienia się spontanicznie. Rozpoznasz, że ten proces jest podobny do wschodu i zachodu słońca. Słońce wschodzi rankiem, zachodzi wieczorem. Depresja przychodzi i odchodzi. Podobnie przychodzi i odchodzi szczęście. Ty się jednak w to nie angażujesz. Kiedy umysł znajduje się w stanie pomieszania, lepiej nie robić niczego, czekać. Pomieszanie stopniowo zniknie. W tym świecie nie ma niczego trwałego. Potrzebna jest tylko duża cierpliwość. Nie spiesz się.

Opowiem wam historię.

Pewnego razu Budda podróżował przez las. Dzień był upalny, zbliżało się południe, a on odczuwał pragnienie. Powiedział więc do swego ucznia Anandy: „Zawróć. Przekroczyliśmy niewielki strumień. Wróć i przynieś mi wody". Ananda zawrócił. Strumień był bardzo wąski. Przejeżdżały przez niego powozy. Zmąciły wodę. Stała się ona brudna. Błoto, które znajdowało się na dnie, uniosło się do góry. Woda nie nadawała się do picia. Ananda pomyślał: „Wrócę z pustymi rękami". Wrócił do Buddy i powiedział: „Woda jest brudna. Nie nadaje się do picia. Pozwól, że pójdę naprzód. Wiem, że kilka kilometrów stąd płynie rzeka. Przyniosę ci stamtąd wody". Budda odrzekł: „Nie, wróć nad tamten strumień". Ponieważ słowa te wyrzekł Budda, Ananda musiał się podporządkować. Ale zrobił to bez przekonania. Wiedział, że nie może przynieść wody, że niepotrzebnie traci czas. Sam też odczuwał pragnienie. Musiał jednak słuchać Buddy. Ponownie skierował się nad strumień, po czym powrócił do Buddy i powiedział: „Dlaczego się upierasz? Ta woda nie nadaje się do picia". Budda odparł: „Idź jeszcze raz". Ananda po raz trzeci poszedł nad strumień. Woda była tak czysta, jak nigdy przedtem. Wszelki brud odpłynął, podobnie jak zeschłe liście. Woda stała się znowu czysta. Ananda roześmiał się. Napełnił dzbanek wodą i powrócił, tańcząc. Upadł

Buddzie do stóp i powiedział: „Twoje sposoby nauczania są cudowne. Przekazałeś mi wspaniałą lekcję. Potrzebna jest cierpliwość. Wszystko podlega zmianie. Nic nie jest trwałe!”.

Zasadnicze nauczanie Buddy mówi właśnie o tym, że nic nie jest trwale, wszystko przepływa. Nie ma czym się przejmować. Wracaj nad strumień. Wszystko musi się zmienić. Nic nie trwa w tej samej formie. Bądź cierpliwy. Powracaj raz za razem. W niedługim czasie odpłyną liście, a brud osiądzie na dnie. Woda znowu stanie się czysta.

Kiedy Ananda powracał nad strumień po raz drugi, zadał Buddzie pytanie: „Zmuszasz mnie, bym wrócił nad strumień. Czy mogę coś zrobić, by woda stała się czysta?”. Budda odpowiedział: „Nie czyń, proszę, niczego, bo jeszcze bardziej zabrudzisz wodę. Nie wchodź też do strumienia, pozostań na brzegu. Jeżeli wejdziesz do strumienia, wzburzysz go i zabrudzisz. Pozwól wodzie płynąć”.

Nic nie jest trwałe. Życie jest przepływem. Heraklit powiedział, że nie można wejść dwa razy do tej samej rzeki. Nie tylko woda w rzece płynie. Wszystko podlega zmianie. Ty także przepływasz, zmieniasz się. Jesteś płynącą rzeką.

Zauważ nietrwałość wszystkiego. Nie spiesz się. Nie próbuj niczego robić. Po prostu czekaj! Czekaj i pozostań w niedziałaniu. Jeżeli umiesz czekać, nastąpi transformacja. Prawdziwe czekanie już jest transformacją.

Wpadam w depresję, kiedy zaczynam się osądzać. Oskarżam się o bycie nieświadomą, o niedocenianie piękna życia, o bycie zazdrosną i gniewną, o głupie działanie. Wydaje mi się, że im bardziej staję się świadoma swego działania, tym bardziej jestem przygnębiona! Czy możesz powiedzieć coś o samopotępieniu, czym ono jest i skąd pochodzi?

Samopotępienie jest sposobem na to, by się nie zmienić. To sztuczka naszego umysłu. Energia, która mogłaby zostać użyta w celu zrozumienia, przekształca się w potępienie. Umysł jest bardzo przebiegły. W chwili gdy dostrzega jakiś fakt, podąża w jego kierunku i zaczyna go potępiać. W ten proces zostaje zaangażowana cała energia. Zapominasz wtedy o rozumieniu, energia koncentruje się na potępianiu. Potępianie nie może ci w niczym pomóc. Może cię wprowadzić w depresję i gniew. Będąc w stanie depresji czy gniewu, nie możesz niczego zmienić. Pozostajesz taka sama i poruszasz się w tym samym błędnym kole.

Zrozumienie jest wyzwoleniem. Kiedy dostrzegasz określony fakt, nie ma potrzeby, by go potępiać ani by się nim martwić. Potrzebne są tylko głębokie spojrzenie i zrozumienie. Powiedzmy, że mówię coś, co cię rani. Moim celem jest to, by cię zranić. W tej sytuacji musisz odpowiedzieć sobie na pytania, dlaczego cię to zraniło, gdzie cię zraniło i na czym polega problem. Jeżeli od razu pojawi się potępienie, nie będziesz mogła podejść do sytuacji z różnych stron. Już zdecydowałaś, że jest zła. Nie dałaś temu zdarzeniu szansy, lecz osądziłaś je. Wsłuchuj się w fakty, wnikaj w nie, kontempluj, prześpij się z nimi. Im uważniej jesteś w stanie je obserwować, tym łatwiej znajdziesz rozwiązanie. Umiejętność zrozumienia i umiejętność znalezienia rozwiązania to dwie nazwy tego samego zjawiska. Jeżeli rozumiem sytuację, mogę z niej wyjść, przekroczyć ją. Jeżeli natomiast jej nie rozumiem, pozostanę uwikłany.

Cokolwiek w sobie postrzegasz, nie przyjmuj tego w sposób osobisty. Nie ma to nic wspólnego z tobą prawdziwą. To sposób funkcjonowania umysłu. Pojawianie się zazdrości, chciwości czy gniewu jest przejawem funkcjonowania umysłu. Tego doświadcza w różnym stopniu każda osoba.

Umysł przejawia skłonność albo do chwalenia, albo do potępiania. Nigdy nie może przyjąć pozycji pośrodku. Dzięki pochwałom stajesz się kimś wyróżnionym, a twoje ego zostaje zaspokojone. Dzięki potępianiu również stajesz się kimś wyjątkowym. Zauważ, jakimi sztuczkami posługuje się umysł! W obu przypadkach stajesz się kimś wyjątkowym: wielkim świętym lub wielkim grzesznikiem.

Umysł nie chce przyjąć do wiadomości, że uczucia są czymś zwyczajnym. Każdy człowiek doświadcza zazdrości, gniewu, problemów w relacjach z innymi. Jest to tak naturalne jak to, że na głowie rosną włosy. Ktoś ma więcej włosów, ktoś mniej. Ktoś ma czarne włosy, ktoś rude. Nie ma to jednak zasadniczego znaczenia. Należy to do porządku rzeczy.

Mówisz do siebie: „Nie powinnaś być w depresji. To nie jesteś ty. To cię oszpeca, a przecież jesteś taką piękną dziewczyną! Dlaczego jesteś w depresji?". Raczej osądzasz i potępiasz, niż próbujesz zrozumieć.

Depresja wskazuje na to, że gdzieś w twym wnętrzu tkwi gniew w negatywnej formie. Depresja to gniew, który przyjął negatywną postać. Samo słowo „depresja" informuje, że coś znajduje się *pod presją.* Jeżeli wciskasz energię do środka, poddajesz ją presji. Kiedy poddajesz silnej presji swój gniew, przekształca się on w smutek. Smutek jest negatywnym sposobem wyrażania złości, kobiecym sposobem. Jeżeli przestaniesz go tłumić, przekształci się w złość. Musiałaś być zła z powodu pewnych wydarzeń już od dzieciństwa. Nie wyrażałaś jednak tego. Dlatego pojawiła się depresja. Spróbuj to zrozumieć!

Nie można usunąć depresji bez zajęcia się gniewem. Prawdziwy problem tkwi w uczuciu gniewu. Kiedy potępiasz swoją depresję, wtedy walczysz z cieniem. Najpierw zobacz, dlaczego jesteś w depresji. Spójrz w głąb siebie, a wtedy dojrzysz złość. Odkryjesz w sobie ogromną złość – może do matki, może do ojca, do świata, do siebie, lecz tej ostatniej unikaj... W swoim wnętrzu doświadczasz silnego gniewu, a od wczesnego dzieciństwa próbowałaś się uśmiechać, nie gniewać, ponieważ gniew nie jest dobry. W ten sposób cię uczono i dobrze się tego nauczyłaś. Zewnętrznie wyglądasz na osobę szczęśliwą, uśmiechasz się, a wszystkie te uśmiechy są fałszywe. Głęboko utrzymujesz ogromną wściekłość. W chwili obecnej nie możesz jej wyrazić, „siedzisz" na niej. Czujesz się przygnębiona. To właśnie jest depresja.

Pozwól na przepływ uczuć, na pojawienie się gniewu. Kiedy wydobędzie się gniew, depresja odejdzie. Czy nie zauważyłaś, że czasami po przeżyciu prawdziwego gniewu czujemy się bardzo dobrze, jesteśmy ożywieni?

Rób codziennie ćwiczenie transformacji złości. Wystarczy dwadzieścia minut (na stronie 234 znajduje się opis). Po upływie trzech dni zaczniesz cieszyć się z tego ćwiczenia i chętnie je wykonywać. Przyniesie ci ogromną ulgę. Zauważysz, że depresja znika. Po raz pierwszy będziesz *gotowa* się uśmiechać. Pozostając w stanie depresji, nie możesz się uśmiechać. Możesz jedynie udawać.

Człowiek nie może żyć bez uśmiechu. Dlatego musi udawać. Jednak udawany uśmiech przynosi szkodę. Nie czyni cię szczęśliwą. Przypomina o cierpieniu.

Dobrze się stanie, jeśli to sobie uświadomisz. Kiedy odczujesz ból, może to być pomocne. Ludzie są poranieni, dlatego odczuwanie bólu może być dla nich dobre.

Czy jest możliwe zachowywanie świadomości, kiedy przeżywam złość? To uczucie jest tak silne jak tysiące rozpędzonych dzikich koni. Jestem tym naprawdę zmęczony. Czy możesz mi pomóc?

Masz prosty problem, lecz nazbyt go komplikujesz. „Jak tysiące rozpędzonych dzikich koni" – tak wielki gniew może cię spalić! Skąd wziąłeś tysiące dzikich koni?

Słyszałem pewną historię o mulle Nasreddinie.

Mułła chciał się zatrudnić na statku i odbywał rozmowę kwalifikacyjną. Trzej oficerowie stawiali mu pytania. Pierwszy oficer:

– Nadszedł potężny cyklon i wielka sztormowa fala. Statek prawie tonie. Co wtedy zrobisz?

– To żaden problem. Wykonam właściwy manewr techniczny. Zatrzymam statek i opuszczę kotwicę – odrzekł Nasreddin.

Drugi oficer zapytał:

– Wtedy jednak nadejdzie następna fala sztormowa, a statek zacznie tonąć. Co wówczas zrobisz?

– Opuszczę następną kotwicę. Każdy statek ma wiele kotwic.

Trzeci oficer powiedział:

– Ale wtedy nadejdzie kolejna fala...

– Niepotrzebnie tracicie czas. Zrobię to samo. Opuszczę następną kotwicę, by statek mógł przeciwstawiać się sztormowej fali – stwierdził mułła.

Pierwszy oficer zapytał:

– Skąd weźmiesz te wszystkie kotwice?

– To dziwne pytanie. Stąd, skąd wy weźmiecie te wszystkie fale. Z tego samego źródła! Jeżeli wy możecie wyobrazić sobie fale sztormowe, dlaczego ja nie mogę wyobrazić sobie kotwic? Wy tworzyliście tyle sztormowych fal, ile chcieliście, ja natomiast opuszczałem kolejne kotwice.

Gniew to niewielka rzecz. Jeżeli możesz czekać i obserwować, nie wyda ci się on „tysiącami dzikich koni". Przemieni się w małego osła! Po prostu obserwuj go, a on powoli odejdzie. Wejdzie z jednej strony, wyjdzie z drugiej. Gniew, zazdrość, chciwość, rywalizacja... Wszystkie nasze problemy są bardzo małe. Natomiast ego powiększa je, czyni je tak wielkimi, jak to możliwe. Ego nie potrafi funkcjonować inaczej. Wyolbrzymiając gniew, cierpienie, pożądania i ambicje, samo staje się potężne.

Nie przepuszczamy okazji, by dosiąść nawet osła. Natychmiast wskakujemy na jego grzbiet! Nie potrzeba tysięcy dzikich koni. Wystarczy niewielka rzecz i natychmiast płoniesz gniewem. Chwilę potem śmiejesz się z siebie i ze swojej głupoty. Naucz się obserwacji i nie angażuj się. Podejdź do wydarzeń tak, jakby zachodziły na ekranie w kinie. Coś się pojawia, obserwuj to. Nie potrzeba, abyś to powstrzymywał, tłumił, niszczył czy przebijał mieczem. Skąd weźmiesz miecz? Z tego samego źródła, z którego pochodzi gniew. To wszystko jest tylko wyobrażeniem.

Mały chłopiec przybiegł do domu i powiedział do matki: „Mamo, przez kilka kilometrów ścigał mnie ryczący lew! Jakoś udało mi się uciec. Wiele razy zbliżał się do mnie, chciał mnie zaatakować. Wtedy zaczynałem biec szybciej".

Matka wyjrzała na podwórze. Zobaczyła małego psa, który machał ogonem. Następne zwróciła się do chłopca: „Tommy, milion razy mówiłam ci, żebyś nie przesadzał!".

„Milion razy" – nasz umysł jest bardzo dobry w wyolbrzymianiu. Nasze problemy są niewielkie. Jeżeli przestaniesz przesadzać i po prostu spojrzysz na rzeczywistość, zobaczysz, że przed drzwiami stoi piesek. Nie ma potrzeby, by uciekać całe kilometry. Twoje życie nie jest zagrożone.

Gniew przychodzi do ciebie nie po to, by cię zabić. Pojawiał się już wiele razy, a ty to przetrwałeś w dobrej formie. To ten sam gniew, którego już doświadczałeś.

Zrób tym razem tylko jedną nową rzecz. Zamiast angażować się w to uczucie i walczyć z nim, obserwuj je, jakby pozostawało zjawiskiem nienależącym do ciebie. Potraktuj gniew, jakby należał do kogoś innego. Spotka cię wielka niespodzianka. W ciągu niewielu sekund gniew zniknie. Nastąpi to bez walki. Pozostaniesz w niezwykle pięknym, spokojnym, wypełnionym miłością stanie.

Energia, która miała być spożytkowana na walkę z gniewem, pozostanie w tobie. Ta czysta energia jest rozkoszą. Cytuję Williama Blake'a: „Energia jest rozkoszą". Jest to po prostu energia, której nie można określić żadną nazwą. Jednak ty nie pozwalasz energii, by zachowała czystość. Musi ona przyjąć jakąś formę: gniewu, nienawiści, miłości, chciwości, pożądania. Energia zawsze jest czemuś przypisana. Nigdy nie pozwalasz jej, by przejawiała się w czystej formie.

Za każdym razem, kiedy coś się w tobie pojawia, masz szansę, by doświadczyć czystej energii. Po prostu obserwuj, a wszystko pójdzie swoim torem. Może to być tak nieznaczny ruch wewnętrzny, jak uniesienie się drobiny pyłu. Ta drobina osiądzie, kiedy nadejdzie czas. Nie musisz tego przyśpieszać. Po prostu czekaj. Czekaj i pozostawaj w pozycji obserwatora. Wkrótce doświadczysz wokół siebie czystej energii, która nie została wykorzystana ani do walki, ani do tłumienia, ani do wzbudzania złości. Energia z pewnością przynosi rozkosz. Kiedy poznasz tajemnicę rozkoszy, będziesz cieszył się każdą emocją.

Każda emocja, która w tobie powstaje, tworzy wspaniałą możliwość. Po prostu obserwuj i napełniaj swoją istotę energią zachwytu. Powoli zaczną zanikać wszystkie emocje. Nie będą ponownie się pojawiać, nie będą przychodzić bez zaproszenia. Zapanuje stan bycia świadkiem. Określany bywa mianem uważności, czujności lub świadomości. To kluczowe pojęcie.

Pani Johnson, nauczycielka angielskiego, zwróciła się do uczniów:

– Dziś będziemy się zajmować definiowaniem. Kiedy coś definiujesz, mówisz, czym to jest. A teraz, Wesley, zdefiniuj pojęcie „nieświadomy".

– Jest to ostatnia rzecz, którą z siebie zdejmuję, kiedy idę spać! – odpowiedział Wesley*.

Wszyscy żyjemy w takim pomieszaniu! Nikt nie jest przytomny. Nikt nie słucha tego, co się do niego mówi. Przez większość czasu masz oczy otwarte i nie chrapiesz. Nie oznacza to jednak, że jesteś przebudzony. Oznacza to, że udajesz, że jesteś przebudzony. W twoim wnętrzu jest wiele myśli, pomieszania, wiele dzikich koni. Czy możesz cokolwiek zobaczyć? Chociaż twoje oczy są otwarte, to jednak nie widzisz. Chociaż twoje uszy są otwarte, nie słyszysz.

Zadziwiające jest, jak natura stworzyła oczy i uszy. Masz powieki, które pozwalają ci zamykać i otwierać oczy. Natura poskąpiła ci powiek do zamykania i otwierania uszu, ponieważ wie, że ciągle wsłuchujesz się w swoje myśli. Uszy nie potrzebują powiek. Zawsze są głuche. Praktycznie nie słyszysz lub słyszysz tylko to, co chcesz słyszeć.

Słyszałem pewną historię.

Po niedzielnym nabożeństwie kaznodzieja zatrzymał pewnego człowieka, który głośno chrapał podczas kazania, i powiedział:

– To nie jest w porządku. Chrapałeś podczas kazania.

– Przepraszam, następnym razem nie usnę, będę uważał – odpowiedział upomniany.

Na to kaznodzieja:

---

* W języku angielskim gra słów. Wesley pomylił słowo *underwear* – „bielizna", ze słowem *unaware* – „nieświadomy".

– Spało wiele osób, a ty mogłeś je obudzić. Nie troszczę się o to, że nie słyszałeś kazania. Troszczę się o resztę zgromadzonych. Chrapałeś tak głośno, że mogłeś ich obudzić. Powtarzam to kazanie w każdą niedzielę. Jeżeli obudziłbyś tych ludzi, miałbym więcej pracy. Musiałbym za każdym razem przygotowywać nowe kazanie. Byłoby to nudne. Wygłaszam ciągle to samo kazanie i nikt nie ma zastrzeżeń, ponieważ nikt go nie słyszy.

Możesz wstąpić do dowolnego kościoła i zobaczysz tam ludzi, którzy głęboko śpią. Jest to miejsce, w którym ludzie znajdują trochę odpoczynku od codziennych spraw. Jeśli idzie o życie duchowe, można powiedzieć, że ludzie śpią przez dwadzieścia cztery godziny na dobę. W czasie tego snu doświadczają złości i pożądania.

Osoba, która opanowała sztukę uważnej obserwacji, dysponuje złotym kluczem. Mogą się pojawiać różne stany wewnętrzne: złość, chciwość, pożądanie, namiętność. A ona przygląda im się tylko. W czasie obserwowania umysł stopniowo uwalnia się od swojej zawartości, aż pewnego dnia zniknie. Nie może istnieć bez gniewu, strachu, miłości, nienawiści.

W procesie obserwacji uwalniasz się nie tylko od gniewu, ale także od części swego umysłu. Pewnego dnia z zaskoczeniem stwierdzasz, że nie ma już umysłu. Jesteś obserwatorem, który stoi na szczycie wzgórza. To najpiękniejszy moment. Od tej chwili rozpoczyna się prawdziwe życie.

ZROZUMIEĆ KORZENIE ZAZDROŚCI

Co powoduje, że stajesz się zazdrosny? Chęć posiadania. Zazdrość ma głębsze uwarunkowania. Kochasz kobietę, kochasz mężczyznę i chcesz posiadać tę osobę, boisz się, że jutro ona odejdzie do kogoś innego. Strach o jutro niszczy teraźniejszość. Jeżeli każdy dzień jest niszczony przez strach o przyszłość, twój partner wcześniej czy później rzeczywiście zaczyna szukać kogoś innego. A wtedy wydaje się, że zazdrość jest uzasadniona. W ten sposób zazdrość tworzy całą tę sytuację.

Najważniejszą kwestią jest to, by nie martwić się o jutro. Wystarczy dzień dzisiejszy! Ktoś cię kocha. Niech będzie to dzień radości, dzień celebracji. Bądź przepełniony miłością właśnie dzisiaj. Ta pełnia doświadczenia wystarczy, by druga osoba nie chciała odejść. Natomiast twoja zazdrość może ją odepchnąć. Miłość utrzymuje związek. Nie myśl o jutrze. Gdy myślisz o jutrze, żyjesz połowicznie. Jutro rodzi się z dziś. Jeżeli dziś doświadczasz piękna i błogosławieństw, dlaczego martwisz się o jutro?

Pewnego dnia partner, którego kochasz, może znaleźć kogoś innego. To ludzka rzecz. Powiedzmy, że twoja obecna partnerka będzie szczęśliwa z innym człowiekiem. Nie ma znaczenia, z kim jest szczęśliwa. Po prostu jest szczęśliwa. Jeżeli tak bardzo ją kochasz, czy możesz niszczyć jej szczęście?

Prawdziwa miłość trwa nawet wtedy, gdy twoja partnerka czuje się szczęśliwa z kimś innym. Jeżeli pielęgnujesz postawę miłości i wdzięczności, powiesz swojej partnerce: „Masz całkowitą wolność. Bądź w pełni szczęśliwa. Twoje szczęście to także moje szczęście. Nie ma znaczenia, z kim jesteś szczęśliwa. Ważna jest tylko twoja miłość". Uważam, że w takiej sytuacji ta kobieta nie opuści cię na długo. Powróci. Kto opuści na zawsze takiego mężczyznę?

Twoja zazdrość i chęć posiadania niszczą wszystko. Musisz zrozumieć, co z tego masz. Płoniesz pod wpływem negatywnych uczuć. Im bardziej jesteś zazdrosny, zły, pełen nienawiści, tym bardziej odpychasz drugą osobę. Prosta arytmetyka wskazuje, że to nie jest dobra droga. Niszczysz związek, który chcesz utrzymać. To głupie.

Spróbuj zrozumieć prosty fakt, że ludzie są tylko ludźmi. W pewnej chwili każdy staje się znudzony przebywaniem cały czas z jedną osobą. Spójrz realnie. Nie żyj w świecie fikcji. W pewnej chwili każdy człowiek ma dość. Nie oznacza to, że przestał kochać. Po prostu potrzebne są małe zmiany. Może to pomóc zarówno tobie, jak i twojemu partnerowi. Oboje potrzebujecie trochę od siebie odpocząć. Warto zrobić to w świadomy sposób. „Czujemy, że nastąpił impas. Zróbmy więc tygodniową przerwę. Kocham ciebie, a ty mnie. To pewne i nie musimy się obawiać". Z moich obserwacji wynika, że po kilku dniach rozstania spotkacie się, kochając jeszcze mocniej i głębiej.

Nie zmierzaj do tego, by posiąść drugą osobę. Dbajcie o wolność we wzajemnych relacjach. Nie wdzierajcie się w prywatny świat partnera. Szanujcie wzajemnie swoją godność. Jeżeli tak wygląda wasza relacja, nie ma powodu do niepokoju. Możecie się rozstać na pewien czas, na kilka dni. Ten czas twoja kobieta spędzi z innym mężczyzną, a ty z inną kobietą. Każde z was nauczy się nowych rzeczy. Możecie przeżywać od nowa miodowy miesiąc. Jesteście odświeżeni. Dobrze mieć wzbogacające doświadczenia. Potrzebne są zrozumienie oraz inteligentna postawa, wówczas zazdrość zniknie.

Zazdrość to sfera doświadczeń psychicznych otoczona zasłoną ignorancji. Ludzie myślą, że wiedzą, czym jest miłość. Tak nie jest. Błędne rozumienie miłości tworzy zazdrość. Miłość jest rozumiana jako wyłączność, jako posiadanie drugiej osoby. Brakuje w tym zrozumienia prostego faktu, że w momencie kiedy posiądziesz drugą istotę, zabijesz ją. Życia nie można sobie przywłaszczyć.

Nie możesz zamknąć go w pięści. Jeżeli chcesz doświadczać życia, musisz otworzyć dłonie.

Przez tysiące lat sprawy posuwały się w niewłaściwy sposób, głęboko utrwalił się błędny sposób myślenia. Dlatego nie potrafimy oddzielić miłości od zazdrości. Stały się one jednym strumieniem energii. W rzeczywistości te uczucia znajdują się na przeciwnych biegunach. Umysł, który jest zazdrosny, nie może kochać. I odwrotnie. Umysł, który kocha, nie może być zazdrosny. Z czego wynika problem? Musisz stanąć z boku i przyjrzeć się tej sprawie, jakby nie dotyczyła ona ciebie.

Uczucie zazdrości jest skutkiem ubocznym małżeństwa. W świecie zwierząt oraz ptaków zazdrość nie istnieje. W pewnym momencie dochodzi do walki o obiekt miłości. Jednak ta walka jest o wiele lepsza niż zazdrość. Walka jest czymś o wiele bardziej naturalnym niż uwikłanie w zazdrość. Zazdrość prowadzi do tego, że własnymi rękami niszczysz swoje serce.

Małżeństwo nie jest czymś naturalnym. Stworzył je człowiek. Natura nie wyposażyła cię w umysł, który potrafi dostosować się do małżeństwa. Społeczeństwo uznało jednak za rzecz niezbędną, by kochankowie zawierali akt prawny. Miłość jest czymś trudnym do przewidzenia. Nie można na niej polegać. Istnieje w danym momencie, a za chwilę odchodzi. Chcesz zabezpieczyć się na przyszłość. W tej chwili jesteś młody. Wkrótce się zestarzejesz i chcesz, by twoja żona czy mąż byli z tobą na starość, gdy będziesz chorować. W tym jednak celu należy zawrzeć kilka kompromisów. Tam, gdzie zawiera się kompromisy, automatycznie pojawiają się kłopoty.

Małżeństwo wywołuje podejrzliwość. Mężczyzna zawsze się zastanawiał, czy urodzone w małżeństwie dziecko jest rzeczywiście jego. Problem polega na tym, że ojciec nie ma sposobu, by to sprawdzić. To wie tylko matka. Ponieważ mężczyzna nie miał sposobu, by uzyskać pewność, otaczał kobietę coraz szczelniejszym murem. Był to jedyny sposób, by odciąć ją od otoczenia. Nie zgadzał się, by kobieta uzyskała wykształcenie, ponieważ wykształcenie dodaje ludziom skrzydeł, uczy ich niezależnego myślenia, może skłonić do sprzeciwu. Z tego powodu kobiety były pozbawione możliwości edukacji. Nie były też dopuszczane do kształcenia się w obszarze posług religijnych*. Religia przydaje bowiem ludziom świętości. Społeczeństwo w ciągu tysiącleci było zdominowane przez mężczyzn. Mężczyźni nie wyobrażali sobie, by kobieta mogła zająć pozycję wyższą, niż zajmowali oni, stać się osobą bardziej świętą.

Mężczyzna od początku podcinał korzenie samodzielności kobiety. Nie dawał jej możliwości rozwoju. Była ona fabryką, która produkuje dzieci. W żadnej kulturze kobieta nie była uznawana za równą mężczyźnie. Na całym świecie kobiety doznawały ucisku. Im bardziej kobiety były uciskane, tym bardziej zniekształcana stawała się energia ich uczuć. Kobiety były pozbawione wolności, a ich indywidualność, emocje, uczucia i myśli tłumione. Stąd zrodziła się zazdrość. Żona żyje w ciągłej obawie, że mąż może zainteresować się inną kobietą, może ją opuścić, może odejść. A ona przecież nie może samodzielnie istnieć w świecie.

Indyjskie księgi powiadają, że w dzieciństwie ojciec powinien chronić swoją córkę, w młodości mąż powinien chronić swoją żonę, natomiast w wieku sędziwym syn powinien chronić swoją matkę. Wynika z tego, że kobieta powinna być chroniona od wczesnego dzieciństwa aż po grób. Nie może się zbuntować przeciwko szowinistycznemu społeczeństwu, zdominowanemu przez

---

* Nie mogły być kapłanami.

mężczyzn. Wszystko, co kobieta może uczynić, to dostrzec własne błędy. Jednak kobieta w większości przypadków nie myli się. Przeważnie ma rację.

Kiedy mężczyzna zakochuje się w innej kobiecie, zmienia się jego stosunek do poprzedniej partnerki. Teraz są sobie obcy, mosty zostały spalone. Kobieta jest zraniona, zniewolona, opuszczona. Jej życie stało się udręką. Z tej udręki i cierpienia rodzi się zazdrość.

Zazdrość jest wyrazem złości ludzi słabych. Choć wszystko wre w jej wnętrzu, taka osoba nie jest w stanie nic zrobić. Chciałaby spalić cały świat, ale potrafi tylko płakać, krzyczeć i ciskać przekleństwa. Ta sytuacja będzie trwała dopóty, dopóki małżeństwo nie stanie się eksponatem muzealnym.

Obecnie nie ma potrzeby zawierania małżeństw. Może ta instytucja była pożyteczna w przeszłości, a może nie. Na pewno była sposobem na zniewolenie kobiet. Te sprawy mogły być rozwiązane w inny sposób. Wracanie do przeszłości nie ma sensu. Mogła być dobra lub zła. Jedna rzecz jest pewna – przeszłości już nie ma!

Jeśli chodzi o chwilę obecną i o przyszłość, to małżeństwo pozostaje w niezgodzie z kierunkiem ewolucji ludzkości. Zaprzecza też wszystkim wartościom, które cenimy: wolności, miłości, radości.

Mężczyzna chciał całkowicie uwięzić kobietę. Dlatego pisał księgi religijne i wzbudzał w kobiecie – z jednej strony – strach przed piekłem, z drugiej – pragnienie osiągnięcia nieba. Kobieta mogła wejść do nieba, jeżeli przestrzegała reguł. Te reguły były przeznaczone dla kobiet, nie dla mężczyzn. Teraz stało się jasne, że kobiety nie mogą dłużej żyć w tej zatrutej zazdrością atmosferze. Przynosi to szkodę ich zdrowiu psychicznemu. Zdrowie psychiczne kobiet wpływa na zdrowie psychiczne całej ludzkości. Kobieta musi się stać niezależną jednostką.

Rozpad instytucji małżeństwa będzie wielkim świętem na ziemi. Nikt już nie będzie niczego ci zabraniał. Jeżeli kochasz swą żonę czy swego męża, możecie całe życie być razem. Nikt wam tego nie zabroni. Zanik instytucji małżeństwa oznacza odzyskanie indywidualności. Teraz już nikt nie może cię nazwać swoją własnością. Nie musisz uprawiać miłości z mężczyzną, bo jest on twoim mężem i ma prawo tego żądać. Moim zdaniem, kiedy kobieta uprawia miłość z mężczyzną, ponieważ jest do tego zmuszona, to prostytucja. Sprzedaż nie detaliczna, lecz hurtowa! Sprzedaż detaliczna jest lepsza. Masz szansę na wymianę. Natomiast ta hurtowa prostytucja małżeńska jest niebezpieczna. Nie masz szansy na wymianę. Powinieneś uzyskać taką szansę, szczególnie podczas pierwszego małżeństwa, jesteś wtedy amatorem. Co najmniej kilka małżeństw pomoże ci się stać człowiekiem dojrzałym. Może wtedy właśnie będziesz mógł znaleźć właściwego partnera. „Właściwy partner" nie jest to według mnie osoba „stworzona dla ciebie". Żadna kobieta nie jest stworzona dla określonego mężczyzny. Żaden mężczyzna nie jest stworzony dla określonej kobiety. „Właściwy partner" to osoba, która była w kilku relacjach i zrozumiała je. Taka osoba wie, jakie postawy prowadzą do cierpienia w relacjach, a jakie wiodą ku szczęśliwemu, spokojnemu życiu, przepełnionemu miłością. Życie z różnymi osobami stanowi absolutnie niezbędną edukację w dziedzinie miłości. Dzięki tym doświadczeniom jesteś w stanie prowadzić właściwe życie.

Powinieneś przejść przez kilka relacji. Podczas nauki szkolnej, na uniwersytecie powinieneś mieć okazję do wejścia w te relacje. Nie powinieneś się spieszyć z podejmowaniem decyzji. Nie ma takiej potrzeby. Świat jest rozległy, a każdy człowiek ma niepowtarzalne cechy i wyjątkowe piękno.

Doświadczając kilku relacji, zaczniesz sobie uświadamiać, jakiego rodzaju kobieta, jakiego rodzaju mężczyzna może być dla ciebie przyjacielem. Ta osoba nie może być w stosunku do ciebie ani mistrzem, ani niewolnikiem. Przyjaźń nie wymaga małżeństwa, ponieważ przyjaźń jest czymś znacznie wyższym.

Czujesz zazdrość, dlatego że odziedziczyłeś to uczucie. Będziesz musiał zmienić wiele rzeczy nie dlatego, że ja o tym mówię. Zrobisz to, ponieważ zrozumiałeś, że potrzebna jest radykalna zmiana. Weźmy przykład. Rozpowszechniona jest opinia, że małżeństwo ulega zniszczeniu, jeśli mąż idzie do innej kobiety lub żona idzie do innego mężczyzny. Jest to stanowisko pozbawione słuszności. Przeciwnie, jeżeli małżeństwo może spędzić weekend w dowolny sposób, przyczyni się to do wzmocnienia związku. Małżeństwo nie ogranicza w takiej sytuacji twojej wolności, partner rozumie twoją potrzebę różnorodnych doświadczeń. Są to ludzkie potrzeby.

Kapłani, moraliści oraz purytanie ukształtowali pewne ideały. Stworzyli piękne ideały, a następnie narzucili je siłą. Chcieli, by wszyscy ludzie stali się idealistami. Przez dziesięć tysięcy lat żyliśmy w ciemnym i ponurym cieniu idealizmu. Jestem realistą. Nie mam żadnych ideałów. Uważam, że zrozumienie rzeczywistości i podążanie za nią stanowi jedyną drogę dla inteligentnego mężczyzny i inteligentnej kobiety.

W moim rozumieniu małżeństwo jest czymś nie ciasnym i sztywnym, lecz elastycznym. Jest przyjaźnią. Kobieta może ci powiedzieć, że spotkała pięknego, młodego mężczyznę i chce z nim spędzić ten weekend. Mówi też: „Jeżeli byłbyś zainteresowany, to mogę zabrać go ze sobą do domu. Ty także go pokochasz". Jeżeli mąż nie jest hipokrytą, może odpowiedzieć: „Twoja radość i twoje szczęście są moim szczęściem. Świeża miłość cię odświeży, przyniesie ci powiew młodości. Idź w tym tygodniu, a w następnym tygodniu będzie moja kolej". To właśnie jest przyjaźń. Kiedy wrócą do domu, mogą porozmawiać o tym, jakiego ona spotkała mężczyznę, jaki on jest, jak jej z nim było… On natomiast może opowiedzieć o nowej kobiecie, którą spotkał. W ten sposób dom staje się schronieniem. W jakimś momencie ulatujesz w niebo, jesteś dziki i wolny. Po czym powracasz, a twój partner zawsze na ciebie czeka nie po to, by z tobą walczyć, lecz po to, by uczestniczyć w twych przygodach.

Potrzeba tu trochę zrozumienia. Nie ma to nic wspólnego z moralnością. Chodzi tylko o nieco bardziej inteligentne zachowanie. Doskonale wiecie o tym, że niezależnie od tego, jak piękny jest mężczyzna czy jak piękna jest kobieta, wcześniej lub później zaczynają działać partnerowi na nerwy. Ta sama geografia, ta sama topografia, ten sam krajobraz… Umysł ludzki nie jest przystosowany do monotonii. Nie jest też stworzony do monogamii. W sposób naturalny domaga się różnorodności. Nie przeczy to twej miłości. W rzeczywistości im lepiej znasz inne kobiety, tym bardziej będziesz doceniał swoją. Pogłębi się twoje rozumienie, wzbogaci doświadczenie. Im głębiej poznasz kilku mężczyzn, tym precyzyjniej będziesz rozumiała swego męża. Zniknie pojęcie zazdrości. Oboje będziecie wolni i nie będziecie niczego ukrywać.

Z przyjaciółmi dzielimy się wszystkim. Szczególnie piękne są miłość, poezja, muzyka. Właśnie tym powinniśmy się dzielić. W ten sposób życie będzie się stawało coraz bogatsze. Możecie tak się wzajemnie dostroić, że spędzicie razem całe życie. Nie oznacza to jednak bycia małżeństwem.

Zazdrość będzie istniała tak długo, jak długo małżeństwo będzie pozostawać podstawą społeczeństwa. Daj mężczyźnie całkowitą wolność – z głębi swego serca. Powiedz mu, że nie musi niczego ukrywać: „Ukrywanie czegokolwiek będzie mnie obrażać. Oznacza, że mi nie ufasz". Tak samo zachowa się mężczyzna. Powie do żony: „Jesteś wolna – tak samo jak ja. Razem zmierzamy do szczęścia, razem podążamy ku błogości. Wszystko jesteśmy gotowi dla siebie zrobić, lecz nie będziemy siebie wzajemnie więzić". Dawanie wolności przynosi radość, posiadanie wolności również niesie radość. Możesz doświadczać tak wiele radości, lecz obracasz całą energię w cierpienie, zazdrość, walkę, ciągły wysiłek, by trzymać innych pod swoim butem.

To proste. Jeżeli rozumiesz siebie samego, będziesz w stanie zrozumieć także swojego partnera. Czy w twoich snach nie pojawiają się inne osoby? Tak naprawdę rzadko w snach pojawia się mąż albo żona. Ludzie nigdy nie widzą swego małżonka we śnie. Wystarczająco dużo widzą go na jawie! Czyż nawet w nocy, nawet w czasie snu nie można być wolnym?

Nie, w twoich snach jesteś z żonami swoich sąsiadów, z mężami swoich sąsiadek. Stworzyliśmy fałszywe społeczeństwo, społeczeństwo, które przeczy ludzkiej naturze. Potrzeba doświadczania różnorodności jest podstawową cechą każdej inteligentnej jednostki. Im bardziej jesteś inteligentny, tym większej potrzebujesz różnorodności. Krowa jest zadowolona, jedząc tylko jeden rodzaj trawy. Przez całe życie nie tknie innego jej rodzaju. Umysł krowy nie potrzebuje zmian, poznawania nowych rzeczy, odkrywania nowych krain i wkraczania w nowe przestrzenie.

Poeci, malarze, tancerze, muzycy, aktorzy są ludźmi, którzy potrafią kochać bardziej. Ich miłość nie koncentruje się na poszczególnych osobach. Oni kochają bardziej. Kochają wszystkie osoby, z którymi wchodzą w kontakt. Są ludźmi inteligentnymi. Uosabiają twórczą stronę nas samych. Głupcy nie chcą niczego zmieniać. Obawiają się zmiany, ponieważ zmiana oznacza, że musieliby się uczyć czegoś nowego. Głupcy chcą się czegoś nauczyć raz i pozostać z tym przez całe życie. Może to być maszyna, żona lub mąż. Nie ma to znaczenia. Poznałeś jedną kobietę, znasz jej gderanie, przywykłeś do niego. Nie tylko przywykłeś, lecz stałeś się od niego uzależniony. Jeżeli nagle twoja kobieta przestanie gderać, nie będziesz mógł tej nocy zasnąć. Co się stało? Coś poszło nie tak?

Jeden z moich przyjaciół ciągle narzekał na swoją żonę:

– Zawsze jest smutna, ma skrzywioną twarz. A ja się boję, kiedy wchodzę do domu. Tracę czas w tym lub innym klubie, lecz ostatecznie muszę wrócić do domu i tam ją spotykam.

– Zrób jedną rzecz, eksperyment – poradziłem mu. – Ona jest bardzo poważna i gderliwa. Dlatego trudno mi jest sobie wyobrazić, że wchodzisz do domu z uśmiechem...

– Czy myślisz, że dam radę? – on na to. – W momencie gdy ją widzę, coś mi w środku zamiera. Uśmiechać się?

– Zrób eksperyment. Jedną rzecz. Kup piękne róże i najlepsze lody, jakie można dostać w mieście. Wejdź do mieszkania, uśmiechając się i śpiewając piosenkę!

– Tak zrobię, ale nie wydaje mi się, by przyniosło to jakiś skutek.

– Będę szedł za tobą i zobaczę, czy się coś zmieni – podtrzymałem go na duchu.

Biedny facet robił, co mógł. W drodze do domu wiele razy zaczynał się śmiać. Zapytałem go, dlaczego to robi.

– Śmieję się z tego, co robię! Chciałem, żebyś przekonał mnie do rozwodu. Ty jednak namawiasz mnie, żebym zachowywał się jak w czasie miodowego miesiąca! – odburknął.

– Wyobraź sobie, że to miodowy miesiąc... Pokaż, co potrafisz.

Otworzył drzwi, pojawiła się żona. Uśmiechał się, a potem roześmiał do siebie. Żona stała jak kamienny posąg. Wręczył jej kwiaty i lody. Następnie ja wszedłem. Kobieta nie mogła uwierzyć w to, co się stało. Kiedy mąż poszedł do toalety, zapytała mnie:

– Co się stało? Nigdy niczego mi nie przyniósł, nigdy się nie uśmiechał. Nigdy nie wychodził ze mną do miasta, nigdy nie mówił, że mnie kocha i szanuje. Cóż się takiego stało?

– Nic. Oboje postępowaliście niewłaściwie. Kiedy wyjdzie z toalety, obejmij go mocno – odpowiedziałem.

– Objąć go?

– Tak. Obejmij go! Dawałaś mu tak dużo rzeczy. Teraz daj mu ciepło, obejmij go mocno. On jest twoim mężem, postanowiliście żyć razem. Żyjcie radośnie albo radośnie się rozstańcie. Nie ma powodów... Życie jest tak krótkie. Po co bez potrzeby marnować życie dwojga ludzi?

W tym właśnie momencie mężczyzna wrócił z toalety. Kobieta nieco się zawahała, lecz ją popchnąłem. Objęła męża. Był tak zaskoczony, że upadł na podłogę! Nigdy nie przypuszczał, że ona może go objąć.

Musiałem mu pomóc. Zapytałem:

– Co się stało?

– Nigdy nie mogłem sobie wyobrazić, że ta kobieta może mnie objąć i pocałować – ale ona to potrafi! Kiedy się uśmiecha, wygląda pięknie.

Dwie osoby, które się kochają, powinny dbać o to, by ich relacja rozkwitała i przynosiła coraz więcej radości. Nawet jeżeli będziecie razem siedzieć w milczeniu, zaistnieje wystarczający kontakt. To wszystko stanie się możliwe, kiedy uwolnicie się od idei małżeństwa. Przyjaźń stanowi podstawę prawdziwego związku. Prawne potwierdzenie małżeństwa oznacza jego śmierć. Miłości nie można poddać regulacjom prawnym. Miłość jest ostatecznym prawem. Musisz po prostu odkryć jej piękno, wejść do jej skarbca. Nie musisz jak papuga wymieniać wszystkich wartości, które sprawiają, że istoty ludzkie stanowią koronę stworzenia na naszej planecie. Te wartości powinieneś wnosić do waszej relacji.

Zaobserwowałem, że jeżeli jeden z partnerów porusza się we właściwym kierunku, drugi wcześniej lub później podąży za nim. Obie osoby pragną miłości, lecz nie wiedzą, jak do niej się zbliżyć. Na żadnym uniwersytecie nie naucza się, że miłość jest sztuką... To dobrze, że musimy własnymi rękoma wykopać wszystkie skarby, które są w życiu ukryte. Miłość jest jednym z największych skarbów naszego istnienia.

Zamiast stać się towarzyszami na ścieżce poszukiwania miłości, piękna i prawdy, ludzie marnują czas na prowadzenie walk i wzbudzanie zazdrości. Stań się po prostu trochę bardziej świadomy i zacznij się zmieniać. Nie oczekuj tego od swego partnera. Po jego stronie także nastąpi zmiana. Uśmiech nic nie kosztuje, podobnie jak miłość i dzielenie się szczęściem z istotą, którą kochasz.

Wydaje mi się, że zazdrość powstaje nie tylko w relacjach miłosnych, lecz w różnego rodzaju kontaktach z ludźmi. Być może właściwym słowem w tym miejscu jest „zawiść". Oznacza ono, że czuję się urażony, kiedy ktoś ma to, czego pragnę, a czego nie mam. Czy możesz coś powiedzieć o tego rodzaju zazdrości?

Nauczono nas porównań. Zostaliśmy tak ukształtowani, że zawsze czynimy porównania. Ktoś ma lepszy dom, ktoś ma piękniejsze ciało, ktoś ma więcej pieniędzy, ktoś ma bardziej charyzmatyczną osobowość. Kiedy porównujesz się z innymi ludźmi, pomijasz istotę sprawy. W wyniku tego powstaje silna zazdrość. Zazdrość stanowi rezultat, skutek uboczny czynienia porównań.

Kiedy porzucasz porównywanie się, zazdrość zanika. Wtedy wiesz, że jesteś sobą, a nie kimś innym. Nie ma potrzeby, żebyś był kimś innym. To dobrze, że nie porównujesz siebie z drzewami, bo wtedy stałbyś się bardzo zazdrosny: „Dlaczego nie jestem zielony? Dlaczego życie potraktowało mnie niesprawiedliwie i jestem pozbawiony kwiatów, a drzewo je ma?". To dobrze, że nie porównujesz siebie z ptakami, rzekami, górami, bo wtedy odczuwałbyś cierpienie. Porównujesz siebie tylko z istotami ludzkimi, ponieważ jesteś istotą ludzką. Nie porównujesz siebie z pawiami i papugami. Gdybyś tak robił, ciężar zazdrości stałby się tak duży, że nie mógłbyś w ogóle żyć.

Porównywanie się jest bardzo głupią postawą, ponieważ każdy człowiek jest wyjątkowy i niepowtarzalny. Kiedy to zrozumienie ugruntuje się w twojej świadomości, zniknie zazdrość. Każda osoba jest wyjątkowa i niepowtarzalna. Jesteś po prostu sobą. Nie istniała wcześniej żadna osoba taka jak ty. Taka jak ty osoba nie będzie też istnieć w przyszłości. Nie ma potrzeby, abyś był taki jak ktokolwiek inny. Życie tworzy jedynie oryginały i nie potrzebuje kopii.

Na podwórzu grzebało w ziemi stado kur. W pewnej chwili nad płotem przeleciała piłka i wylądowała między ptakami. Nadszedł kogut, przyjrzał się badawczo piłce i powiedział:

„Nie chcę narzekać, dziewczyny, ale spójrzcie na jajo, które wyhodowali nasi sąsiedzi".

U sąsiadów dzieją się wspaniałe rzeczy. Trawa jest bardziej zielona, róże są bardziej różowe, ludzie wyglądają na szczęśliwych, a ty nie czujesz szczęścia, ty się ciągle porównujesz z innymi. To samo dotyczy innych ludzi, oni też się porównują. Być może także myślą, że trawa na twoim trawniku jest bardziej zielona. Tak przynajmniej wygląda z większej odległości. Myślą też, że masz ładniejszą żonę. Ty natomiast jesteś nią znudzony. Zastanawiasz się, jak to się stało, że pozwoliłeś, by taka osoba cię usidliła. Nie wiesz, jak się od niej uwolnić. Tymczasem sąsiad może być zazdrosny, że masz tak piękną żonę! Możesz mu zazdrościć tego samego, natomiast sąsiad może mieć dokładnie takie same uczucia w stosunku do własnej żony. Każda osoba zazdrości innej. Z powodu zazdrości stajemy się małoduszni i sami sobie stwarzamy piekło.

Stary farmer ze smutkiem lustrował szkody, które wyrządziła mu powódź.

– Hiram – zawołał sąsiad – twoje świnie zostały porwane przez wodę!

– A co ze świniami Thompsona? – zapytał farmer.

– One też zginęły.

– A Larsena?

– Także.

– Uff! – odetchnął farmer z ulgą. – Nie jest tak źle, jak myślałem!

Jeżeli inni ludzie doświadczają nieszczęść i ponoszą straty, czujemy się lepiej. Jeżeli inni ludzie są szczęśliwi i odnoszą sukcesy, pojawia się w nas rozgoryczenie. Dlaczego jednak koncentrujesz uwagę na innych? Ponownie chcę wam to przypomnieć. Dzieje się tak z tego powodu, iż nie pozwalacie, by płynęła wasza energia.

Nie dopuszczasz do siebie stanu błogości, nie pozwalasz na to, by twoja osobowość rozkwitła. Z tego powodu czujesz wewnętrzną pustkę. Wpatrujesz się jednak ciągle w powierzchowność innych ludzi. Tylko to możesz bowiem dostrzec, tylko ich stronę zewnętrzną. Znasz własne wnętrze i znasz stronę zewnętrzną innych ludzi. To właśnie powoduje powstanie zazdrości. Inne osoby znają swoje wnętrze i twoją stronę zewnętrzną. To w nich wywołuje zazdrość.

Nikt nie zna twego wnętrza. Wiesz, że w środku jesteś niczym, jesteś bez wartości. A inni z zewnątrz wyglądają na tak szczęśliwych. Ich uśmiechy mogą być sztuczne, ale skąd możesz wiedzieć, że oni nie są prawdziwi? Być może oni odczuwają w sercach radość. Wiesz tylko to, że *twój* uśmiech jest sztuczny, ponieważ w sercu w ogóle nie odczuwasz radości. Twoje serce płacze i łka.

Tylko ty znasz swoje wnętrze. Znasz też stronę zewnętrzną innych ludzi. Ludzie potrafią upiększać swoją powierzchowność. Ty także to potrafisz. Powierzchowność to tylko pozory, mogą być bardzo mylące.

Istnieje suficka opowieść na ten temat.

Pewien człowiek miał dość cierpienia. Zwracał się często do Boga: „Dlaczego ja? Wszyscy wyglądają na szczęśliwych. Dlaczego tylko ja tak bardzo cierpię?". Jednego ranka skrajnie zdesperowany modlił się: „Daj mi cierpienia jakiejś innej osoby, a ja je przyjmę. Zabierz jednak moje, gdyż nie mogę ich dłużej dźwigać".

Tej nocy ów człowiek miał piękny sen. Sen był nie tylko piękny, ale także wiele mu wyjaśnił. Na niebie pojawił się Bóg i powiedział do ludzi: „Przynieście wszystkie swoje cierpienia do świątyni". Ludzie byli wyczerpani swoimi cierpieniami. Każdy w jakimś momencie modlił się: „Boże, jestem gotów przyjąć cierpienia innego człowieka, ale zabierz moje. Są one zbyt wielkie, nie do zniesienia".

Wszyscy zapakowali swoje cierpienia do walizek i poszli do świątyni. Wyglądali na bardzo szczęśliwych. Wreszcie nadszedł upragniony dzień, ich modlitwy zostały wysłuchane! Nasz bohater także pospieszył do świątyni.

Wtedy Bóg powiedział: „Połóżcie swoje walizki przy ścianach". Ludzie uczynili, jak im polecił. Następnie Bóg oświadczył: „Teraz możecie dokonać wyboru. Każdy z was może wziąć dowolną walizkę".

I oto zdarzyła się rzecz niespodziana. Człowiek, który tak uparcie modlił się do Boga, żeby dał mu cudze cierpienia, szybko ruszył ku swojej walizce. Chciał ją wziąć, zanim ktokolwiek by po nią sięgnął! Był zaskoczony tym, że pozostałe osoby także pospieszyły ku swoim walizkom. Każdy czuł się szczęśliwy, że znowu ma coś, co należy do niego.

Dlaczego tak się stało? Pierwszym powodem było to, że po raz pierwszy każdy mógł zobaczyć nieszczęścia innych ludzi. Walizki innych osób były tak samo duże, a nawet jeszcze większe! Drugim powodem było to, że każdy przywykł do własnych cierpień. Wybrać inną walizkę... Kto wie, jakie cierpienia będą się znajdować w środku? Po co zaprzątać sobie tym głowę? Znasz już swoje cierpienia i przywykłeś do nich. Są do przyjęcia. Przez tyle lat żyłeś z nimi. Po co wybierać nieznane?

Każdy wrócił do domu zadowolony. Nic się nie zmieniło. Ludzie przynieśli swe cierpienia z powrotem. Każda osoba była jednak uśmiechnięta, szczęśliwa i radosna, gdyż wróciła ze swoją walizką.

Rano nasz bohater modlił się do Boga tymi słowami: „Dziękuję ci za ten sen. Nie będę nigdy więcej prosił. Cokolwiek mi dałeś, musi to być dla mnie dobre. Dlatego mi to dałeś".

Z powodu zazdrości ciągle cierpisz, stałeś się małoduszny. Z powodu zazdrości stałeś się sztuczny, zacząłeś udawać. Zacząłeś pragnąć rzeczy, których nie masz, zacząłeś pragnąć rzeczy, których *nie możesz* mieć, które nie są dla ciebie właściwe. Stajesz się coraz bardziej sztuczny. Naśladujesz innych i rywalizujesz z nimi. Co jeszcze możesz zrobić? Jeżeli nie masz czegoś, co mają inni, jeżeli posiadanie tego nie leży w granicach twoich zdrowych możliwości, możesz jedynie mieć tani substytut tej rzeczy.

Jim i Nancy Smith spędzili tego lata wspaniały urlop w Europie. Zwiedzili wiele miejsc, bawili się doskonale. Paryż, Rzym... Mnóstwo innych zakątków. Kłopoty pojawiły się podczas powrotu do domu, na granicy. Wiadomo przecież, że celnicy lubią wszędzie wetknąć nos, także w bagaż osobisty. Oficerowie otworzyli walizkę i wyjęli z niej trzy peruki, jedwabną bieliznę, perfumy, farbę do włosów... Rzeczywiście, kłopotliwe. Była to walizka Jima!

Zajrzyj do swojej walizki. Znajdziesz w niej wiele sztucznych, zbytecznych przedmiotów. W jakim celu je tam przechowujesz? Dlaczego nie chcesz być naturalny i spontaniczny? To wszystko dzieje się z powodu zazdrości. Osoba zazdrosna żyje w piekle. Porzuć porównania, a znikną zazdrość, małoduszność oraz sztuczność. Stanie się tak, kiedy zaczniesz odkrywać wewnętrzne skarby i pozwolisz wzrastać własnym zasobom. Nie ma innego sposobu. Wzrastaj, stawaj się coraz bardziej autentyczny. Kochaj siebie i szanuj takim, jakim stworzyła cię natura. Wtedy staną przed tobą otworem wrota niebios. One były zawsze otwarte. Po prostu nie patrzyłeś na nie.

Jestem bardzo podejrzliwy wobec swej żony, choć wiem, że mnie nie zdradza. Co mam robić, żeby uwolnić się od podejrzeń?

Musi być coś w tobie samym, co budzi twoje podejrzenia. Jeżeli nie potrafisz zaufać sobie, nie będziesz potrafił także zaufać żonie czy komukolwiek innemu. Jeżeli nie ufasz sobie, będziesz projektował tę nieufność na ludzi wokół siebie. Złodziej myśli, że wszyscy są złodziejami.

To, co myślisz o innych ludziach, jest zasadniczo wyrazem tego, co myślisz o sobie. Wiesz, że jeżeli żona nie obserwowałaby cię bacznie, wykręciłbyś jakiś numer. Zacząłbyś flirtować z jakąś kobietą. Wiesz o tym! Stąd wynika strach: „Kiedy jestem w pracy, to kto wie, czy żona nie flirtuje z sąsiadami". Doskonale wiesz, co robisz z sekretarką. Z tego właśnie wynika problem. Dlatego mówisz: „Choć wiem, że żona mnie nie zdradza, ciągle jestem podejrzliwy". Będziesz utrzymywał podejrzenia aż do momentu, kiedy się od czegoś uwolnisz. Wszystkie pytania, które w tobie powstają, dotyczą ciebie samego.

Pewien facet wyruszył w podróż i dłuższy czas pozostawał z dala od domu. Co tydzień wysyłał do żony depeszę: „Nie mogę wrócić. Ciągle kupuję". Każda depesza mówiła to samo: „Nie mogę wrócić. Ciągle kupuję". W ten sposób minęły trzy czy cztery miesiące. W końcu żona wysłała odpowiedź: „Lepiej wracaj do domu. Sprzedaję to, co kupujesz".

W ten właśnie sposób wygląda życie.

Skacowana para rozmawia o szalonej imprezie z poprzedniej nocy.

– Kochanie, jestem nieco zażenowany – powiedział mąż – ale czy to z tobą kochałem się w bibliotece gospodarzy?

Żona spojrzała na niego w zamyśleniu i zapytała:

– O której godzinie?

Jesteś podejrzliwy wobec siebie samego. Być może zbyt mocno krępujesz siebie. Kiedy coś w sobie tłumisz, zaczynasz to projektować na innych. Nagminnie się zdarza, że mężczyzna, w którym drzemią mordercze instynkty, obawia się, że inni chcą go zamordować. Ogarnia go paranoja. Osoba, która stosuje przemoc, ciągle się boi: „Inni ludzie są groźni. Muszę ciągle uważać".

Ponieważ ludzie nie ufają sobie samym, nie mogą też ufać innym: żonie, przyjacielowi, matce, synowi, córce. Żyją w ciągłej podejrzliwości. Podstawowa przyczyna leży jednak w tym, że ludzie nie potrafią zaakceptować prawdy o sobie. Zaakceptuj siebie, jakikolwiek jesteś. Dzięki tej postawie pełnej akceptacji zaakceptujesz także innych. Być może w jakimś momencie zainteresujesz się inną kobietą. Natomiast twoja żona zainteresuje się innym mężczyzną. Jeżeli zaakceptujesz, że czasami pociągają cię inne kobiety i że nie ma w tym nic złego, będziesz też mógł zaakceptować, że czasami twoją żonę pociągają inni mężczyźni.

Opowiadano mi historię o młodym, przystojnym adwokacie, który twierdził, że nie ma kobiety, która by mu się oparła. Pewnego dnia w biurze zatrudniono bardzo atrakcyjną sekretarkę. Próbowali ją poderwać wszyscy faceci, ale żadnemu z nich się to nie udało. Adwokat przechwalał się, że jeżeli zostanie postawiona odpowiednia suma w zakładzie, poderwie dziewczynę. Swój sukces miał udokumentować nagraniem. Magnetofon postanowił ukryć pod łóżkiem. Stanął zakład. Adwokatowi udało się umówić z sekretarką na spotkanie. W rezultacie wieczorem znalazła się ona nie tylko w jego apartamencie, ale także w jego łóżku. Magnetofon został dyskretnie włączony... Po krótkim czasie sekretarka osiągnęła stan miłosnego uniesienia. W szczytowym momencie krzyknęła głośno: „Całuj to jeszcze, kochanie, całuj to jeszcze!". Adwokat zajrzał pod łóżko i zgodnie z najlepszymi obyczajami, wyniesionymi z sali rozpraw sądowych, powiedział do magnetofonu: „Proszę zapisać, że pani miała na myśli lewą pierś".

Umysł adwokata jest przepełniony podejrzeniami. Teraz musiał się poczuć zaniepokojony: „Całuj to jeszcze, kochanie. Całuj to jeszcze!". Co całuj? Z nagrania nie wynikało, o co chodzi, i to mogło budzić wątpliwości...

Podobnie funkcjonuje umysł każdej osoby. Jest przebiegły, podejrzliwy, ciągle kalkuluje. Umysł istnieje w stanie nieufności, wszystko podaje w wątpliwość.

Twoje pytanie nie odnosi się do tego, w jaki sposób można zaufać żonie, lecz jak można *ufać?* Umysł żywi się wątpliwościami. Jeżeli nie umiesz zrezygnować z posługiwania się umysłem, kiedy nie jest to konieczne, i nie potrafisz zejść w głąb serca, nie nauczysz się ufności. Serce jest wypełnione ufnością. Powinieneś wiedzieć, w jaki sposób możesz zejść do serca. Jest to droga pomijana przez społeczeństwo. Społeczeństwo nie uczy nas dróg, którymi podąża serce. Uczy tylko dróg, po których kroczy umysł, uczy matematyki i logiki. Są to jednak tylko ścieżki zasilania wątpliwości. Nauka rodzi się z procesu wątpienia. Wątpienie jest błogosławieństwem dla nauki. W miarę rozwoju nauki istota ludzka coraz bardziej się kurczyła. Zaniknęło człowieczeństwo, miłość stała się niemal mitem. Miłość przestała istnieć na ziemi. W jaki sposób może istnieć? Serce przestało wybijać swój rytm, zamarło. Nawet kiedy kochasz, to tylko *myślisz*, że kochasz. To pochodzi z głowy. Głowa nie jest siedliskiem miłości.

Zacznij medytować. Odsuń na bok nieustające terkotanie głowy. Stopniowo umysł stanie się spokojny. Zainteresuj się aktywnościami, w których nie jest potrzebny umysł, na przykład tańcem. Tańcz, tańcz, by się uwolnić. W tańcu umysł nie jest potrzebny. Możesz zatracić się w tańcu. Kiedy zatracisz się w tańcu, wówczas serce zacznie znowu wybijać swój rytm.

Zanurz się w muzyce, a stopniowo doświadczysz, że jest to zupełnie inny świat, świat serca. W sercu zawsze panuje ufność. Serce nie umie wątpić, podobnie jak głowa nie umie ufać.

OD STRACHU DO MIŁOŚCI

Zwróć uwagę na absurdalny charakter pytań, które stawiają ludzie: „W jaki sposób mogę kochać? Jak tańczyć? Jak medytować? Jak żyć?". Są to pytania absurdalne. Ukazują ubóstwo, wewnętrzne ubóstwo człowieka.

Każde dziecko wie, jak kochać. Każde dziecko wie, jak tańczyć. Każde dziecko wie, jak żyć. Każde dziecko rodzi się pełne, kompletne, gotowe do życia. Trzeba po prostu wejść w życie.

Jeżeli płaczesz, a widzi to małe dziecko, z pewnością podejdzie do ciebie. Nie będzie dużo mówić ani dyskutować, lecz położy ręce na twojej głowie. Czy czułeś kiedyś dotyk dziecka? Nikt nie potrafi dotykać w taki sposób. Dziecko wie, w jaki sposób dotykać. Później ludzie stają się po prostu twardzi i zimni. Dotykają, lecz z ich dłoni nie płynie energia. Dziecko dotyka cię ciepło i delikatnie, miękko. Jest w tym zawarty przekaz. Dziecko wkłada w dotyk całą swą istotę.

Każdy urodził się wyposażony we wszystko, co jest potrzebne do życia. Im pełniej żyjesz, tym bardziej stajesz się zdolny do życia. To nagroda. Im mniej żyjesz, tym mniej stajesz się zdolny do życia. To kara.

Pełnia, której szukasz, jest w tobie. Musisz obserwować swoje życie z chwili na chwilę, porzucić to, co jest przemijające i fragmentaryczne. Te częściowe zjawiska mogą być bardzo pociągające, lecz do niczego nie prowadzą. Porzuć je! Wejrzyj głęboko w te momenty, które mogą nie być tak ekscytujące. Wieczność nie może być bardzo ekscytująca, ponieważ jest czymś danym na zawsze. Dlatego musi być pełna ciszy i pokoju, wypełniona błogością, lecz wolna od ekscytacji. Wieczność bardziej przypomina ciszę niż dźwięk. Musisz rozwijać swoją świadomość, dlatego ważne jest, byś umiał odróżniać.

Lęk jest częścią inteligencji. Nie ma w nim niczego złego. Lęk wskazuje na to, że istnieje śmierć. Jako istoty ludzkie jesteśmy na tej ziemi przez krótki czas. Strach i drżenie wskazują, że nie będziemy tu wiecznie. Za kilka dni odejdziemy.

Z tego właśnie powodu ludzie ciągle szukają doświadczeń religijnych. Żadne zwierzę nie jest religijne, ponieważ zwierzęta nie znają lęku. Żadne zwierzę nie może być religijne, ponieważ nie jest świadome śmierci. W każdej chwili śmierć jest obok nas. W każdym momencie możesz odejść. To właśnie powoduje, że drżysz. Po co się niepokoić, po co drżeć! Ego znowu podpowiada: „To niemożliwe, *ty* naprawdę się boisz? To do ciebie nie pasuje. Tak czują się tchórze, a ty jesteś odważnym mężczyzną".

Pozwól zaistnieć lękowi. W momencie doświadczania lęku i drżenia obserwuj go i ciesz się nim. W procesie obserwacji przekroczysz to doświadczenie. Zauważysz drżenie ciała, zauważysz drżenie umysłu. Zaczniesz odczuwać w samym sobie miejsce, głęboko położone centrum, które pozostaje nienaruszone. Burza przechodzi obok. To głębokie centrum pozostaje nietknięte. Jest to nieruchome oko cyklonu. Stopniowo twój zmysł obserwacji stanie się coraz bardziej wyostrzony. W głębi siebie odkryjesz świadomość, która jedynie obserwuje. Pozostaje nienaruszona, podobnie jak kwiat lotosu w wodzie. Dotarcie do tej świadomości oznacza, że skontaktowałeś się z postawą wolną od lęku, nieustraszoną.

Ta nieustraszoność nie oznacza, że jesteś wolny od obaw. Nie jest także odwagą. Ta nieustraszoność oznacza jedynie, że składasz się z dwóch części: jedna umrze, druga jest wieczna. Część śmiertelna zawsze się boi. Natomiast część nieśmiertelna jest wolna od lęku, nie ma się czego obawiać. Wówczas pojawi się głęboka harmonia. Możesz użyć lęku jako przedmiotu medytacji. Użyj wszystkiego, co masz, jako przedmiotu medytacji. Wtedy możesz wyjść poza to.

Moją najsilniejszą emocją jest nienawiść do śmierci. Chcę ją raz na zawsze zabić!

To, że odczuwasz nienawiść do śmierci, oznacza, że odczuwasz też nienawiść do życia. Życie i śmierć nie są czymś oddzielnym, one współistnieją. Ich rozdzielenie jest abstrakcją, która pojawia się w umyśle. Życie implikuje śmierć. Śmierć implikuje życie.

Śmierć stanowi zwieńczenie życia. Jeżeli odnosisz się do śmierci z nienawiścią, jak możesz kochać życie?

To wielkie nieporozumienie. Ludzie, którzy myślą, że kochają życie, jednocześnie odnoszą się z nienawiścią do śmierci. Przyjmując taką postawę, stają się niezdolni do życia. Zdolność do życia, do przeżywania go w pełni, pojawia się jedynie wtedy, gdy jesteś gotowy umrzeć, i to umrzeć w pełni. Te dwa wymiary są w stosunku do siebie wprost proporcjonalne. Jeżeli żyjesz w stanie obojętności, w takim stanie będziesz też umierać. Jeżeli żyjesz w sposób zaangażowany, intensywny, całkowity, niebezpieczny, będziesz również w podobny sposób umierał – w ekstazie. Śmierć jest jak zwieńczenie, jak *crescendo* w utworze muzycznym. Życie osiąga swój szczyt w śmierci. Śmierć jest jak orgazm. Orgazm, który pojawia się w trakcie stosunku, jest niczym w porównaniu z orgazmem, który pojawia się podczas śmierci. Wszystkie radości, których można doświadczyć w życiu, bledną w porównaniu z radością, którą niesie śmierć.

Czym jest śmierć w swej istocie? Śmierć jest zniknięciem twojej fałszywej tożsamości, twego „ja". Śmierć, na mniejszą skalę, zachodzi także podczas doświadczania miłości. Stąd wynika piękno miłości. Na moment umierasz, na moment znikasz. Na moment przestajesz istnieć. Zostajesz zagarnięty przez większą całość. Znikasz jako część, stajesz się zsynchronizowany z całością. Twoje istnienie nie jest już falą w oceanie. Jesteś oceanem.

To samo zdarza się w głębokim śnie. Znika w nim ego. Umysł nie funkcjonuje. Ponownie wchodzisz w autentyczną radość. Każdego ranka jednak się budzisz. Jeżeli spałeś głęboko, radość trwa przez cały dzień. Głęboko w sercu utrzymuje się spokój. Jeżeli natomiast nie spałeś dobrze, twój dzień nie będzie układał się pomyślnie. Czujesz się rozdrażniony, bez powodu zirytowany. Małe rzeczy stają się sporymi problemami. Jesteś zły. Jesteś zły nie na określoną osobę, lecz w ogóle zły. Twoja energia nie jest skupiona, lecz się rozprasza. Czujesz się nieugruntowany.

Śmierć jest wielkim snem. Cały zamęt życia... Siedemdziesiąt, osiemdziesiąt, dziewięćdziesiąt lat zamętu, różnych nieszczęść, wszystkie ekscytujące sytuacje i rozrywki oraz obawy... To po prostu znika, nie ma już znaczenia. Wracasz do pierwotnego połączenia z bytem. Stajesz się częścią ziemi. Twoje ciało znika w ziemi, oddech znika w powietrzu, twój ogień powraca do słońca, a twoja woda do oceanu. Natomiast twoje wewnętrzne niebo łączy się z niebem zewnętrznym. To jest śmierć. Jak można odnosić się do śmierci z nienawiścią?

Śmierć nie jest wrogiem, lecz największym przyjacielem. Śmierć powinna być serdecznie powitana, oczekiwana z sercem napełnionym miłością. Jeżeli myślisz o śmierci jak o swoim wrogu, umrzesz. Każdy musi umrzeć. Twoje myślenie nie spowoduje odwrócenia naturalnych procesów. Będziesz jednak umierał w męczarniach, ponieważ będziesz się opierał i walczył. W tym oporze, w tej walce zniszczysz radość, której może ci dostarczyć jedynie śmierć. Śmierć, która mogła być wielką ekstazą, stanie się męką.

Umieranie w stanie nieświadomości jest wielką klęską, ponieważ nie pamiętasz wtedy, co się wydarzyło. Nie jesteś wówczas świadomy tego, że śmierć stanowi bramę do boskości. Przedostaniesz się przez tę bramę niesiony na noszach w stanie nieświadomości. Znowu straciłeś wspaniałą okazję. Z tego właśnie powodu nie pamiętamy poprzednich żywotów. Jeżeli umierasz świadomie, wówczas nie zapominasz o tym procesie. Nie powstaje przerwa, istnieje ciągłość. Będziesz wówczas w stanie zapamiętać swoje poprzednie życie. Pamiętanie poprzedniego życia ma dużą wagę. Jeżeli pamiętasz poprzednie życie, nie będziesz popełniał tych samych błędów. Jeśli nie pamiętasz, będziesz się poruszał w błędnym kole. Będziesz wzbudzał te same pragnienia i robił te same głupstwa, ponieważ będziesz myślał, że robisz to po raz pierwszy. Postępowałeś już w ten sposób miliony razy. Za każdym jednak razem, gdy umierałeś, powstawała przerwa w pamięci, gdyż byłeś nieświadomy. Zrywałeś ciągłość pamięci o przeszłości. Twoje życie znowu zaczynało się od początku, od ABC.

Z tego też powodu nie możesz osiągnąć stanu Buddy. Ewolucja wymaga zachowania świadomości przeszłości. Dzięki temu błędy znikają. Powoli stajesz się świadomy istnienia błędnego koła. Stopniowo też stajesz się zdolny, by się z niego wydostać.

Jeżeli umierasz w stanie nieświadomości, to podobnie się rodzisz. Śmierć i narodziny są dwiema stronami tych samych drzwi. Po jednej stronie znajduje się napis „Śmierć", po drugiej zaś „Narodziny". Wejście i wyjście. To jedne drzwi.

Dlatego nie pamiętasz swoich narodzin. Nie pamiętasz dziewięciu miesięcy spędzonych w łonie, nie pamiętasz przejścia przez kanał rodny, nie pamiętasz męki, której doświadczałeś, nie pamiętasz traumatycznych przeżyć w trakcie narodzin. Trauma narodzin ciągle wywiera na ciebie wpływ. Całe twoje życie kształtuje się pod jej wpływem.

Śmierć nie sprzeciwia się życiu. Śmierć jest rozkwitem tego, co życie w sobie zawiera. Śmierć nie przychodzi nagle. Rozwija się w tobie stopniowo. Jest twoim kwitnieniem, twoim kwiatem.

Czy widziałeś kiedykolwiek, jak umiera prawdziwy człowiek? Bardzo rzadko nadarza się taka okazja. Jeżeli widziałbyś taką śmierć, zaskoczyłoby cię jej piękno. Umierająca osoba staje się piękna. Nigdy przedtem tak nie wyglądała. Ani w dzieciństwie, ponieważ wtedy tkwiła w niewiedzy, ani w młodości, ponieważ wtedy namiętności wywoływały duże zamieszanie. Kiedy nadeszła śmierć, pojawiło się głębokie odprężenie. Odeszła głupota wieku dziecięcego, odeszły szaleńcze pomysły młodości. Odeszły też cierpienia, choroby i ograniczenia wieku starczego. Osoba została uwolniona od ciała. Z najgłębszego źródła uwalnia się energia wielkiej radości i rozprzestrzenia wokół.

W oczach prawdziwego człowieka w chwili jego śmierci możesz dostrzec płomień, który nie pochodzi z tego świata. Na jego twarzy pojawia się ponadzmysłowy majestat. Możesz też odczuć ciszę, w której nie istnieje ani opór, ani walka. W tej ciszy człowiek powoli zbliża się ku śmierci… Z wielką wdzięcznością za to, co życie mu przyniosło, i akceptacją tego wszystkiego. Osobę umierającą otacza uczucie wdzięczności.

W pobliżu takiego człowieka powstaje wyjątkowa przestrzeń. Pojawia się energia wolności, którą wyzwala ten człowiek. Wywołuje ona w osobach znajdujących się obok oszołomienie i uniesienie.

Na Wschodzie było to zawsze ważne wydarzenie. Kiedy umierał mistrz, wokół gromadziły się tysiące, a czasem miliony ludzi, którzy obserwowali to wielkie zjawisko. Ludzie zbliżali się, by odczuć głęboki aromat, który się uwalnia; by usłyszeć ostatnią pieśń, którą zaśpiewa umierający; by ujrzeć światło, które pojawia się w momencie oddzielenia ciała i duszy. Jest to olśniewające doświadczenie, jest to wielkie oświecenie.

Współcześni uczeni doskonale wiedzą, że w momencie podziału atomu, rozszczepienia jego jądra, zostaje wyzwolona ogromna energia. O wiele większa energia wyzwala się jednak w chwili rozdzielenia ciała i duszy. Przebywały one razem w ciągu milionów żywotów, a teraz nadchodzi moment ich rozdzielenia.

Pojawia się potężna energia, która jest jak sztormowa fala. Można na niej popłynąć. Wywołuje to potężne, ekstatyczne doświadczenie.

Jeżeli twe życie było piękne, śmierć nada mu ostateczne piękno. Jeżeli twe życie wypełniała miłość, śmierć dostarczy ci maksymalnego doświadczenia miłości. Jeżeli twe życie było wypełnione medytacją, śmierć wprowadzi cię w ostateczną świadomość. Śmierć wzmacnia to, co istnieje. Oczywiście jeżeli twoje życie było niewłaściwe, śmierć wzmocni także i to. Śmierć działa jak wzmacniacz. Jeżeli żyłeś w ciągłym gniewie, wówczas w czasie śmierci będziesz widział w swoim wnętrzu piekło, płonący ogień. Jeżeli żyłeś w nienawiści, śmierć wzmocni tę nienawiść. Nie ma sensu żywić nienawiści wobec śmierci. Jeżeli to czynisz, tracisz szansę, którą ona przynosi; tracisz także życie.

Kochaj życie. Włóż całą swą energię w miłość, a spotka cię niespodzianka. Będziesz zaskoczony. Jeżeli będziesz kochał światło, pewnego dnia rozpoznasz nagle, że ciemność jest formą światła, formą jego spoczynku.

Nie wzbudzaj w sobie nienawiści wobec świata. Kochaj życie, kochaj świat. W momencie gdy twoja miłość osiągnie ogromną intensywność, odkryjesz boskość tu i teraz. Boskość kryje się w drzewach, w górach, w rzekach, w ludziach – w twojej żonie, w twoim mężu, w twoich dzieciach. Jeżeli odnosisz się do życia z nienawiścią, jeżeli odnosisz się z nienawiścią do świata i uciekasz od niego, odsuwasz się od boskości.

W dniu, w którym się urodziłeś, twoja śmierć stała się absolutnie pewna. Nie unikniesz jej. Możesz zlikwidować śmierć jedynie wtedy, kiedy zlikwidujesz narodziny. W jaki sposób możesz uniknąć ponownych narodzin? Są na to sposoby. Jeżeli zanikną pragnienia, nie narodzisz się ponownie. To właśnie pragnienie powoduje, że powracasz do ciała. Pragnienie jest klejem, który przytwierdza cię do ciała. Jedno ciało znika, po czym pragnienie stwarza nowe ciało, i tak to trwa. Porzuć pragnienia, a nie będziesz się odradzał. Jeżeli znikną narodziny, zniknie także śmierć. Wtedy pojawia się życie wieczne: nie ma narodzin, nie ma śmierci.

Jeżeli naprawdę chcesz zabić śmierć, zaakceptuj ją. Zaakceptuj ją całkowicie, a w tym procesie prawdziwej akceptacji śmierć zaniknie. Jednak *ty* nigdy rzeczywiście nie umierasz; umiera jedynie ego. Jeżeli całkowicie zaakceptujesz śmierć, z własnej woli wyrzekniesz się ego. Wówczas sam wykonasz jej pracę. Czego śmierć może cię pozbawić? Może cię pozbawić pieniędzy, może cię pozbawić żony, męża, znajomych, twojego świata. Nie bądź przywiązany do tych rzeczy. Co jeszcze śmierć może ci odebrać? Twoje ego, twoje utożsamienie, twoją ideę: „Istnieję jako odrębna istota". To właśnie może ci śmierć odebrać.

Ideę samodzielnego istnienia ego możesz rozpuścić dzięki medytacji. Medytacja jest poświęcona właśnie temu. Jest to świadoma i dobrowolna decyzja: „Rozpuszczę to ego, nie będę do niego lgnął". Jeżeli nie lgniesz do ego, to co pozostaje? Już obumarłeś. Tylko osoby, które w ten sposób obumarły, pokonały śmierć i doświadczają pełni życia.

Za każdym razem, kiedy pociąga mnie mocno jakaś osoba i kiedy czuję, że mogę się w niej zakochać, pojawia się strach. Dzieje się tak także wtedy, gdy ta druga osoba jest wyraźnie mną zainteresowana. Nie wydaje mi się, żeby to był lęk przed odrzuceniem. Wygląda to na lęk egzystencjalny. Czy możesz mi pomóc w zrozumieniu, co to jest?

Miłość zawsze powoduje, że człowiek staje się nerwowy. Są po temu realne powody. Proces wyłania się z nieświadomości. Wszelkie twoje umiejętności, cała twoja wiedza zgromadzone są w świadomości. Miłość pochodzi z nieświadomości i nie wiesz, jak sobie z tym radzić, co robić. Jest tego zbyt wiele.

Nieświadomość ma pojemność dziewięć razy większą niż świadomość. Dlatego to, co stamtąd pochodzi, przytłacza człowieka. Z tego powodu ludzie obawiają się emocji i uczuć. Obawiają się, że emocje i uczucia wywołają chaos. Tak może się stać, ale chaos jest piękny!

Istnieje potrzeba porządku, istnieje też potrzeba chaosu. Kiedy potrzebny jest porządek, wtedy go stosuj, używaj świadomości. Kiedy pojawia się potrzeba chaosu, używaj nieświadomości i pozwól, by chaos zaistniał. Ktoś, kto w pełni istnieje, potrafi używać porządku i ładu, świadomości i nieświadomości. Nie pozwala, by nieświadomość zakłócała świadomość i odwrotnie. Są rzeczy, które można robić tylko przy użyciu świadomości. Na przykład operacje matematyczne możesz wykonywać jedynie za pomocą świadomości. Za to miłość, poezja pochodzą z nieświadomości.

Świadomość próbuje stwarzać problemy, ponieważ istnieje w niej lęk. Wydaje się, że nadchodzi coś ogromnego, morska fala. Pytasz siebie: czy przeżyję to uderzenie? Świadomość próbuje uników, ucieka, chce się ukryć. Przyjmując taką postawę, ludzie stają się sztywni i zamrożeni.

Źródło życia znajduje się w nieświadomość. Świadomość natomiast interesuje się rzeczami na poziomie ich użyteczności, jest utylitarna. W związku z tym brakuje jej radości życia, świętowania. Świadomość jest przydatna, jeśli idzie o zarabianie na życie. Nie można jednak przeżyć życia we właściwy sposób, polegając jedynie na świadomości. Prawdziwe życie pochodzi z nieświadomości, z obszaru, który jest nieznany, a to, co jest nieznane, zawsze budzi lęk. Pozwól na to. Nauki, które wam przekazuję, pozwalają nieświadomości dojść do głosu. Kiedy zaczniesz z tego czerpać przyjemność, zniknie napięcie. Nie ma sensu postawa, w której posługujesz się silną kontrolą, w której kontrolujesz siebie samego przez dwadzieścia cztery godziny na dobę.

Pewnego razu cesarz Chin udał się na spotkanie z wielkim mistrzem zen. Mistrz właśnie tarzał się ze śmiechu po podłodze, podobnie jak jego uczniowie. Chyba opowiedział jakiś dowcip. Cesarz był zakłopotany. Nie mógł uwierzyć własnym oczom, gdyż zachowanie mistrza przeczyło zasadom dobrego wychowania. Powiedział:

– To nie jest zgodne z dobrymi obyczajami. Po tobie mogłem spodziewać się innego zachowania. Tarzasz się po podłodze i zachowujesz jak szaleniec.

Mistrz spojrzał na cesarza i zobaczył, że ma on przy sobie łuk. (W tamtym okresie cesarze byli wojownikami i nosili łuki oraz kołczany ze strzałami).

Mistrz zapytał:

– Czy zawsze nosisz łuk napięty, czy też od czasu do czasu rozluźniasz go?

Cesarz odrzekł:

– Jeśli ciągle trzymałbym łuk napięty, utraciłby on elastyczność. Przestałby się nadawać do użytku. Należy łuk pozostawić w spoczynku, bo dzięki temu zachowuje elastyczność.

Mistrz odparł:

– To właśnie robię.

Ludzie powinni sobie czasem pozwolić na rozluźnienie. Taki stan może sprowadzić miłość… Nie powinniśmy się czuć spętani przez dwadzieścia cztery godziny na dobę.

Kiedy pracujesz, bądź uważny, przytomny, czujny, inteligentny, zręczny, skuteczny. Jest to jednak tylko część życia – ta o charakterze utylitarnym.

Kiedy wychodzisz z biura, pozwól dojść do głosu nieświadomości. Niech ona cię prowadzi. Bądź żywiołowy. W przeciwnym razie wpadniesz w błędne koło. Możesz być nerwowy i tłumić własną energię. Tłumiąc energię, doprowadzasz do zakłóceń, stajesz się jeszcze bardziej nerwowy. Powoduje to wzrost napięcia i wewnętrzne drżenie. Chcąc sobie z tym poradzić, jeszcze mocniej tłumisz energię, a efektem jest wzrost napięcia...

Czy możesz powiedzieć, w jaki sposób wiążą się ze sobą lęk i poczucie winy? Czasem jest mi trudno odróżnić od siebie te uczucia.

Lęk jest ważnym uczuciem naturalnym. Natomiast poczucie winy to wytwór kapłanów. Bez lęku nie bylibyśmy w stanie przeżyć. Lęk jest zjawiskiem normalnym. To z jego powodu nie wkładasz ręki do ognia, przestrzegasz przepisów ruchu drogowego, unikasz trucizn, reagujesz na klakson samochodu ciężarowego i schodzisz mu z drogi.

Jeżeli dziecko nie odczuwałoby lęku, nie przeżyłoby. Masz wspaniały dar – życie. Lęk pomaga je chronić. Lęk wiąże się z inteligencją. Tylko idioci nie odczuwają lęku. Te osoby należy chronić. Tacy pozbawieni inteligencji ludzie mogą się spalić, wejść na wysoki budynek i skoczyć lub wejść do morza, choć nie umieją pływać.

Kiedy widzisz, że po ścieżce porusza się wąż, po prostu odskakujesz. Nie jest to tchórzostwo, lecz inteligencja.

Jednak lęk może przybrać rozmiary patologiczne. Wtedy zaczynamy obawiać się wielu rzeczy niepotrzebnie. Lęk staje się nienormalny, uniemożliwia normalne życie. Ten stan wykorzystują kapłani, politycy oraz inne osoby stosujące presję.

Kapłani stwarzają w tobie obawę, że pójdziesz do piekła. Zajrzyj do ksiąg religijnych, a przekonasz się, z jaką radością opisują wszelkiego rodzaju tortury. Takie pisma musiał czytać Adolf Hitler. Zapewne znalazł tam niezwykłe obrazy opisujące piekło. Nie był on geniuszem obdarzonym twórczą wyobraźnią i sam nie byłby w stanie wymyślić obozów koncentracyjnych oraz innych okrucieństw. To wszystko musiał znaleźć w księgach religijnych. Kapłani już wykonali odpowiednią pracę. Hitler wcielił w życie to, co usłyszał w kazaniach kapłanów. Był naprawdę religijnym człowiekiem! Kapłani nauczali o piekle, które czeka nas po śmierci. Hitler powiedział: „Po co czekać tak długo? Stworzę piekło tu i teraz. Każdy będzie mógł tego posmakować".

Kapłani szybko się zorientowali, że człowieka można wykorzystać dzięki temu, że istnieje w nim lęk. Człowieka można wprowadzić w tak wielkie przerażenie, że jest on gotów paść do stóp kapłanów i błagać: „Zbawcie nas. Tylko wy możecie nas zbawić". Kapłan wyraża zgodę, pod warunkiem że ludzie będą go słuchać. Wymaga on, by ludzie wypełniali zalecane przez niego rytuały. Z powodu lęku ludzie podążają za różnego rodzaju głupimi rytuałami i przesądami.

Politycy także się zorientowali, że ludźmi można sterować za pomocą lęku. Poddani oddziaływaniu strachu ludzie stają się ulegli. Z tego powodu istnieją narody. Pakistańczycy obawiają się Hindusów, Hindusi Pakistańczyków. Podobnie rzeczy się mają na całym świecie. Jakie to głupie! Obawiamy się siebie wzajemnie, a z tego powodu tak ważni stają się politycy. Twierdzą, że mogą cię zbawić tu, na tym świecie, kapłani zaś obiecują ci zbawienie po śmierci, w innym świecie. Oni działają w zmowie ze sobą.

Jeżeli ktoś znajduje się pod wpływem strachu, łatwo go skłonić do tego, aby postępował zgodnie z naszą wolą. Z powodu strachu człowiek może zrobić wszystko, aby siebie uratować. Ten patologiczny stan wewnętrzny nie jest naszym stanem naturalnym. Dlatego pojawia się odruch sprzeciwu. W pewnej chwili robisz coś, co jest zgodne z twoją naturą, a co przeczy uwewnętrznionym patologicznym przekonaniom. W takim właśnie momencie pojawia się poczucie winy.

Poczucie winy oznacza, że w twoim umyśle znajdują się nieprawdziwe przekonania na temat tego, jak powinno wyglądać życie i co powinieneś w nim robić. Pewnego dnia zaczniesz podążać za swoją naturą, a wtedy będziesz działać spontanicznie, niezależnie od uwewnętrznionych przekonań. Działasz niezgodnie z narzuconą ci ideologią. Z tego powodu pojawia się poczucie winy i narasta uczucie wstydu. Masz poczucie niskiej wartości.

Wpajanie ludziom nieprawdziwych przekonań nie może doprowadzić do ich wewnętrznej przemiany. Kapłani wykorzystują ludzi, lecz nie mogą im pomóc w przemianie wewnętrznej. Kapłani nie są tym zresztą zainteresowani. Zmierzają oni ku temu, by utrzymać cię na pozycji niewolnika. Kapłani stwarzają w tobie sumienie. Mówią na przykład: „To jest złe". Możesz być przekonany w głębi swej istoty, że nie ma w tym niczego złego. Jednak kapłani stwierdzają, że to złe, i hipnotyzują cię w ten sposób od wczesnego dzieciństwa. Hipnoza przenika głęboko, staje się częścią twojej istoty. Zatrzymuje twój rozwój.

Kapłani mówią ci także, że seks jest zły. Seks jest naturalny. Nie ma w nim nic złego. Jednak twoje sumienie mówi ci: „To jest złe". Dlatego zatrzymujesz się, cofasz, powstrzymujesz od działania. Część twojej istoty chce podążać do przodu, a druga część się cofa. Trudno ci podjąć decyzję. Pozostajesz w stanie wewnętrznego rozszczepienia. Kiedy decydujesz się spotkać z kobietą lub z mężczyzną, sumienie cię torturuje: „Popełniasz grzech". Jeżeli tego nie zrobisz, zacznie cię torturować twoja natura, mówiąc: „Głodzisz mnie". Teraz znalazłeś się w podwójnej pułapce. Cokolwiek zrobisz, pojawi się cierpienie. Im bardziej cierpisz, tym częściej chodzisz do kapłanów, szukając u nich rady. Im bardziej cierpisz, tym bardziej szukasz środków wiodących do zbawienia.

Bertrand Russell ma całkowitą rację, kiedy stwierdza, że tak zwane religie mogłyby całkowicie zniknąć z powierzchni ziemi. Spełnionych musi jednak zostać kilka warunków. Po pierwsze człowiek powinien uwolnić się od tak zwanego sumienia oraz tak zwanej moralności. Po drugie człowiek musi się stać zintegrowaną, naturalną istotą; istotą inteligentną, która przeżywa życie, podążając za wewnętrznym światłem. Po trzecie człowiek powinien się uwolnić od ulegania sugestiom innych ludzi.

Całkowicie zgadzam się z tym stanowiskiem. Tak zwane religie z pewnością mogłyby zniknąć z tego świata. Jeżeli ludzie nie cierpieliby, nie szukaliby zbawienia. Jednak Bertrand Russell uważa, że przestałaby istnieć religia jako taka. Z tym stanowiskiem nie mogę się zgodzić. Kiedy znikną tak zwane religie, po raz pierwszy w dziejach ludzkości pojawi się szansa na rozwój prawdziwej religijności. Nie będzie już wtedy chrześcijan, hinduistów czy muzułmanów. Tylko wtedy może rozpowszechnić się na ziemi nowy typ postawy religijnej. Ludzie będą kierowali się własną świadomością. Nie będzie miejsca na poczucie winy czy skruchę. Wina i skrucha nigdy nie prowadzą do wewnętrznej przemiany. Ludzie zmieniają się tylko powierzchownie. Istotna przemiana wewnętrzna nigdy nie dokonuje się pod wpływem poczucia winy, pod wpływem lęku czy wyobrażeń o niebie lub piekle. Wszystkie te idee uległy całkowitej dezaktualizacji. Stworzyliśmy niewłaściwy świat. Żyjemy w niewłaściwych sytuacjach. Wyznawcy hinduizmu stają się chrześcijanami, chrześcijanie natomiast przechodzą na hinduizm. Nic się w istocie nie zmienia.

Prostytutka, która się nawróciła, wstąpiła do Armii Zbawienia. Stanęła w sobotę wieczorem na rogu ulicy, by dać świadectwo swej przemiany. By przyciągnąć uwagę przechodniów, uderzała w duży bęben.

– Grzeszyłam! – wołała głośno – buum!

– Byłam złą kobietą! – buum!

– Piłam alkohol! – buum!

– Uprawiałam hazard! – buum!

– Uprawiałam prostytucję – buum!

– W sobotnie wieczory robiłam okropne rzeczy! – buum! buum! buum!

– A co teraz robię w sobotnie wieczory? Stoję na rogu ulicy i walę w ten przeklęty bęben!

CZĘŚĆ III

Uważność – klucz do transformacji

Weźmy pod uwagę proces odwrotny do utożsamiania się z myślami i uczuciami. Zaprzestać identyfikacji z myślami jest łatwiej, niż zrobić to samo w stosunku do uczuć. Myśli są bowiem bardziej powierzchowne. Uczucia są natomiast głębsze, bardziej osadzone w naszej strukturze biologicznej, w fizjologii, w układzie hormonalnym. Myśli przypominają obłoki płynące po niebie. Natomiast uczucia zakorzenione są w glebie ciała i trudno je stamtąd wyrwać. Łatwo skupić uwagę, kiedy rozmawiasz o teorii względności. Trudno jest natomiast zachować postawę obserwatora wobec własnego gniewu, pożądania, własnej miłości czy ambicji. Dzieje się tak, ponieważ uczucia są zakorzenione w ciele. Pozostawanie na pozycji obserwatora i uważność są jak ostry miecz, który za jednym zamachem ucina myśli, uczucia i emocje. Ten proces można rozpoznać w miarę pogłębiania się medytacji. Pozostawiasz ciało, emocje i myśli... Istnieje wówczas jedynie obserwacja, bycie świadkiem. To twoja prawdziwa natura.

TWORZENIE MAŁEGO DYSTANSU

Jeżeli umiesz medytować i tworzyć niewielki dystans między własnym umysłem a własną istotą, kiedy potrafisz widzieć, czuć i doświadczać, że nie jesteś własnym umysłem, wtedy zachodzi w tobie ogromna rewolucja. Skoro nie jesteś własnym umysłem, nie możesz być także własną zazdrością, smutkiem czy gniewem. Uczucia po prostu się pojawiają, lecz ty nie wchodzisz z nimi w relację. Nie przydajesz im energii.

Jeżeli identyfikujesz się z umysłem, wtedy uczucia stają się pasożytami, które karmisz własną krwią. Medytacja oznacza zaprzestanie identyfikowania się z umysłem. Jest to prosta metoda. Po prostu w dowolnej chwili usiądź w spokoju i obserwuj. Zamknij oczy, a następnie obserwuj, co się wydarza. Pozostań świadkiem. Nie osądzaj, co jest dobre, a co złe. Co powinno zaistnieć, co nie.

Obserwuj bez dokonywania osądów. Potrzeba nieco czasu, aby pojawiła się czysta uwaga. W chwili kiedy staniesz się jedynie obserwatorem, zaskoczy cię to, że umysł zniknął. Jeżeli jesteś obserwatorem tylko w jednym procencie, to pozostałe dziewięćdziesiąt dziewięć procent zajmuje umysł. Jeżeli jesteś obserwatorem w dziesięciu procentach, to pozostałe dziewięćdziesiąt procent zajmuje umysł. Jeżeli zaś jesteś obserwatorem w dziewięćdziesięciu procentach, to umysł zajmuje jedynie dziesięć procent. Jeżeli stajesz się stuprocentowym obserwatorem, umysł znika. Nie ma smutku, gniewu ani zazdrości. Są tylko cisza, przejrzystość i błogosławieństwo.

Należy zacząć od obserwowania ciała: siedzenia, chodzenia, leżenia, jedzenia posiłków. Obserwację warto rozpoczynać od codziennych czynności. To łatwiejsze.

Później można przechodzić do bardziej subtelnych doświadczeń, czyli obserwowania myśli. Kiedy nabierzemy w tym wprawy, należy przejść do obserwowania uczuć. Następnie należy obserwować swój nastrój. Cudowny wpływ tej praktyki polega na tym, że kiedy obserwujesz ciało, obserwator w tobie staje się silniejszy. Podobny proces zachodzi, gdy obserwujesz uczucia. W trakcie obserwacji nastrojów obserwator osiąga potężną moc. Dzięki niej może być świadom samego siebie. Tak jest ze świecą, która płonie w ciemnościach. Oświetla nie tylko otoczenie, lecz także siebie samą.

Znalezienie obserwatora w stanie nieskażonym jest największym osiągnięciem duchowym. Obserwator w tobie jest nieśmiertelny. Jest twoją duszą. Nawet przez krótką chwilę nie próbuj myśleć: „Właśnie go znalazłem", gdyż wtedy go stracisz.

Obserwacja jest procesem, który nigdy się nie kończy. Wchodzisz wciąż głębiej i głębiej. Nigdy jednak nie możesz dojść do samego końca i powiedzieć: „Mam to". W rzeczywistości im głębiej w siebie wchodzisz, tym bardziej stajesz się świadomy, że ten proces jest nieskończony, nie ma początku ani końca.

Ludzie jednak wolą obserwować innych zamiast siebie. Wszyscy patrzą na to, co robi ktoś inny. Obserwują, jak ubrana jest druga osoba, jak wygląda. Jest to bardzo powierzchowna obserwacja.

W przedziale pociągu siedzieli naprzeciwko siebie Żyd i ksiądz.

– Powiedz mi coś o swoim wyznaniu – zwrócił się do księdza Żyd.

I wskazując na koloratkę, dodał:

– Dlaczego nosisz na szyi taki dziwny, odwrócony kołnierzyk?

– Ponieważ jestem ojcem – odrzekł ksiądz.

– Ja także jestem ojcem, ale nie noszę kołnierzyka w ten sposób – powiedział Żyd.

– Och – odparł ksiądz – ja jestem ojcem tysięcy wiernych.

– Wobec tego może powinieneś tyłem do przodu przekręcić swoje spodnie?

Ludzie są bardzo spostrzegawczy, gdy idzie o innych. Łatwo jest śmiać się z dziwnych zachowań innych osób. Czy natomiast kiedykolwiek śmiałeś się z samego siebie? Czy złapałeś się na robieniu czegoś dziwnego? Nie, sam siebie zapewne nie obserwujesz. Takie działanie może ci pomóc. Użyj energii obserwacji, by przemienić swą istotę. Może ci to przynieść tyle błogości i błogosławieństwa, że będziesz zaskoczony. Jest to prosty proces. Przedmiot medytacji może być dowolny. Cokolwiek powoduje, że skupiasz się na sobie, staje się medytacją. Jest niezwykle istotne, by odkryć własny sposób medytowania. Przynosi to wielką radość. Ponieważ to ty sam odkryłeś sposób medytowania i nie jest to narzucony ci siłą rytuał, będziesz szczęśliwy, mogąc dalej rozwijać ten proces. Im głębiej zanurzysz się w medytację, tym bardziej będziesz szczęśliwy. Pojawią się pokój wewnętrzny, cisza, zjednoczenie, poczucie godności, wdzięku. Wszyscy znacie obserwację, nie ma potrzeby, aby jej uczyć. Należy po prostu zmienić obiekt obserwacji, zbliżyć się do siebie samego, obserwować swoje ciało. Kiedy wykonuję działania z uwagą, nabierają one wdzięku i piękna. Przeniknięte są spokojem i ciszą. Możesz iść, obserwując każdy swój krok. Jeżeli potraktujesz chodzenie jako ćwiczenie uważności, otrzymasz nagrodę. Ta nagroda to prosta, wspaniała medytacja.

W Bodhgaya znajduje się świątynia dla uczczenia oświecenia Buddy Gautamy. Rośnie tam drzewo, pod którym Budda siadywał w czasie medytacji. Obok znajduje się ścieżka wysypana małymi kamieniami. To po nich stąpał Budda, gdy wykonywał powolny spacer medytacyjny. Budda medytował w pozycji siedzącej, a kiedy miał potrzebę ruchu, wstawał i wolno się przechadzał. Wtedy stawiał stopy na tych małych kamieniach. Była to medytacja w chodzeniu.

Pewnego razu prowadziłem w Bodhgaya grupowy trening medytacyjny. Odwiedziłem świątynię. W jej wnętrzu zastałem buddyjskich lamów z Tybetu, Japonii oraz Chin. Każdy z nich oddawał cześć drzewu. Nikt jednak nie zwrócił uwagi na kamienie, po których stąpał Budda. Zwróciłem się do nich, mówiąc: „Nie postępujecie właściwie. Nie powinniście zapominać o kamieniach. Stopy Buddy Gautamy dotykały ich tysiące razy".

Wiem, dlaczego lamowie nie zwracali uwagi na kamienie. Zapomnieli bowiem o naukach Buddy. Budda nauczał, że należy obserwować każdy ruch ciała: chodzenie, siedzenie, leżenie. Nie można sobie pozwolić nawet na chwilę nieuwagi. Uważność wyostrza świadomość człowieka. Jest to podstawa, na której wyrasta religijność. Bez uważności nie jesteśmy w stanie wyjść poza teoretyczne rozważania. Jeśli opanujesz przytomną uważność, posiądziesz podstawowe narzędzie, niezbędne do dalszego rozwoju.

Swoje wysiłki kieruję na to, by maksymalnie uprościć waszą podróż po ścieżce medytacji. Wszystkie religie postępują odwrotnie. Komplikują sprawy tak bardzo, że ludzie czują się zniechęceni. Na przykład w pismach buddyjskich wymienia się trzydzieści trzy tysiące zasad, którymi powinien się kierować mnich buddyjski. Trudno jest je nawet zapamiętać! Tak wielka liczba powoduje, że myślisz sobie: „Odpadam, nie dam rady. Takie życie w ogóle nie ma dla mnie sensu". Kiedy zaczynasz medytację, po prostu znajdź taką zasadę, która ci odpowiada, którą odbierasz pozytywnie. To wystarczy, by rozpocząć proces medytacji.

Często się zdarza, że wpadam w kiepski nastrój. Wtedy dostrzegam w lustrze swoją pociągłą twarz, pogrążoną w smutku. W głowie słyszę głos: „To twój błąd". Wtem nieoczekiwanie w moim wnętrzu rodzi się wszechogarniający chichot. Czasami prowadzi to do wybuchów śmiechu. Po czym pojawia się poczucie absolutnego szczęścia. Jest tak mocne, że nie mogę dłużej trwać w tym dramatycznym nastroju! Czy to, co mi się przydarza, można odnieść do tego, co ty nazywasz obserwatorem?

Oczywiście, istnieje związek między obserwatorem a pojawiającym się w tobie śmiechem. Obserwator potrafi bowiem zauważyć nie tylko głupotę innych osób, lecz także swoją własną. Obserwator mógł wcześniej widzieć twój dramatyczny nastrój. Zanim jednak obserwator wkroczył do akcji, ty już utożsamiłeś się z tym nastrojem. Zapomniałeś, że jest to tylko stan umysłu. Jeżeli wkracza obserwator i stajesz się świadkiem swoich zachowań, zaczynasz chichotać. Śmiejesz się ze swojej głupoty.

Istnieje tu z pewnością głęboka relacja. Zauważyłeś, że zaczynasz chichotać, ponieważ utrzymujesz na twarzy wyraz śmiertelnej powagi. W rzeczywistości nikt ci się nie przygląda. Możesz się po prostu odprężyć. Warto mieć twarz promieniejącą, radosną, uśmiechniętą. Jeżeli masz zamiar być aktorem, wybierz przynajmniej dobrą rolę!

Zwykle ludzie wybierają przykre role. Ich twarze są smutne, a ich wibracje martwe. Jednak pragną, by każdy ich kochał i szanował. Nawet psy nie szczekają na takie osoby. Psy mają własne zasady. Szczekają na ludzi umundurowanych: policjantów, listonoszy. Psy są przeciwne mundurom. Są niezwykle buntowniczymi stworzeniami. Jeżeli przed ich nosem paraduje brygada żołnierzy, z pewnością zaprotestują. Kiedy jednak mija psa osoba ze smutną twarzą, on nie otworzy pyska.

W chwili gdy staniesz się świadomy własnej smutnej twarzy, z pewnością zaczniesz się śmiać. Zaskoczy cię zapewne, że również pies się z ciebie śmieje. Być może jeszcze tego nie dostrzegłeś. Gdy następnym razem zaczniesz się śmiać z całego serca – spróbuj dostrzec zasadniczy fakt. Obserwator zaczyna działać, kiedy się śmiejesz. Śmiech jest bowiem naturalny. Nie wynika ze sztucznej powagi. W efekcie śmiech tworzy aurę wewnętrznego pokoju. Jeśli śmiech jest totalny, umysł się zatrzymuje: „Pozwól temu głupcowi się pośmiać". W takich chwilach możesz łatwo skontaktować się z obserwatorem. Po prostu wspieraj własny śmiech i pamiętaj o tym, aby obserwować siebie podczas tego aktu.

Uczniowie pierwszej klasy zgromadzili się wokół nauczycielki, by grać w zgadywanie nazw zwierząt. Pierwszy obrazek, który nauczycielka pokazała, przedstawiał kota.

– Czy któreś z was potrafi powiedzieć, jakie to zwierzę?

– Wiem! Wiem! To jest kot! – krzyknął jeden z chłopców.

– Bardzo dobrze, Eddy – pochwaliła go nauczycielka. – A teraz kto mi powie, jakie to zwierzę?

– To pies – odezwał się ten sam chłopiec.

– Znowu odgadłeś. A jakie to zwierzę? – spytała nauczycielka, trzymając w ręce obrazek przedstawiający jelenia.

W klasie zapanowała cisza. Wreszcie nauczycielka odezwała się:

– Podpowiem wam, dzieci. W ten sposób wasza mama czasami nazywa waszego tatę.

– Wiem już! Wiem! – zawołał Eddy. – To jest podniecony jeleń.

Pewien żeglarz został wyrzucony na pustynną wyspę i przetrwał jedynie dzięki nawiązaniu przyjaznego kontaktu z tubylczym plemieniem. Wódz pozwolił mu spędzić noc ze swoją córką. Kiedy uprawiali miłość, córka wodza zawołała: „Oga, boga! Oga, boga!".

Pewny siebie żeglarz uznał, że są to słowa, którymi członkowie plemienia wyrażają szczególne zadowolenie i zachwyt.

Po kilku dniach żeglarz został zaproszony na partię golfa. Już pierwszym uderzeniem wódz umieścił piłeczkę w dołku. Żeglarz chciał wypróbować swoje umiejętności operowania językiem tubylców i zakrzyknął z entuzjazmem: „Oga, boga! Oga, boga". Wódz odwrócił się i ze zdumieniem zapytał: „Co masz na myśli, mówiąc »nieodpowiednia dziura«?".

Kiedy mówisz o miłości, pasji, intensywności przeżyć, autentyczności, odczuwam w środku ciepło, związane z rozpoznaniem tych stanów. Doznawałam ich naprawdę. Kiedy jednak mówisz o braku przywiązania, podchodzeniu z rezerwą, obserwacji, odczuwam chłodny lęk i zamieranie. Nie potrafię pojąć tego paradoksu. W jaki sposób mogę się zakochać, a jednocześnie zachować rezerwę? Jak mogę podziwiać piękny widok, a jednocześnie nie być do niego przywiązana? Widzę, że to, co nazwałeś bezsilną oscylacją pomiędzy niebem a piekłem, ekstazą a rozpaczą, wyraża prawdę mego życia. Zauważyłam, że ta bezsilność wiąże się z brakiem satysfakcji i przynosi ból. Skoro jednak alternatywa miałaby polegać na zdystansowanym stosunku do rzeczywistości, wolę pozostać raczej w moim niebie i piekle, doświadczać naprzemiennie radości i smutków i zapomnieć o jakiejkolwiek obserwacji.

Najważniejszą kwestią w życiu jest zrozumienie faktu, że ma ono paradoksalną naturę. Życie nie rządzi się prawami logiki. Jest paradoksalne. Rozciąga się między narodzinami a śmiercią. Zawiera w sobie przeciwieństwa: noc i dzień, nienawiść i miłość, kobietę i mężczyznę, biegun dodatni i biegun ujemny, jin i jang, Siwę i Śakti. Wystarczy się rozejrzeć, by stwierdzić, że życie składa się z paradoksów i przeciwieństw.

Życie nie jest oparte na zasadach logiki i nie może się opierać! Zastanów się nad takim światem, w którym istnieje wyłącznie miłość, a brak nienawiści. W takim wypadku miłość w ogóle nie mogłaby zaistnieć. Zniknęłaby wraz z nienawiścią. Pomyśl o świecie, w którym panuje jedynie ciemność, a nie ma światła, czy też panuje światło, a nie ma ciemności. Natomiast świat, w którym istniałyby tylko narodziny, a nie byłoby śmierci, mógłby być bardzo logiczny. Byłby jednak także bardzo nudny.

Życie opiera się na zasadzie dialektyki. Jest ruchem między przeciwnymi biegunami. Te bieguny w rzeczywistości nie są przeciwieństwami, choć prezentują się jako siły opozycyjne. Są one także siłami komplementarnymi. Nienawiść i miłość nie są dwoma oddzielnymi uczuciami. W istocie stanowią jedno: *miłośćnienawiść*. Podobnie jednym zjawiskiem są *narodzinyśmierć* oraz *dzieńnoc* i *kobietamężczyzna*. Można to porównać do Himalajów, w których występują szczyty i doliny. Szczyty nie mogłyby istnieć bez dolin. Doliny nie mogą istnieć bez szczytów. Stanowią jedno zjawisko. Ten paradoks przejawia się na każdym planie rzeczywistości.

Nie mówię, że musisz wybrać chłodne życie, pozbawione wszelkich związków. Stwierdzam jedynie, że pasja miłości oraz chłodne wycofanie są zjawiskami paradoksalnymi. Jest to ten sam paradoks i ta sama opozycja, które istnieją między narodzinami a śmiercią, miłością a nienawiścią. Tylko osoba, która zaznała głębokiego, spontanicznego zaangażowania, może wiedzieć, co oznacza chłodne oddalenie.

Powyższe twierdzenia są dla was czymś zaskakującym, ponieważ dotąd spotykaliście się z innymi poglądami. Napotykaliście twierdzenia, że Budda jest istotą chłodną, zdystansowaną, oddaloną. Natomiast osoba żyjąca w świecie doczesnym kieruje się namiętnościami, pasjami. Osoba święta jest zaś namiętności pozbawiona. Ludzie świeccy pędzą gorące (aktywne) życie, mnisi usuwają się za mury klasztorów, by pędzić chłodne (pasywne) życie. Brakuje w tym równowagi.

Człowiek żyjący w świecie zna jedną stronę całości. Na tym polega jego ubóstwo. Zna tylko gorącą stronę życia. Nie poznał głębokiego spokoju, który zawiera się w postawie Buddy. Natomiast mnich zna jedynie chłód. Obce są mu entuzjazm, euforia, ekstaza, silne namiętności.

Z jednej strony mamy Greka Zorbę, który zna tylko gorące namiętności. Z drugiej strony jesteśmy przekonani – a zwróćcie uwagę, że to jedynie nasze wyobrażenie – że postawa Buddy jest związana z chłodem milczenia.

Stworzyliśmy podział. Z tego powodu człowiek żyjący w świecie nie doświadcza pełni. Żyje połową swoich możliwości. Człowiek religijny także nie osiągnął pełni. Bez jej osiągnięcia nigdy nie stanie się święty. Poznał tylko jeden biegun całości. Obie te postawy nie mogą zapewnić szczęścia.

Wybierz się na targ i obserwuj, co się tam dzieje. Następnie idź do klasztoru i także pilnie obserwuj otoczenie. W klasztorze dostrzeżesz cierpienie, przytępienie, brak życia. W oczach mnichów dostrzeżesz tępotę. Kiedy człowiek żyje energiami jednego bieguna, traci ostrość percepcji oraz bogactwo i różnorodność odczuć.

Moim zdaniem nie istnieje konieczność dokonywania wyboru. Kiedy pozostaniemy w pozycji, która akceptuje przeciwieństwa, dostrzeżemy, w jaki sposób one funkcjonują. Oba bieguny są częścią ciebie, istotne jest, abyś ich doświadczyła. Z jednej strony masz doświadczyć żywych, głębokich, autentycznych namiętności, z drugiej zaś pozostać cicha, spokojna, chłodna.

Musisz nauczyć się kochać, musisz posiąść sztukę medytacji. Miłość i medytacja nie powinny być od siebie oddzielone. Powinny być połączone, jak góry są połączone z dolinami.

Uczę was tego, abyście nie dokonywali wyboru. Dzięki temu oba bieguny będziecie spostrzegać wyraźniej. Z jednej strony macie Greka Zorbę, z drugiej zaś Buddę Gautamę. Chcę was nauczyć postawy, która obejmuje obie opozycje: Zorba–Budda.

Pokazuję, że ścieżka rozwoju obejmuje szerokie spektrum – od poziomu ciała aż do nadświadomości. Są osoby, które wolą zatrzymać się na poziomie seksu. Inne natomiast nie chcą rozmawiać o seksie, tylko o nadświadomości. Natomiast ja akceptuję życie w całej jego rozciągłości, w całej jego pełni.

Dokonujesz rzeczywistej akceptacji jedynie wtedy, kiedy akceptujesz całość. Jeżeli coś odrzucasz, oznacza to, że próbujesz być mądrzejsza od samego życia, od egzystencji. Egzystencja niczego nie odrzuca. Niektórzy nauczyciele duchowi próbują być mądrzejsi niż samo życie.

Piękno życia polega na tym, że łączy ono przeciwieństwa. Jeżeli kochasz, może cię zaskoczyć, że odczujesz potrzebę samotności. Jeśli nie odczujesz, to zapewne twoja miłość nie jest prawdziwie namiętna. Jeżeli miłość jest namiętna, pojawia się ogromna potrzeba samotności, własnej przestrzeni, wejścia w głąb siebie. Miłość pełna pasji wyczerpuje i opróżnia z energii. Jest to piękne zjawisko, kiedy jesteś opróżniona z energii. Wtedy odczuwasz, że potrzebujesz pożywienia. Skąd je możesz zaczerpnąć? Po prostu kierujesz się do środka. Zamykasz oczy, odcinasz się od świata fizycznego, zapominasz o innych... W tym okresie, gdy zanurzasz się we własnym wnętrzu, następuje kumulacja energii. Ponownie czujesz się napełniona. Pojawia się nawet nadmiar energii. Szukasz kogoś, z kim mogłabyś się podzielić tą nadwyżką, z kim mógłabyś śpiewać i tańczyć. Z tego poczucia oddalenia, odosobnienia wyrasta ogromna potrzeba łączności, bycia razem. Taki jest właśnie rytm życia. Kochankowie nie rozumieją tego, dlatego czują się winni, kiedy pojawia się w nich potrzeba samotności. Kiedy jedna osoba pragnie przebywać jakiś czas sama, druga czuje się odrzucona. Jeżeli mąż zwraca się do żony: „Tę noc chcę spędzić samotnie", żona czuje się odrzucona i zła. Może jej się wydawać, że mąż już jej nie potrzebuje. A jeżeli pewnego dnia żona zwraca się do męża: „Pozostaw mnie samą", mąż czuje się dotknięty. Jego męskie ego zostało zranione. Pewnego dnia możesz powiedzieć do swego ukochanego (czy ukochanej): „Chcę spędzić kilka dni w samotności. Mam zamiar wybrać się samotnie w góry". Druga osoba może tego nie zrozumieć, ponieważ nikt jej dotąd nie powiedział podstawowej prawdy, że miłość tworzy potrzebę przebywania w samotności. Jeżeli nie będziecie korzystać z samotności, wasza miłość stanie się płytka. Stopniowo przekształci się w coś sztucznego, utraci autentyczność.

Nie zachęcam do tego, by stać się emocjonalnie chłodnym, by wybrać oddalenie, wycofanie się z życia. Zwracam po prostu uwagę na dwa aspekty egzystencji. Życie jest wielowymiarowym procesem. Składa się z ducha i materii, z ciała i duszy, z miłości i medytacji, z badania otoczenia i z zanurzania się we własnym wnętrzu, z wdechu i wydechu. Zwróć uwagę na to, że jeżeli twój wydech nie jest głęboki, twój wdech także nie może być głęboki. Jeżeli wydech jest płytki, płytki będzie także wdech. Wdech i wydech równoważą się. Im bardziej wychodzisz na zewnątrz, tym bardziej wchodzisz w głąb siebie. Zwracam waszą uwagę na tę właśnie jedność.

Zaakceptuj życie w jego pełni. Właściwe jest doświadczanie zarówno gorących namiętności, jak i chłodnego współczucia. Pozwólcie, aby te emocje były waszymi skrzydłami. Nie odcinajcie jednego z nich. Nie będziecie wówczas w stanie odbyć odwiecznego lotu.

Plotyn nazwał to lotem indywidualnej duszy ku duszy wszechświata. W tej podróży potrzebujecie obu skrzydeł. Nauczam was miłości, nauczam was medytacji. Nauczam was także bardzo ważnego procesu – syntezy obu tych doświadczeń. Nie musicie sami dokonywać tej syntezy. Jest ona zjawiskiem naturalnym. Nie stawiajcie jedynie przeszkód. Bądźcie świadomi własnych doświadczeń. Sami będziecie mogli stwierdzić, czy przekazuję wam prawdziwe informacje. Nie posługuję się bowiem żadnymi twierdzeniami teoretycznymi, ideologiami. Mówię o faktach.

TŁUMIENIE CZY TRANSFORMACJA: Wolność bycia człowiekiem

Człowiek jest jedyną istotą na tym świecie, która potrafi stłumić swoją energię lub też dokonać jej przemiany. Żadna inna istota nie jest w stanie tego uczynić. Tłumienie i transformacja są dwoma aspektami tego samego zjawiska.

Drzewa, zwierzęta, ptaki nie mogą zmienić swojej egzystencji. Nie mogą stanąć niejako na zewnątrz, nie mogą się stać twórcami wydarzeń. Są całkowicie połączone z własną energią i nie mogą się od niej oddzielić.

Człowiek może działać w sposób twórczy. Może wpływać na swój los. Może obserwować siebie z pewnej odległości. Może traktować swoje energie tak, jakby były od niego oddzielone. Stoi przed wyborem, czy ma je tłumić, czy też transformować.

Tłumienie oznacza próbę ukrycia energii, które już są obecne. Prowadzi do ich powstrzymywania, nie pozwala im na zamanifestowanie się. Transformacja oznacza zaś przemianę energii, skierowanie ich na nowy poziom.

Istnieje lęk przed utratą kontroli. Obawiamy się, że kiedy utracimy kontrolę nad naszymi energiami, możemy zachowywać się w nieodpowiedzialny sposób.

Chcę was nauczyć nowego rodzaju kontroli. Polega ona na zjednoczeniu się z obserwatorem. Nie polega na kontrolowaniu umysłu, dokonującego wielu manipulacji. Wynika z nawiązania relacji z obserwującą jaźnią (z obserwatorem).

To najwyższa, a jednocześnie najbardziej naturalna forma kontroli. Znajdując się w pozycji świadka lub obserwatora, nigdy nie odczuwasz, że coś kontrolujesz. To kontrola spontaniczna.

Jeżeli tłumisz energie, odchodzisz od swej rzeczywistej natury. Stajesz się nieautentyczny, sztuczny, pusty w środku. Jeżeli nie tłumisz energii, lecz podążasz za nimi na poziomie instynktownym, wówczas stajesz się podobny do zwierzęcia. Możesz być fizycznie piękny, piękniejszy niż przeciętny cywilizowany człowiek. Pozostajesz jednak zwierzęciem. Brakuje ci czujności, przytomności. Nie zdajesz sobie sprawy z możliwości rozwoju i realizacji swego ludzkiego potencjału. Jeśli potrafisz transformować swoje energie, wtedy zbliżasz się do boskości. Pamiętaj o tym, że kiedy mówię o boskości, mam na myśli oba bieguny. Z jednej strony obecne jest w tobie zwierzę; nie zaprzeczasz ani nie odrzucasz jego dzikości. Ta spontaniczna dzikość ma w sobie piękno. Z drugiej obecna jest także energia, wypływająca z życia społecznego. Jest ona jednak spontaniczna, a nie narzucona.

Kiedy dokonuje się transformacja energii, następuje w twoim wnętrzu spotkanie natury i pierwiastka boskiego. Natura przejawia swoje piękno, swoją boskość, swój wdzięk. Bycie mędrcem oznacza umiejętność połączenia, pogodzenia tych opozycji. W mędrcu następuje spotkanie natury i boskości, ciała oraz duszy, poziomów niższych i wyższych, nieba i ziemi.

Powiedziałeś, że nie powinniśmy tłumić gniewu, lecz nie powinniśmy także mu ulegać. Powinniśmy pozostać w stanie czujności i medytacji. Oczywiście wymaga to wysiłku wewnętrznego, by uniknąć z jednej strony tłumienia emocji, z drugiej zaś bezmyślnego ulegania emocjom. Czy nie dokonujemy wtedy również pewnego rodzaju tłumienia?

Nie! Jest to pewnego rodzaju wysiłek, lecz nie tłumienie. Mamy trzy rodzaje wysiłku. Pierwszy polega na wyrażaniu, ekspresji. Kiedy na przykład wyrażasz gniew, dokonujesz wysiłku. Kierujesz energię na zewnątrz, do określonej osoby, w kierunku określonego obiektu. Wyrzucasz energię, druga osoba jest jej celem. Drugi rodzaj wysiłku polega na tłumieniu energii. Kiedy to robisz, cofasz energię do jej pierwotnego źródła, do swego serca. Trzeci zaś rodzaj – czujność, pasywna czujność – stanowi także, przynajmniej na początku, pewnego rodzaju wysiłek. Dokonuje się on jednak w innej przestrzeni. Energia porusza się ku górze. Stopniowo, krok po kroku, stajesz się bardziej zaznajomiony z tym procesem. Wtedy wysiłek znika. Postawa pasywna powoduje, że proces nabiera „magnetycznej" siły. Energia jest pociągana ku górze.

Na początku wszystko wydaje się związane z wysiłkiem. Nie przywiązuj się więc do słów. W ten sposób bowiem powstają problemy.

Mistycy używają słów „łatwość", „bezwysiłkowość" *(effortlessness)*. Mówią, by nie wykonywać żadnego wysiłku. Na początku jednak nawet to jest pewnym wysiłkiem. Kiedy mówimy: „Przyjmij postawę bezwysiłkową", mamy na myśli to, by się zbytnio nie napinać. Pozwól, by działanie zaszło dzięki uważności, przytomności. Kiedy staniesz się napięty, energia gniewu nie będzie mogła popłynąć ku górze i ulec transformacji. Napięcie powoduje, że energia pozostaje na tym samym poziomie. Tylko odprężenie umysłu pozwala na przedostanie się energii na wyższy poziom. Płynie ona wtedy swobodnie, jak obłok po niebie.

Przyjrzyj się obłokom, które swobodnie żeglują po niebie. W podobny sposób wnieś swoją pozycję świadka. Bądź jak przepływający po niebie obłok. Na początku jest to związane z pewnym wysiłkiem. Jeżeli wzmocnisz swoją czujność, proces będzie się rozwijał samoczynnie.

Trudności wiążą się z samym użyciem języka. Jeżeli powiem ci, żebyś się zrelaksował, co wówczas zrobisz? Podejmiesz jakiś wysiłek. Wtedy jednak zwrócę ci uwagę, abyś nie czynił żadnego wysiłku. Podejmując bowiem jakiś wysiłek, wywołujesz napięcie. A napięcie uniemożliwia ci zrelaksowanie się. Zwracam więc uwagę, abyś się po prostu zrelaksował. Czujesz się zagubiony i pytasz: „Co masz na myśli? Jeżeli nie będę podejmował żadnego wysiłku, to co mam tak naprawdę robić?". Nie oczekuję od ciebie, abyś cokolwiek robił. Na początku jednak osiągnięcie stanu „bez wysiłku" wiąże się z pewnym wysiłkiem. W związku z tym powiem: „W porządku. Zrób mały wysiłek. Pamiętaj jednak o tym, żeby następnie się z niego wycofać. Niech ten niewielki wysiłek będzie po prostu punktem, z którego zaczynasz. Nie możesz jeszcze zrozumieć stanu nierobienia. Możesz zrozumieć jedynie robienie. Posłuż się w związku z tym językiem robienia, działania. Zacznij, lecz użyj wysiłku jedynie jako miejsca, z którego startujesz. Pamiętaj też o tym, że im szybciej porzucisz wysiłek, tym lepiej".

Słyszałem historię o tym, że kiedy mułła Nasreddin osiągnął sędziwy wiek, zaczął cierpieć na bezsenność. Próbowano wszelkiego rodzaju środków zaradczych: ciepłych kąpieli, tabletek, środków uspokajających, syropów. Nic jednak nie pomagało.

Przeszkadzało to wszystkim członkom rodziny, bo kiedy mułła nie spał, zakłócał też sen innym. Noce przekształciły się w prawdziwy koszmar. Krewni szukali wszelkich możliwych sposobów, by mułła mógł zasnąć. Czuli, że inaczej zwariują. W końcu sprowadzili hipnotyzera. Powiedzieli:

– Teraz już nie musisz się przejmować. Ten człowiek potrafi dokonywać cudów. Potrafi przywołać sen w ciągu kilku minut. Ma naprawdę magiczne właściwości. Dlatego możesz być spokojny. Uwolnij się od lęku, a z pewnością zaśniesz.

Hipnotyzer pokazał mulle zegarek zawieszony na łańcuszku i powiedział:

– Wystarczy mała wiara, aby dokonać prawdziwych cudów. Po prostu zaufaj mi. Zaufaj mi, a pogrążysz się w głębokim śnie niczym małe dziecko. Spójrz na ten zegarek.

Hipnotyzer zaczął rytmicznie poruszać zegarkiem w prawo i lewo. Nasreddin spojrzał na zegarek, a hipnotyzer monotonnie powtarzał:

– W prawo, w lewo. Twoje powieki stają się ciężkie, coraz cięższe. Zapadasz w sen, usypiasz, usypiasz.

Wszyscy się ucieszyli. Zamknęły się oczy mułły, głowa pochyliła do przodu. Wyglądał jak małe dziecko, które zapadło w głęboki sen. Pojawił się rytmiczny oddech. Hipnotyzer wziął wynagrodzenie. Przyłożył palec do ust, sygnalizując, by nie zakłócono snu mułły. Następnie dyskretnie wyszedł. W tym momencie mułła otworzył oczy i zapytał:

– Czy ten wariat już poszedł?

Mułła uczynił pewien wysiłek, by się zrelaksować, dlatego też odprężył się jak małe dziecko. Zaczął rytmicznie oddychać, zamknął oczy, lecz wszystko to wiązało się z wysiłkiem. Mułła pomagał hipnotyzerowi. Jeżeli pozostałby całkiem bierny, przyjmował to, co słyszał, oraz to, co widział, sen zapewne by nadszedł. Mułła nie powinien podejmować świadomego wysiłku. Zamiast tego powinien pozostać w pozycji biernej akceptacji.

Jeżeli chcecie utrzymać umysł w pozycji biernej akceptacji, musicie na początku wykonać pewien wysiłek. Nie obawiajcie się więc wysiłku. Zacznijcie od niego, pamiętając, że macie go w pewnej chwili porzucić, przekroczyć. Kiedy przekraczacie wysiłek, pojawia się pasywna świadomość, która może zdziałać cuda. Kiedy pojawia się pasywna świadomość, umysł znika. Docieracie do centrum swego bytu.

Wysiłek jest potrzebny, kiedy działamy w świecie fizycznym. Kiedy chcemy poruszać się w świecie wewnętrznym, nie powinniśmy podejmować żadnego wysiłku.

Powiedziałeś, by ignorować negatywne treści zawarte w umyśle i nie przydawać im energii. Trudno mi jednak utrzymać się w takiej pozycji, gdy poruszam się po ostrzu noża. Z jednej strony mam pozwolić ujawnić się negatywnym treściom i nie tłumić ich, z drugiej zaś nie przydawać im własnej energii. Czy możesz mi pomóc odróżnić od siebie te dwie postawy?

Ty już wiesz, na czym polega różnica. Wiesz dobrze, kiedy tłumisz, a kiedy ignorujesz. Ignorowanie polega po prostu na tym, by nie zwracać uwagi na określone treści. Coś się pojawiło. Pozwól temu być. Nie wykonujesz wysiłku, by to pozostało lub odeszło. Nie osądzasz. Po prostu akceptujesz, że pewne treści są obecne. Nie starasz się tego zmieniać.

Natomiast w przypadku tłumienia zachowujesz się aktywnie. Walczysz z pojawiającą się energią. Starasz się zepchnąć ją do podświadomości. Nie chcesz jej dostrzegać. Pragniesz się jej pozbyć.

Na przykład pojawił się gniew. Usiądź spokojnie i obserwuj, że w polu twojej świadomości pojawił się gniew. Pozwól mu pozostać tutaj. Jak długo może on tu pozostawać? Czy myślisz, że jest czymś wiecznym? Pojawił się i odejdzie. Po prostu czekaj. Nic z nim nie rób. Nie zajmuj stanowiska „za" lub „przeciw". Jeżeli zrobisz coś, by wesprzeć gniew, zaczniesz go wyrażać. Jeśli będziesz go wyrażać, popadniesz w zamieszanie. To ty stworzyłeś tę energię. Energia może zrobić wszystko. Energia jest neutralna. Może tworzyć, może niszczyć. Może oświetlać twój dom, może także twój dom spalić.

Nie jest to kwestia poruszania się po ostrzu noża. Nie rób z igły wideł. Zaakceptuj, że gniew tu jest. Nie próbuj go usunąć, nic z nim nie rób. Nie wstydź się z tego powodu, że jesteś zły. Nawet wtedy, gdy odczuwasz wstyd, podejmujesz pewne działanie. Czy możesz pozostać na pozycji niedziałania?

Pojawia się smutek, pojawia się złość. Po prostu obserwuj. Przygotuj się na niespodziankę. Jeżeli obserwujesz w czysty, niezakłócony sposób, nie podejmujesz żadnych działań, twój gniew stopniowo zniknie. Podobnie zniknie twój smutek. Pozostanie czysta świadomość.

Nie byłeś przedtem tak czysty, ponieważ istniała możliwość pojawienia się gniewu. Gniew zaktualizował się, pojawił w twojej świadomości, a następnie odszedł. Stałeś się jeszcze bardziej czysty. Wcześniej nie doświadczałeś takiej ciszy i takiego spokoju, jakie obecnie osiągnąłeś.

Smutek zabrał ci część energii. Nie dopuścił, by pojawiło się głębokie uczucie szczęścia. Smutek zaciemnił twoją świadomość. Złość, smutek i inne negatywne emocje pochłonęły znaczną część twojej energii. Te uczucia się pojawiły, ponieważ wcześniej tłumiłeś je, nie pozwalałeś się im ujawnić. Zamknąłeś drzwi i umieściłeś te uczucia w piwnicy. Nie mogły się stamtąd wymknąć. Nawet gdyby chciały uciec, ty im na to nie pozwoliłeś. Te uczucia wpływają zakłócająco na całe twoje życie. Nocą przyczyniają się do powstawania koszmarnych snów. Za dnia wpływają na twoje działanie.

Zawsze może się zdarzyć, że pewne emocje stają się zbyt silne, by można je było kontrolować. Dokonujesz ciągłego tłumienia emocji, emocjonalna chmura staje się coraz większa. Nadchodzi wreszcie moment, kiedy nie możesz tak trwać. Ludzie, którzy obserwują cię z zewnątrz, mogą być przekonani, że nadal tłumisz emocje. A ty znajdujesz się pod wpływem potężnego impulsu. Zachowujesz się jak robot. Jesteś bezradny. Mordujesz, gwałcisz, dokonujesz innych okrutnych czynów. To jednak nie *ty* działasz. Zgromadziłeś w głębi siebie całą tę negatywną energię. Stała się ona tak potężna, że zmusza cię do działania wbrew sobie, przeciwko sobie. Nie możesz się jednak powstrzymać...

Patrz na to, co zachodzi w twoim umyśle, z pewnego dystansu. Pozwoli ci to na widzenie i rozróżnianie: „To jest złość, to jest smutek, to jest niepokój, to jest lęk, to są obawy" itd. Pozwól im tam być. „Nie skupiam się na tym. Nie mam zamiaru stawać po żadnej stronie". Wówczas stopniowo zaczną zanikać. Niczego nie rób. To proste. Na przykład w twoim pokoju stoi krzesło. Czy możesz je zignorować? Czy musisz coś z nim robić? Nie istnieje potrzeba, aby coś z nim robić. Jeżeli nauczysz się prostej rzeczy, jeśli pozwolisz uczuciom po prostu zniknąć, pojawi się czysta świadomość. Zmiana spowodowana twoją otwartością, faktem, że przestałeś tłumić uczucia, spowoduje proces wewnętrznej transformacji. Treści zamknięte dotąd w podświadomości będą się chciały wydobyć na światło dzienne. Nikt przecież nie chce przebywać w ciemnej piwnicy! Treści i uczucia uwięzione w podświadomości nie będą czekały na to, by wystąpić w twoich nocnych snach. Wkroczą w twoje życie na jawie. Wyjdą z piwnicy i dotrą do twojej świadomości. Stopniowo twoja nieświadomość będzie się opróżniać.

W ten sposób następuje cud, magiczne wydarzenie. Jeżeli nieświadomość zostaje opróżniona, upada przegroda pomiędzy świadomością a nieświadomością. Wszystkie treści stają się świadome. Wcześniej tylko jedna dziesiąta część treści zgromadzonych w twoim umyśle była świadoma. Obecnie uświadomiłeś sobie pozostałe dziewięć dziesiątych. Twój umysł stał się całkowicie świadomy. Ten proces może się rozwijać. Może uwolnić nieświadomość zbiorową. Następnie – na tej samej zasadzie – może zostać uwolniona nieświadomość kosmiczna. Jeżeli w ten sposób oczyścisz wszystkie nieświadome części zawarte w twojej nieświadomości, pojawi się świadoma, przytomna obecność. Wkroczysz w obszar nadświadomości z taką samą łatwością, z jaką ptak rozpościera skrzydła do lotu.

Otwiera się przed tobą niebo. Poprzednio byłeś obciążony balastem. Byłeś tak ciężki, że nie mogłeś latać. Obecnie jesteś lekki, tak lekki, że siła grawitacji przestała panować nad twoim umysłem. Możesz unieść się ku nadświadomości, do zbiorowej świadomości, do świadomości kosmicznej. Boskość znajduje się w zasięgu twoich możliwości. Musisz tylko uwolnić ciemne siły, które zepchnąłeś do nieświadomości.

Oba procesy zachodzą równolegle. Kiedy oczyszczona zostaje nieświadomość, pojawia się możliwość dostępu do wyższych światów. Zapamiętaj to, o czym mówię.

Jakiego rodzaju związek istnieje pomiędzy opanowaniem swego „ja" a kontrolą?

Są to sprzeczności. Panowanie nad swoim „ja" wymaga uwolnienia się od „ja". Panowanie nad sobą pojawia się wtedy, gdy nie ma żadnego „ja" do opanowania. Nie ma już niczego, co można by doskonalić lub nad czym można by panować. Istnieje jedynie czysta świadomość. W tej czystej przestrzeni stajesz się częścią całości, w tej przestrzeni stajesz się boskością. Nie ma tam bowiem „ja".

Kiedy używamy określenia „panowanie nad swoim ja", posługujemy się niewłaściwym językiem. Nic na to jednak nie można poradzić, ponieważ na tym poziomie nasz codzienny język zawodzi. Nie jesteśmy w stanie za pomocą języka wyrazić duchowej pełni. Jeżeli zachowujemy się w kontrolujący sposób, jest w tym „ja". Kontrola oznacza silną obecność „ja". Osoba, która jest wolna od kontroli, nie trzyma się tak kurczowo swego „ja", ego. Taki człowiek zna swoje słabości.

Z tego powodu zachodzi dziwne zjawisko. Tak zwane święte osoby są bardziej egoistyczne od grzeszników. Grzesznicy są bardziej ludzcy, bardziej pokorni. Osoby „święte" stają się niemal nieludzkie z powodu nadmiaru kontroli. Myślą, że są istotami nadludzkimi, ponieważ potrafiły poddać kontroli swoje instynkty. Umieją odbywać długie posty, przez lata, a nawet przez całe życie powstrzymują się od seksu. Są w stanie nie spać wiele nocy i zachować przytomność. Mają tak dużą kontrolę nad swoim ciałem i umysłem. W rezultacie wzmacnia się ich ego, ugruntowuje przekonanie: „Jestem kimś specjalnym, niezwykłym". W ten sposób wzmacnia się ich choroba – egocentryzm.

Grzesznik jest bardziej pokorny. Musi być taki. Wie o tym, że nie jest w stanie niczego kontrolować. Kiedy przychodzi gniew, staje się zagniewany. Kiedy przychodzi miłość, napełnia się nią. Kiedy nadchodzi smutek, staje się smutny. Ktoś taki nie ma kontroli nad swoimi emocjami. Kiedy czuje głód, jest gotów zrobić wszystko, by ten głód zaspokoić. Gotów jest nawet ukraść jedzenie.

Oto słynna historia z kręgu sufich.

Mułła Nasreddin oraz dwaj inni pobożni mężowie udali się na pielgrzymkę do Mekki. W ostatniej części swej wędrówki przechodzili przez wieś. Pieniądze się im kończyły. Kupili kawałek chałwy. Był on jednak zbyt mały, by wszyscy trzej mogli zaspokoić nim głód. Cóż mieli począć? Pierwszy pielgrzym powiedział:

– Wiele lat pościłem i modliłem się. Nikt z was nie jest bardziej religijny. Bóg chce, żebym to ja przeżył. Dlatego chałwa powinna należeć do mnie.

Drugi na to:

– Wiem, że jesteś człowiekiem, który żył w ascezie. Ja jednak jestem wielkim uczonym. Przestudiowałem wszystkie święte pisma. Poświęciłem się nauce. Świat nie potrzebuje ludzi, którzy umieją pościć. Cóż ty potrafisz? Potrafisz jedynie pościć. Możesz to robić w niebie! Świat potrzebuje wiedzy. Świat jest tak ubogi w wiedzę, że chce, abym na nim pozostał. Chałwa powinna należeć do mnie.

Mułła Nasreddin zaś powiedział:

– Nie jestem ascetą i nie mogę powiedzieć, abym był w stanie panować nad sobą. Nie jestem także osobą, która posiadła rozległą wiedzę. Jestem zwykłym grzesznikiem. Słyszałem natomiast, że Bóg jest pełen współczucia dla grzeszników. Dlatego chałwa powinna należeć do mnie.

Nie mogli znaleźć rozwiązania. Uznali, że udadzą się na spoczynek bez jedzenia. Postanowili:

– Niech Bóg sam zadecyduje. Chałwa przypadnie temu z nas, który będzie miał najbardziej znaczący sen.

Rano asceta powiedział:

– Nikt nie może się ze mną równać. Jestem tego pewien. Dajcie mi chałwę, ponieważ we śnie ucałowałem stopy Boga. Jakie doświadczenie może przewyższać to, które stało się moim udziałem?

Uczony roześmiał się:

– Twój sen jest mało znaczący. W moim śnie Bóg mnie objął i ucałował! Ty tylko ucałowałeś jego stopy. Tymczasem Bóg objął mnie i ucałował! Gdzie jest chałwa? Ona należy do mnie.

Następnie spojrzeli na Nasreddina i zapytali:

– Jaki ty miałeś sen?

Nasreddin odpowiedział:

– Jestem zwykłym grzesznikiem. Mój sen był bardzo prosty... Tak prosty, że nie warto go nawet opowiadać. Ponieważ jednak nalegacie i wieczorem zawarliśmy umowę, opowiem go wam. W moim śnie pojawił się Bóg i powiedział do mnie: „Głupcze, cóż czynisz? Zjedz chałwę!".

Jak mogłem nie usłuchać tego rozkazu? Tak więc nie ma już chałwy. Zjadłem ją.

Samokontrola powoduje, że twoje ego staje się niezwykle subtelne. Jest w tym spora doza egocentryzmu. Natomiast panowanie nad „ja" jest zjawiskiem zupełnie odmiennym. Nie ma w tym egocentryzmu. Kontrolę praktykuje się z wielkim wysiłkiem. To długa walka z sobą samym, uwieńczona wreszcie sukcesem. Natomiast panowanie nad „ja" nie wymaga treningu ani specjalnej dyscypliny. Wypływa po prostu ze zrozumienia. Nie wymaga żadnej kontroli.

Powiedzmy, że potrafisz kontrolować gniew, tłumisz go i spychasz. Nikt się nie orientuje, że to robisz. Możesz być chwalony przez ludzi za to, że w sytuacji gdy inni wpadają w gniew, ty zachowujesz spokój. Wiesz jednak, że ten spokój jest powierzchowny. Głęboko w środku wszystko się w tobie gotuje, płonie, jakbyś siedział na szczycie wulkanu.

Człowiek, który próbuje kontrolować swoje uczucia, z konieczności je tłumi. Tłumienie prowadzi do kumulacji negatywnych energii. Jego psychika zostaje zaśmiecona. W pewnym momencie ten wulkan wybucha. Tłumisz gniew, tłumisz seks, tłumisz różne rodzaje pragnień. Jak długo możesz to robić? Pewnego dnia musi nastąpić eksplozja.

Tak zwani ludzie święci, którzy starają się siebie kontrolować, łatwo dają się sprowokować. Wychodzi z nich zwierzę. Noszą w sobie wiele demonicznych sił. Życie tych ludzi jest naznaczone cierpieniem, ponieważ toczą oni ciągłą walkę wewnętrzną. Są to osoby neurotyczne, znajdujące się na skraju szaleństwa. Uważam, że nie są to osoby religijne.

Osoby prawdziwie religijne nie muszą niczego kontrolować ani tłumić. Jeżeli jesteś naprawdę religijny, będziesz się starał rozumieć, a nie kontrolować. Przyjmiesz postawę medytacji. Po prostu będziesz obserwował gniew, seksualne pożądanie, zachłanność, zazdrość i chciwość. Będziesz widział te wszystkie trucizny swojego umysłu. Dzięki zrozumieniu przekroczysz je.

Zrozumienie wnosi wewnętrzne ciepło. Można je porównać do wschodu słońca. Promienie zrozumienia zaczynają ogrzewać zakrzepłe uczucia. Zlodowaciałe emocje rozpuszczają się. Można też powiedzieć, że pojawia się wewnętrzny płomień i znika ciemność.

Człowiek, który posługuje się rozumieniem oraz medytacją, nie musi niczego kontrolować. Człowiek, który kontroluje rzeczywistość, tworzy osądy, nieustannie potępia lub pochwala: „To jest złe. To jest dobre. To prowadzi do piekła. To prowadzi do nieba". Przyjęcie postawy kontrolującej prowadzi do konieczności dokonywania ciągłych wyborów. Człowiek, który kieruje się rozumieniem, jest wolny od wyborów, przyjmuje życie takim, jakie jest.

Ta nieróżnicująca świadomość prowadzi do prawdziwej przemiany. Dzięki zachowaniu otwartej świadomości nie następuje tłumienie uczuć i emocji. Nie pojawia się więc ego. Zrozumienie jest subiektywnym procesem wewnętrznym. Nikt, prócz ciebie samego, nie może być tego świadom. Nikt nie może tego zobaczyć z zewnątrz.

Ego kształtuje się pod wpływem sił zewnętrznych, społecznych. Jego źródłem są opinie innych ludzi. Słyszysz od nich, że jesteś inteligentny, święty, religijny. Naturalnie czujesz się wtedy wspaniale! To inne osoby tworzą twoje ego. Oczywiście mogą one mówić pewne rzeczy tobie, a za twoimi plecami zupełnie inne.

Zygmunt Freud twierdził, że gdyby ludzie przez dwadzieścia cztery godziny zdecydowali się mówić jedynie prawdę, to zniknęłyby wszystkie przyjaźnie. Nastąpiłby rozpad związków miłosnych i małżeństw.

Zazwyczaj, gdy do twych drzwi puka gość, odpowiadasz: „Wejdź, proszę, witam cię. Jak długo cię nie widziałem! Tęskniłem za tobą. Teraz moje serce drży z radości". Natomiast gdybyś chciał powiedzieć, co naprawdę czujesz, brzmiałoby to tak: „Co, ten sukinsyn znów tutaj przyszedł! Jak się pozbyć tego gnoja?".

Polak – Pieracki, Murzyn – Odum oraz Meksykanin – Alvarez wybrali się na poszukiwanie pracy i zamieszkali razem. Pewnego wieczoru Pieracki wrócił do wynajętej kwatery i powiedział, że znalazł pracę.

– Hej, przyjaciele, obudźcie mnie jutro rano o szóstej – zwrócił się do towarzyszy. – Muszę być w pracy o wpół do siódmej!

Kiedy Pieracki zasnął, Odum powiedział do Alvareza:

– Dostał pracę, ponieważ jest biały. My nie możemy jej dostać, ponieważ ja jestem czarny, a ty brązowy.

Posmarowali Pierackiego czarną pastą do butów. Postanowili też obudzić go w ostatniej chwili. Skoro będzie się spieszył, nie spojrzy w lustro i pobiegnie do pracy.

Następnego ranka Pieracki przyszedł do pracy. Szef zapytał go:

– Kim jesteś?

– Zatrudniłeś mnie wczoraj – odpowiedział Pieracki. – Miałem stawić się pracy o szóstej trzydzieści!

– Zatrudniłem białego człowieka, a ty jesteś czarny!

– Nie, nie jestem!

– Tak, jesteś! Idź i popatrz w lustro.

Polak ruszył w stronę lustra, spojrzał na swoje odbicie i wykrzyknął:

– O Boże! Oni obudzili niewłaściwego człowieka!

Twoje ego zależne jest od lustra, w które patrzysz. Każda społeczna relacja i każda osoba działa jak lustro. Ego kontroluje twoją świadomość. Dzieje się tak, ponieważ społeczeństwo wspiera kontrolę. Dzięki temu twoje ego rośnie. Jeżeli podążasz za społecznymi wzorcami: za społeczną moralnością, purytańskimi normami, ideą świętości, otrzymujesz coraz więcej pochwał. Ludzie przejawiają wobec ciebie coraz więcej szacunku. Twoje ego rośnie coraz bardziej. Pamiętaj jednak, że ego nie może nigdy doprowadzić cię do wewnętrznej transformacji. Paradoksalnie, ego jest najmniej świadomym elementem ciebie. Pozbawia cię zdrowej świadomości. Osoba, która w swoich zachowaniach kieruje się ego, staje się jak pijana. Traci zdrowy rozsądek.

Fernando wziął ślub. Właśnie trwało wspaniałe wesele i wino lało się strumieniami. Wszystko było dobrze do chwili, gdy Fernando zorientował się, że nie może znaleźć swej pięknej młodej żony. Rozglądając się wśród gości, stwierdził, że zniknął także jego kumpel – Luis. Fernando zaczął ich szukać. Zajrzał do pokoju nowożeńców i odkrył, że Luis kocha się tam z jego żoną. Delikatnie zamknął drzwi i zszedł na dół do gości.

– Szybko, szybko. Chodźcie wszyscy coś zobaczyć! – zawołał głośno. – Luis jest tak pijany, że myśli, że jest mną!

Ego utrzymuje cię w stanie upojenia. Nie wiesz, kim jesteś, ponieważ wierzysz w to, co inni o tobie mówią. Nie wiesz także, kim są inni ludzie, ponieważ polegasz na opiniach wypowiadanych przez kolejne osoby. Żyjemy więc w iluzorycznym świecie.

Obudźcie się. Stańcie się bardziej świadomi. W ten sposób staniecie się mistrzami samych siebie. Mistrzostwo nie ma nic wspólnego z ego. Niech to będzie całkowicie dla was jasne.

Moje nauczanie nie ma na celu narzucania samokontroli i samodyscypliny. Pobudza raczej samoświadomość i przyczynia się do transformacji. Chcę, abyście się stali otwarci jak niebo. Tym bowiem w istocie jesteście.

MYŚL, UCZUCIE, DZIAŁANIE:
Rozumienie swojego typu

Myśli angażują człowieka. Osoby, które nazbyt zagłębiają się w swoje myśli, zaczynają funkcjonować w świecie swoich myśli, marzeń, projekcji i wyobrażeń. Nie potrafią dostrzec otoczenia: drzew, zieleni, kwiatów, ptaków, ludzi, dzieci. Ciągle się śpieszą.

Słyszałem pewien dowcip, który ma w tym kontekście istotne znaczenie.

Michał Anioł pracował w Kaplicy Sykstyńskiej. Pokrywał malowidłami sufit. Prace trwały siedem lat. Malarz leżał całymi dniami na wysokim rusztowaniu i malował. Zauważył, że do kaplicy, gdy nie ma tam nikogo innego, przychodzi stara, ślepa kobieta i modli się. Ktoś przyprowadzał ją i zostawiał, a po kilku godzinach odprowadzał. Pewnego gorącego popołudnia Michał Anioł nie miał ochoty na pracę. Usiadł więc na rusztowaniu i spojrzał w dół. Kościół był zupełnie pusty, jedynie stara kobieta jak zwykle odmawiała modlitwy, a z jej oczu płynęły łzy... Michał Anioł miał ochotę pożartować. Ze szczytu rusztowania krzyknął:

– Jestem Jezusem Chrystusem! Czego potrzebujesz? Powiedz mi, a spełnię twoje życzenia.

Przypuszczał, że kobieta powie, jakie są jej pragnienia. Ona jednak uniosła do góry twarz ze ślepymi oczyma i powiedziała:

– Zamknij się! Nie rozmawiam z tobą, ale z twoją matką!

Na tym polega zaangażowanie we własne myśli. Kiedy pochłania cię określona myśl czy pewien proces myślowy, zamykasz się. Pozostajesz w tunelu i w nim się poruszasz. Tunel twoich myśli nie ma nic wspólnego z rzeczywistością. Dlatego jeśli nadmiernie pochłaniają cię twoje myśli, nie możesz poznać prawdy.

Wszelkie formy medytacji mają jeden cel – uwolnienie od myślenia. Kiedy umysł jest wypełniony myślami, w sercu gromadzi się wiele emocji. Musisz uwolnić umysł od bagażu myśli, jeśli chcesz, by pojawiło się w nim poznanie. Jeśli chcesz, aby w twoim sercu zagościła miłość, musisz je uwolnić od sentymentalnych emocji.

Ludzie są skłonni zgodzić się z tym, że kiedy odchodzą myśli, ujawnia się nieskażona inteligencja. Nie zastanawiają się jednak nad drugim procesem. Polega on na tym, że serce staje się czyste, gdy odchodzą emocje oraz tak zwane sentymenty. Wiele osób uważa, że postawa sentymentalna jest uczuciem. Mylą się. Myśli nie są inteligencją, postawa sentymentalna – miłością.

Mistycy mówią o dwóch drogach: o drodze poznania oraz o drodze miłości. Obie drogi opierają się na tej samej zasadzie. Jeżeli kroczysz drogą poznania, staraj się porzucić myślenie. Inteligencja będzie mogła wtedy działać bez przeszkód. Jeżeli natomiast kroczysz drogą miłości, uwolnij się od emocji i sentymentów. Miłość będzie mogła wtedy działać w tobie bez przeszkód. Prawda może się odbijać w zwierciadle twego serca. Prawda może się odbijać w zwierciadle twojej inteligencji. Obie drogi są równie dobre. Możesz wybrać tę, która jest ci bliższa.

Droga serca jest drogą kobiecą. Natomiast droga inteligencji, medytacji, poznania jest drogą męską. Zwracam wam jednak uwagę na istotne zagadnienie. Możesz być mężczyzną pod względem biologicznym, lecz nie psychicznym. Możesz być kobietą pod względem biologicznym, ale nie psychicznym. Decyduje wyposażenie nie fizjologiczne, lecz psychiczne. Wiele kobiet może stwierdzić, że bliższa jest im ścieżka poznania, wielu zaś mężczyzn będzie wolało iść ścieżką miłości.

Wejrzyj więc w siebie. Spróbuj stwierdzić, jakie masz predyspozycje. Co przynosi ci więcej radości i szczęścia: ścieżka poznania czy ścieżka miłości? Albert Einstein nie mógł posuwać się ścieżką miłości. Czerpał radość z używania swej inteligencji.

Możesz ofiarować światu jedynie to, co cię raduje. Nie mogą to być kwiaty zerwane z drzew. Możesz ofiarować światu jedynie własny rozkwit. Einstein rozkwitł jako osoba o wspaniałej inteligencji. Ten właśnie kwiat ofiarował światu. Śri Czejtanja i Jezus otworzyli swoje serca. Ich rozkwit wyraził się w miłości. Ofiarowali światu kwiat miłości. Ty możesz także ofiarować światu własny kwiat. Musisz jednak usunąć przeszkody, które stają ci na drodze.

Prawdziwa inteligencja jest czymś głębszym niż myślenie. Wszyscy wielcy naukowcy stwierdzają, że znaczących odkryć dokonywali nie za sprawą myślenia. Proces zachodził, gdy myślenie ustawało, pojawiała się przerwa. Właśnie w tej przerwie następował wgląd. Był to rozbłysk intuicji, niczym światło błyskawicy.

Kiedy myśli znikają, twoje myślenie staje się czyste. Wygląda to na paradoks. Powtórzę: kiedy myśli znikają, twoje myślenie staje się czyste. Pojawia się wówczas możliwość czystego odzwierciedlania rzeczywistości. Podobnie gdy znikają emocje oraz sentymenty, może się przejawić czysta energia miłości.

Każda poszukująca prawdy osoba powinna to w sobie odkryć. Zdarzają się wyjątkowe osoby, które w czterdziestu dziewięciu procentach są kobiece, a w pięćdziesięciu jeden męskie, lub odwrotnie. Takim ludziom bardzo trudno jest stwierdzić, kim naprawdę są. Rano ta osoba czuje się w czterdziestu dziewięciu procentach męska, a w pięćdziesięciu jeden kobieca. Wieczorem zaś proporcje mogą ulec odwróceniu. Na tym polega przepływ. Rano możesz stwierdzić, że znajdujesz się na ścieżce miłości, wieczorem zaś, że jesteś na ścieżce poznania.

Zdarza się, że twoja powierzchowność sygnalizuje cechy odmienne od tych, które znajdują się w twoim wnętrzu. Niekiedy mężczyzna wygląda na bardzo twardego, natomiast w środku ma bardzo miękkie serce. Być może właśnie z powodu miękkiego serca stworzył wokół siebie zbroję siły i agresji. Może się obawiać, że ta miękkość uczyni go podatnym na zranienia, że kiedy otworzy swoje serce, każdy będzie mógł go oszukać i wykorzystać. Nie będzie mógł się odnaleźć w świecie opartym na rywalizacji. Obawiając się swojej miękkości, zbudował mur wokół swego serca. Stał się agresywny, by zrównoważyć miękkość i wrażliwość. Powierzchowny ogląd samego siebie prowadzi taką osobę do wniosku, że jest bardzo twardym mężczyzną, typem wojownika. Ten człowiek wpada w zastawioną przez siebie pułapkę.

Mogą też istnieć osoby, które prezentują się bardzo kobieco. Są miękkie, pełne wdzięku, eleganckie. Tacy mężczyźni mogą jednak w głębi ukrywać niezwykle niebezpieczne skłonności. Takimi właśnie ludźmi byli Adolf Hitler, Benito Mussolini czy Czyngis-chan. Kiedy człowiek obawia się własnej agresji i przemocy, uczy się sprawiać wrażenie istoty miękkiej i łagodnej. Czyni to w tym celu, by móc utrzymywać relacje z innymi ludźmi. Stara się być grzeczny, stosuje się do zasad etykiety, kłania się innym ludziom i zawsze uśmiecha. Nikt więc nie może dostrzec przemocy, którą taki człowiek ukrywa w swoim wnętrzu niczym truciznę lub sztylet. Jeżeli masz przy sobie sztylet, musisz go ukryć. Jeżeli tego nie zrobisz, nikt nie zechce się z tobą kontaktować. Kiedy ukryjesz sztylet, możesz stopniowo zapomnieć o jego istnieniu.

Jednym z zadań mistrza jest udzielenie ci pomocy, byś mógł dostrzec swój prawdziwy potencjał. O tym, kim jesteś na najgłębszym poziomie swego bytu, nie decyduje zbroja charakteru. Twoje prawdziwe „ja" wynika z samego bytu, a nie z tego, jakim cię uformowało społeczeństwo czy jakim sam siebie stworzyłeś. Rozwijać się możesz tylko wtedy, gdy dotrzesz do swego centrum.

Kiedy zaczynasz pracę nad sobą, a jesteś ograniczony przez swoją zbroję, nie możesz wzrastać. Zbroja nie może wzrastać, gdyż jest martwa. Rozwijać się i wzrastać może jedynie twoja istota. Może rozkwitać twoje życie, gdyż ono jest darem natury.

Są dwie metody medytacji. Pierwsza polega na przyjęciu nieruchomej pozycji. Siedzisz jak Budda. Zachowujesz zupełny spokój. Jesteś niczym posąg. Kiedy zamiera ruch, znika też osoba poruszająca się. To jest medytacja.

Druga metoda polega na tańcu. Kiedy wpadasz w taneczny trans, pojawia się uczucie ekstazy. Wówczas znika twarda skała twojego ego. Pozostaje tylko taniec. Istnieje ruch, nie ma zaś osoby poruszającej się. Pojawia się medytacja.

Osoby, które poruszają się drogą serca, powinny korzystać z doświadczenia tańca. Natomiast dla osób, które idą drogą poznania, pomocna będzie metoda siedzenia nieruchomo jak Budda.

Czy możesz coś powiedzieć o różnych typach ludzi? Wydaje mi się, że wiele osób zmienia postawę emocjonalną na intelektualną. W jaki sposób można się zorientować, do jakiego typu się należy?

To trudne. Psychologia wyróżnia trzy typy ludzkiego funkcjonowania. Pierwszy nazywa się intelektualnym czy poznawczym, drugi emocjonalnym, natomiast trzeci aktywnym. Typ intelektualny oznacza osobę, która jest ogarnięta autentycznym pragnieniem poznania. Taki człowiek może poświęcić całe życie, by poznawać. Kiedy bada truciznę, może ją połknąć, aby stwierdzić, co się wydarzy. Typ intelektualny przedkłada wiedzę nad życie. „Poznawać" dla niego znaczy „żyć". „Zaprzestać poznawania" znaczy „umrzeć". Jest zakochany w poznawaniu. Nie poznając, czuje się bezużyteczny. Sokrates, Budda i Nietzsche poszukiwali znaczenia bytu. Chcieli wiedzieć, czym są ludzkie istoty. To były dla nich zasadnicze kwestie. Sokrates mówił, że życie bez zrozumienia nie ma sensu. Ci ludzie żyją po to, by „wiedzieć". To oni rozwijają filozofię. „Filozofia" znaczy „umiłowanie wiedzy".

Drugi typ ludzi kieruje się emocjami, odczuwaniem. Ci ludzie traktują wiedzę jako coś mało znaczącego. Najważniejsze jest dla nich odczuwanie. Odczuwanie zachodzi za pośrednictwem głębokiego centrum – serca. Do typu ludzi odczuwających należą poeci, malarze, tancerze, muzycy. Poznanie intelektualne nie jest dla nich wystarczające. Jest bowiem wyprane z treści uczuciowych, pozbawione serca. Typ intelektualny może pociąć kwiat na kawałki, aby go naukowo poznać. Poeta nigdy tego nie uczyni. On kocha kwiat. Czy kochając kwiat, można go pociąć? Poeta odczuwa kwiat i tylko w ten sposób może go naprawdę poznać. Naukowiec może być przekonany, że ma większą wiedzę na temat kwiatu. Nie przekona jednak poety. Poeta uważa, że jego poznanie kwiatu jest głębsze. Naukowiec poznaje jedynie zewnętrznie. Natomiast poeta sercem nawiązuje kontakt z sercem kwiatu. Jest to spotkanie dwóch serc, dialog dwóch serc. Poeta nie dokonuje sekcji kwiatu. Nie zna jego składu chemicznego. Może nawet nie wiedzieć, jak się ten kwiat nazywa ani do jakiego gatunku należy. Twierdzi jednak, że zna „duszę" kwiatu.

Hui-Hai, malarz zen, otrzymał rozkaz od cesarza Chin. Miał namalować na ścianach pałacu kwiaty. Hui-Hai powiedział:

– Aby to uczynić, muszę przez jakiś czas mieszkać wśród kwiatów.

Cesarz stwierdził:

– Nie ma takiej potrzeby. W moim ogrodzie rosną wszelkiego rodzaju kwiaty. Możesz na nie popatrzeć, a następnie je namalować!

Hui-Hai odrzekł:

– Jeżeli nie poczuję, jakie są kwiaty, czy mogę je malować? Muszę poznać ich ducha. Nie mogę tego uczynić, patrząc na nie ani dotykając ich dłońmi. Muszę przebywać w bliskim kontakcie z kwiatami. Czasami będę siedzieć obok nich z zamkniętymi oczyma, odczuwając powiew, który przynosi ze sobą ich aromat. Będę siedział w spokojnym zjednoczeniu z kwiatami. Niektóre kwiaty są w pąkach, inne zaś rozkwitają. Młody kwiat daje inne odczucia niż kwiat, który usycha. Czasami kwiat może być szczęśliwy, innym razem zasmucony. Jak więc mogę po prostu iść i malować kwiaty? Muszę zamieszkać z kwiatami. Każdy kwiat, który się rodzi, pewnego dnia umrze. Muszę znać całą jego biografię. Chcę odczuwać kwiaty nocą, gdy zapada ciemność, i rankiem, kiedy pojawia się słońce. Wtedy fruwają ptaki i wokół rozlega się ich śpiew. Chcę odczuwać kwiaty w takiej właśnie chwili, a także wtedy, gdy wieje silny wiatr... Oraz gdy wszystko spoczywa w spokoju...

Muszę poznać kwiaty we wszelkich formach ich bytu. Tak blisko jak przyjaciel, jak świadek, jak kochanek. Muszę nawiązać z kwiatami kontakt! Tylko wtedy mogę je malować. Jednak nie mogę niczego z góry obiecywać. Kwiaty mogą bowiem okazać się tak rozległym zjawiskiem, że nie będę w stanie zrealizować cesarskiego zamówienia. Nie mogę więc obiecywać, mogę jedynie spróbować.

Upłynęło sześć miesięcy i cesarz zaczął się niecierpliwić. Zapytał:

– Gdzie jest Hui-Hai? Czy nadal próbuje połączyć się z kwiatami?

Ogrodnik odpowiedział:

– Nie powinniśmy mu przeszkadzać. On tak się zjednoczył z ogrodem, że niekiedy przechodzę obok i nie zauważam jego obecności. Stał się jak drzewo! Tak wielka jest siła jego kontemplacji.

Minęło kolejne sześć miesięcy. Cesarz poszedł do Hui-Haia i zapytał:

– Co robisz? Kiedy zaczniesz malować?

Hui-Hai odpowiedział:

– Nie przeszkadzaj mi. Jeżeli mam malować, muszę o tym całkowicie zapomnieć. Nie przypominaj mi o tym, nie przeszkadzaj mi! Czyż mogę prawdziwie zbliżyć się do kwiatów, jeżeli miałbym w tym jakiś z góry założony cel? Czy prawdziwa bliskość byłaby możliwa, jeśli przebywałbym w ogrodzie, próbując się zbliżyć do roślin tylko dlatego, by móc je malować? To byłby nonsens! Nie mogę kierować się żadnym interesem. Nie przychodź tu ponownie. Kiedy nadejdzie właściwy czas, przyjdę do ciebie. Nie mogę jednak tego obiecywać. Właściwy czas może nadejść lub też nie.

Cesarz czekał trzy lata. Wówczas pojawił się Hui-Hai. Cesarz spojrzał na niego i powiedział:

– Teraz już nie potrzebujesz malować… Sam stałeś się jak kwiat. Widzę w tobie wszystkie kwiaty, jakie do tej pory widziałem! Twoje oczy, twoje gesty, twoje ruchy stały się po prostu kwiatem.

Hui-Hai odpowiedział:

– Przyszedłem, by powiedzieć, że nie mogę malować, ponieważ człowiek, który miał zamiar malować, po prostu zniknął.

Mamy tu przykład podążania ścieżką uczuć, emocjonalnego typu człowieka. Gdy typowi intelektualnemu nakażemy, by odczuwał, nie będzie w stanie tego zrobić. Dla niego najważniejsze jest poznanie. Uczucia pojawiają się pod wpływem poznania.

Typu aktywnego, kreatywnego nie zadowala poznawanie ani odczuwanie. On musi tworzyć, w taki sposób poznaje rzeczywistość. Wyraża się w działaniu. Nie stawia pytań o sens czy cel życia. Pyta raczej: „Co mam w życiu robić? Co jest do roboty?". Taka osoba wyraża się swobodnie, tworząc. Może kształtować inne ludzkie istoty, kształtować społeczeństwo czy malować obrazy. Weźmy Hui-Haia. Nie był typem aktywnym, dlatego całkowicie zatopił się w uczuciach. Jeżeli byłby typem aktywnym, mógłby namalować kwiaty.

Powiedziałem, że Budda i Nietzsche należą do pierwszego typu. Budda należy jednak w sensie pozytywnym, natomiast Nietzsche – w negatywnym. Jeżeli typ intelektualny rozwija się we właściwy sposób, staje się Buddą. Jeżeli wkracza na błędną ścieżkę i traci orientację, może stać się szaleńcem, tak jak Nietzsche. Poznanie w jego wypadku nie doprowadziło do duchowej realizacji, lecz do choroby umysłowej. Poznanie nie przyczyniło się do ufnego osadzenia w rzeczywistości. Nietzsche mnożył wątpliwości, aż popadł w pułapkę i postradał zmysły. Miał szansę stać się Buddą. Budda zaś mógł stać się Nietzschem.

Przykłady typu emocjonalnego to indyjska mistyczka Matka Meera oraz markiz de Sade. Matka Meera należy do prawidłowego typu emocjonalnego. Jeżeli uczucia układają się we właściwy sposób, przekształcają się w boską miłość. Jeżeli natomiast podążają w niewłaściwym kierunku, przekształcają się w perwersję seksualną. Energia uczuć markiza de Sade uzyskała niewłaściwy kierunek. Stał się człowiekiem perwersyjnym, utracił zdrowie psychiczne.

Jeżeli typ uczuciowy podąża niewłaściwą ścieżką, dochodzi do perwersji seksualnych.

Teraz rozpatrzmy typ aktywny, zaangażowany w działanie. Do tego typu należą Hitler i Gandhi. Hitler jest przykładem negatywnej realizacji tego typu, Gandhi zaś pozytywnej. Typ aktywny musi wyrazić się w działaniu. Może to być jednak działanie szalone. Hitler jest przykładem działającego destrukcyjnie szaleńca. Jeżeli typ aktywny idzie właściwą ścieżką, jego działanie staje się twórcze.

Żaden wzorcowy typ nie występuje w życiu w czystej postaci. Na tym polega trudność. Można powiedzieć, że w każdym człowieku są elementy każdego typu. Pytanie nie dotyczy tego, do jakiego typu należysz, lecz raczej tego, które cechy w tobie przeważają. Jeżeli cechy tych trzech typów równoważą się w tobie, znajdujesz się w harmonii. Jeżeli natomiast brakuje równowagi, wtedy może być zagrożone twoje zdrowie psychiczne.

Czasami trudno jest rozpoznać, cechy którego typu dominują w konkretnym człowieku. Jeśli jesteś typem poznawczym, twoje doświadczenia będą przepuszczane przez intelekt. Na przykład nigdy nie zakochasz się natychmiast, od pierwszego wejrzenia. Decyzja może zostać podjęta na podstawie długiego procesu myślenia, poznawania. Osoby należące do tego typu zawsze tracą wiele okazji, gdyż nie potrafią podjąć decyzji natychmiast, w jednym momencie. Nigdy nie określą swego stanowiska, zanim nie poznają wszystkich argumentów „za" i „przeciw". Ludzie tego typu mogą być całkowicie bezstronnymi filozofami, naukowcami, obserwatorami. Nie są to ludzie aktywni. Zanim taka osoba wyciągnie końcowy wniosek, już jest po sprawie. Zanim taki człowiek skończy myśleć, nim się zorientuje, sytuacja już ulega zmianie. Nie potrafi zareagować we właściwym momencie. Taka osoba nie potrafi być naprawdę aktywna.

Oto jeden z problemów tego świata: osoby, które potrafią myśleć, nie potrafią działać, osoby, które potrafią działać, nie potrafią myśleć. Typ poznawczy jest stosunkowo rzadki – dwa do trzech procent populacji.

Osoby, które należą do typu emocjonalnego, najpierw zaczynają odczuwać. Dopiero potem myślą. Kiedy taka osoba cię widzi, w jej sercu pojawiają się pozytywne lub negatywne uczucia. Na ich podstawie ocenia, że jesteś kimś dobrym lub kimś złym. Taki człowiek może cię nie znać, ale podejmuje decyzje co do twojej osoby na podstawie pierwszego wrażenia. Potem zaś może gromadzić argumenty potwierdzające. Najpierw pojawia się wniosek, a następnie zachodzi proces myślenia.

W przypadku typu aktywnego najpierw pojawia się działanie. Następnie przychodzi uczucie, a na końcu rozumowanie. Wspomniałem, że Gandhi jest typem aktywnym. Decyzja o działaniu przychodzi natychmiast. Z tego względu mówił on:

„To nie jest moja decyzja. To Bóg zadecydował we mnie". Działanie pojawiało się natychmiast, bez poprzedzającego je procesu. Gandhi nie mógł więc powiedzieć: „To ja zadecydowałem". Natomiast reprezentant typu poznawczego zawsze powie: „To ja podjąłem decyzję". Przedstawiciel typu uczuciowego mówi:

„Poczułem, że…".

Jeżeli więc osoba typu aktywnego wierzy w Boga, Bóg staje się autorem decyzji. Bóg inicjuje wszelkie działania, Gandhi zaś staje się ich wykonawcą. Gandhi może powiedzieć: „Pomyliłem się, ale to nie była moja decyzja. Być może nie zrozumiałem we właściwy sposób przesłania i dlatego pomyliłem kierunki. Być może nie byłem też konsekwentny w dążeniu i nie doszedłem tam, dokąd powinienem dojść. Jednak była to decyzja Boga. Musiałem się jej poddać i wykonać polecenie".

Zaznaczyłem, że Hitler jest typem negatywnym. Jednak on również posługiwał się takim językiem. Mówił: „To nie mówi Adolf Hitler. To przemawia duch historii – duch Ariów. Przemawia przeze mnie umysł całej rasy". Rzeczywiście tak się działo. Wiele osób, które słuchały przemówień Hitlera, odczuwało, że mówiąc, przestawał on być zwykłą osobą. Stawał się narzędziem większej siły. Człowiek aktywny działa natychmiast. Z tego względu nie można powiedzieć, że podejmuje decyzje, myśli czy odczuwa. Nie, on działa! Działania są tak spontaniczne, że trudno jest określić ich źródło. Mogą pochodzić od Boga lub od diabła.

Jeśli nie rozpoznasz, jaki typem jesteś, będziesz posuwał się w kierunkach, które nie są dla ciebie właściwe. Poznanie swojego typu umożliwia podjęcie działania w odpowiedni sposób i kontynuowanie rozwoju.

Czasami w obszarze określonego typu zawarte są paradoksy. Tak się dzieje w przypadku typu aktywnego. Ludzie aktywni łatwo przechodzą na przeciwny biegun – od aktywnego działania do relaksu. Gandhi potrafił wspaniale się zrelaksować. Mógł to robić w każdym miejscu. Wygląda to na paradoks. Można by pomyśleć, że typ aktywny jest tak wewnętrznie spięty, że w ogóle nie może się zrelaksować. Tak nie jest. Tylko przedstawiciele typu aktywnego mogą się szybko relaksować. Przedstawiciele typu poznawczego nie mogą tego osiągnąć, a jeszcze większe trudności mają z tym osoby o typie uczuciowym.

Tak więc kryterium pozwalające określić, do jakiego typu należy dana osoba, wiąże się z łatwym przechodzeniem w stan przeciwny. Jeżeli bardzo szybko potrafisz się zrelaksować, należysz do typu aktywnego. Jeżeli łatwo potrafisz uwolnić się od myślenia, należysz do typu poznawczego. Jeżeli potrafisz skutecznie uwalniać się od uczuć, należysz do typu uczuciowego. Brzmi to jak paradoks, ale nim nie jest. To z tego właśnie względu Budda potrafił z taką łatwością wchodzić w stan medytacji. Z tego też względu Gandhi potrafił w krótkim czasie znakomicie się zrelaksować. Kiedy tylko znajdował na to czas, zapadał w drzemkę. Budda wchodził w stan niemyślenia bardzo łatwo, podobnie jak Sokrates. Ci, którzy zanurzają się głęboko w myślenie, zawsze mówią, by dotrzeć do niemyślenia.

Rozpoznasz swój typ, jeśli się zorientujesz, czy możesz przejść na przeciwny biegun. Zwracaj baczną uwagę na te dwie rzeczy. Po pierwsze, w jaki sposób reagujesz na sytuację. Od czego zaczyna się twoja reakcja, co jest punktem wyjścia. Po drugie, zauważ, ku jakiemu biegunowi z łatwością się posuwasz. Czy jest to niemyślenie? Czy jest to nieodczuwanie? Czy jest to niedziałanie? Jeżeli będziesz się bacznie obserwował przez dwadzieścia jeden dni, zorientujesz się, jaki jest twój typ, jakie cechy w tobie dominują.

Dwa pozostałe typy są twoim cieniem, ponieważ nie istnieją typy całkowicie czyste. Wszystkie trzy występują w twojej psychice. Jednak jeden z nich jest ważniejszy niż pozostałe. Skoro zorientujesz się, do jakiego typu należysz, twoja droga stanie się bardzo łatwa i gładka. Nie będziesz tracił energii. Nie będziesz wkraczał na ścieżki, na których twoja energia będzie ulegała rozproszeniu. Kiedy posuwasz się ścieżką zgodną ze swą naturą, nawet popełniony błąd może cię wzbogacić. Dzięki temu będziesz się uczył i dojrzewał, coś zyskasz. Błąd, który popełniasz, posuwając się w zgodzie ze swoim typem, jest dobry.

Czy możesz powiedzieć, jakiego rodzaju techniki czy metody medytacyjne są wskazane dla poszczególnych typów? Wydaje mi się, że jestem bardziej typem uczuciowym. Nie jestem jednak tego całkiem pewna.

Serce ma specyficzną energię, służącą komunikacji. Tą energią, jak się uważa, dysponowało wielu świętych. Najbardziej znaną postacią jest święty Franciszek z Asyżu.

Obecnie prowadzi się badania nad komunikacją poprzez uczucia. Stwierdzono, że rośliny mają o wiele większą wrażliwość niż istoty ludzkie. Wrażliwość ludzi jest ograniczona przez umysł i intelekt. Człowiek zupełnie zapomniał, co to znaczy *odczuwać*. Kiedy nawet mówi: „Czuję", w rzeczywistości oznacza to, że on *myśli*, że czuje.

Ludzie przychodzą do mnie i mówią: „Jesteśmy zakochani". Kiedy nieco ich przycisnę: „Czy naprawdę jesteście zakochani?", wzruszają ramionami i odpowiadają: „Myślimy, że jesteśmy zakochani". Uczucie nie płynie bezpośrednio z serca, pośredniczy w tym głowa. Uczucie filtrowane przez umysł nie jest czyste.

Badania naukowe potwierdzają, że ptaki, rośliny, a nawet metale przejawiają wrażliwość, głęboko odczuwają. Przesyłają informacje, które trudno nam odbierać. Naukowcy stworzyli odpowiednie instrumenty. Kiedy rośliny ogarnia strach, drżą. Jest to bardzo subtelny ruch, oko ludzkie nie jest w stanie go zauważyć. Przyrządy pomiarowe mogą stwierdzić, kiedy rośliny są szczęśliwe, kiedy wchodzą w ekstazę, kiedy doznają bólu, lęku, złości czy wściekłości.

Człowiek został poważne uszkodzony. Utracił kontakt z uczuciami. Spróbuj wyłączyć umysł i zacznij rozmawiać z drzewami, z ptakami, ze zwierzętami. Nie słuchaj podpowiedzi umysłu, że to głupie. Spróbuj bezpośrednio kontaktować się z naturą. Wówczas przejawi się w tobie potężna energia i staniesz się nową istotą.

Ludzie mają trudności z funkcjonowaniem na poziomie uczuć, ponieważ kiedy stajesz się wrażliwy na przyjemność, stajesz się również wrażliwy na ból. Im bardziej potrafisz odczuwać szczęście, tym mocniej możesz odczuwać ból. Obawa przed tym, że możesz poczuć się nieszczęśliwy, zamyka cię. Umysł stwarza barierę izolującą od uczuć. Zamknięcie naturalnego przepływu powoduje, że nie odczuwasz ani bólu (nieszczęścia), ani szczęścia.

Spróbuj mimo to komunikować się za pomocą uczuć. Jest to komunikacja z serca do serca, rodzaj modlitwy. Zacznij do kontaktu z ludźmi, ze swoim dzieckiem. Usiądź spokojnie i zacznij dopuszczać uczucia. Nie kieruj się umysłem. Usiądź z żoną, mężem czy przyjacielem w ciemnym pokoju i podajcie sobie dłonie. Nie róbcie niczego. Po prostu próbujcie siebie odczuwać. Na początku będzie to trudne. Stopniowo rozwinie się w was odmienny sposób funkcjonowania. Zaczniecie *odczuwać*.

Niektórzy ludzie łatwo mogą odzyskać zdolność odczuwania. Ta funkcja jeszcze w nich nie zamarła. Dla innych może to być trudne. Niektórzy ludzie są lepiej połączeni z ciałem, inni z sercem, jeszcze inni z głową. Osoby, które mają dobry kontakt z sercem, mogą szybko zacząć odbierać swoje uczucia.

Ludziom zorientowanym na głowę trudno nawiązać kontakt z uczuciami. Budda Gautama i Mahawira, mistyk dżinijski żyjący mniej więcej w tym samym okresie, byli typami umysłowymi. Z tego powodu nie nauczali modlitwy. Byli ludźmi inteligentnymi, dobrze wykształconymi. Rozwinęli sztukę medytacji, lecz nic nie mówili o modlitwie. W dżinizmie nie istnieje modlitwa. Nie może istnieć. Modlitwa istnieje w islamie oraz w chrześcijaństwie, ponieważ zarówno Mahomet, jak i Budda są osobami połączonymi z sercem. Modlitwa istnieje także w hinduizmie.

Niektórzy ludzie są zorientowani na ciało. Są potencjalnymi hedonistami. Dla nich nie istnieje ani modlitwa, ani medytacja – jedynie dogadzanie ciału. Tylko dzięki temu mogą poczuć się szczęśliwi.

Jeżeli jesteś osobą powiązaną z sercem, jeżeli raczej czujesz, niż myślisz, jeżeli porywają cię muzyka i poezja, jeżeli jesteś wyczulona na piękno otoczenia, wówczas odpowiednie będzie dla ciebie stosowanie modlitwy. W takiej postawie zacznij rozmawiać z ptakami, drzewami i niebem. Nie staraj się nawiązać tego kontaktu za pomocą umysłu, lecz niech to będzie kontakt z serca do serca.

Ludzie kierujący się sercem myślą o Bogu jako o ojcu, jako o kimś ukochanym. Odczuwają energię miłości głęboko wewnątrz serca.

Ludzie tkwiący w głowie śmieją się z tego: „Opowiadasz jakieś głupstwa. Bóg jako ojciec? Gdzie wobec tego jest matka?". Żartują, ponieważ nie mogą zrozumieć prawdziwych uczuć. Dla nich Bóg jest prawdą. Natomiast dla ludzi serca Bóg jest miłością. Dla ludzi zorientowanych na ciało Bogiem jest świat materialny: ich pieniądze, ich dom, ich samochód, ich władza, ich prestiż.

Osoba zorientowana na ciało potrzebuje innego podejścia. W ostatnim czasie na Zachodzie, a szczególnie w Ameryce, rozwinęły się metody dostosowane do potrzeb ludzi zorientowanych na ciało. Te metody koncentrują się na odczuwaniu ciała. Tak oto rodzi się nowy typ duchowości.

W przeszłości istniały dwa rodzaje podejścia duchowego: medytacyjne oraz modlitewne. Ludzie zorientowani na ciało nie mogli wejść na właściwą dla siebie ścieżkę. Twierdzono bowiem, że religia wiąże się albo z modlitwą, albo z medytacją.

Epikurejczycy, hedoniści oraz ateiści twierdzili, że Bóg nie istnieje, że mamy jedynie to ciało oraz to życie. Nie stworzyli żadnej religii.

Powstały nowe metody, które umożliwiają funkcjonowanie w sposób religijny także ludziom zorientowanym na ciało. Dla tego typu ludzi pomocna może być tantra. Jeżeli więc jesteś osobą zorientowaną na ciało, nie rezygnuj. Możesz dotrzeć do swojej wewnętrznej istoty także przez ciało, ponieważ ciało należy do natury.

Jeżeli czujesz, że jesteś zorientowana na serce, próbuj się modlić, a także korzystaj ze środków artystycznego wyrazu. Jeżeli odczuwasz, że jesteś zorientowana na intelekt, próbuj medytować.

Rozwinąłeś nowy rodzaj medytacji przeznaczony dla ludzi współczesnych. Jakiego typu ludziom ten rodzaj medytacji może służyć?

Starałem się opracować metody, które będą korzystne dla wszystkich trzech typów ludzi. Te metody obejmują ćwiczenia dla ciała, serca i inteligencji. Połączyłem te trzy składniki. Dzięki temu ćwiczenia mogą być atrakcyjne dla wszystkich trzech typów ludzi.

Ludziom zorientowanym na ciało ta metoda od razu przypada do gustu. Szczególnie lubią aktywną część ćwiczeń. Taka osoba przychodzi do mnie i mówi: „Aktywne części ćwiczeń są wspaniałe. Kiedy jednak mam stać bez ruchu, niczego nie czuję". Taka osoba czuje się bardzo zdrowa dzięki tym ćwiczeniom, bardziej ugruntowana w ciele.

Dla osoby zorientowanej na serce bardziej istotna jest część, która uwalnia uczucia. Wtedy właśnie serce uwalniane jest od ciężaru. Zaczyna działać w nowy sposób.

Ludzie należący do trzeciego typu, kierujący się inteligencją, cenią sobie najbardziej końcową część ćwiczeń. Wtedy siedzimy lub stoimy spokojnie. W ten sposób medytujemy.

Wszystkie moje medytacje mają ten sam przebieg: ciało, serce, umysł. Rozpoczynają od ciała, następnie przesuwają się ku sercu, a na końcu docierają do umysłu i go przekraczają.

Poprzez ciało możesz połączyć się z życiem, z egzystencją. Możesz pójść nad morze i radować się pływaniem w wodzie. Jesteś po prostu ciałem. Nie zajmujesz się uczuciami ani myśleniem. Kładziesz się na mokrym piasku plaży, czujesz jego fakturę, jego chłód. Możesz też biegać. Właśnie przeczytałem wspaniałą książkę *Zen biegania*. To książka cenna dla ludzi zorientowanych na ciało. Autor twierdzi, że stan medytacji pojawia się samoistnie w czasie biegu. Przekonałem się o tym osobiście – uwielbiałem biegać. Podczas szybkiego biegu myślenie całkowicie ustaje.

Kiedy siedzimy w wygodnym krześle, myśli się nam swobodnie. Z tego powodu myślicieli nazywamy „fotelowymi filozofami". Oni po prostu siedzą i relaksują się w fotelu. Kiedy ciało całkowicie się rozluźnia, cała energia przesuwa się do umysłu. Natomiast kiedy biegniesz, cała energia przesuwa się do ciała. Nie ma wtedy możliwości, by włączały się myśli. Gdy szybko biegniesz, zaczynasz głęboko oddychać. Następują głębokie wydechy. Stajesz się ciałem. W takiej chwili jednoczysz się z wszechświatem, znikają bariery. Owiewa cię powietrze. Wchodzisz w głęboki rytm. Z tego powodu dla ludzi zawsze były atrakcyjne gry oraz ćwiczenia sportowe. Z tego względu dzieci tak bardzo kochają taniec, biegi i skoki. Są po prostu ciałem! Umysł jeszcze się nie rozwinął.

Jeżeli czujesz, że jesteś typem zorientowanym na ciało, bieganie może być dla ciebie wspaniałym doświadczeniem. Każdego dnia spróbuj przebiec cztery lub pięć kilometrów, traktując to jako medytację. To doświadczenie całkowicie cię zmieni.

Jeżeli natomiast odczuwasz, że jesteś osobą zorientowaną na serce, rozmawiaj z ptakami. Próbuj wejść z nimi w głęboki kontakt. Obserwuj! Usiądź w spokoju i czekaj, zachowaj ufność i zapraszaj ptaki, by zbliżyły się do ciebie. One stopniowo zaczną to robić. W jakimś momencie usiądą ci na ramionach. Zaakceptuj to. Rozmawiaj z drzewami, ze skałami. Niech to jednak będzie emocjonalna rozmowa, która płynie z serca. Płacz, szlochaj i śmiej się. Zarówno łzy, jak i śmiech mogą wyrazić modlitwę głębiej niż słowa, pochodzą bowiem z głębi serca. Nie istnieje potrzeba werbalizacji. Obejmij drzewo i odczuwaj, jak się z nim jednoczysz. Wkrótce zaczniesz odczuwać, że soki drzewa krążą nie tylko w nim, lecz także w tobie. Rytm swego serca odczujesz nie tylko w sobie, lecz także w głębi drzewa. Nadejdzie odpowiedź. Trzeba jednak wykonać opisane ćwiczenie, by móc to odczuć.

Jeżeli czujesz, że jesteś osobą należącą do trzeciego typu, wtedy właściwą ścieżką dla ciebie jest medytacja. Wtedy masz usiąść nieruchomo niczym Budda, w pełnym spokoju, i powstrzymać się od wszelkich czynności. Ten spokój ma być tak głęboki, że nawet myślenie będzie wydawać ci się działaniem i musisz je porzucić. Przez kilka dni myśli będą się nadal pojawiać. Jeżeli wytrwasz w siedzeniu i będziesz utrzymywał pozycję obserwatora, a jednocześnie powstrzymasz się od wszelkich osądów, myśli znikną. Będzie to proces stopniowy. Pojawią się przerwy pomiędzy myślami. W tych przerwach pojawią się przebłyski twojej prawdziwej natury. Te przebłyski mogą pochodzić z ciała, z serca czy z umysłu. Występują tu wszystkie możliwości, ponieważ twoja istota zawiera się w wymienionych trzech wymiarach, a nawet je przekracza.

PRZYGLĄDANIE SIĘ OBŁOKOM: Obserwator i obserwowane

Nie osądzaj, ponieważ w momencie gdy zaczynasz osądzać, zapominasz o obserwacji. Kiedy stwierdzasz: „To jest dobra myśl", tracisz przestrzeń obserwacji. Zaczynasz myśleć. To cię angażuje. Nie możesz patrzeć z oddali. Nie angażuj się w chwalenie, ocenianie lub potępianie. Nie staraj się przyjmować określonej postawy wobec tego, co pojawia się w twoim umyśle. Powinieneś patrzeć na swoje myśli jak na obłoki przesuwające się po niebie. Nie oceniasz przecież obłoków – „ta ciemna chmura jest zła", „ta biała chmura wygląda na mędrca". Obłoki są obłokami. Nie są ani dobre, ani złe.

Podobnie jest z myślami. Są to fale, które przepływają przez twój umysł. Obserwuj je bez osądów, a będziesz zaskoczony. Jeżeli ustabilizujesz się na pozycji obserwatora, liczba myśli zacznie się zmniejszać. Jeżeli potrafisz stać się w pięćdziesięciu procentach obserwatorem, połowa twoich myśli zniknie. Jeżeli potrafisz stać się obserwatorem w sześćdziesięciu procentach, tylko czterdzieści procent myśli przejawi się w twojej świadomości. Jeśli zaś w dziewięćdziesięciu dziewięciu procentach staniesz się obserwatorem, z rzadka będzie się pojawiać pojedyncza myśl. Szczytowy ruch przeminął. Droga jest prawie pusta.

Jeśli stajesz się w stu procentach wolny od osądów, jesteś świadkiem. Oznacza to, że stałeś się podobny do lustra. Lustro nigdy nie wydaje sądów. Kiedy brzydka kobieta spogląda w lustro, ono nie osądza jej wyglądu. Jeśli w lustrze przegląda się piękna kobieta, ono także nie reaguje. Nic nie zaburza czystości lustra.

Obserwacja prowadzi do tego, że umysł staje się jak lustro. Jest to istotne osiągnięcie, jakie przynosi medytacja. Znalazłeś się jednak w połowie drogi. Przebyłeś najtrudniejszy jej odcinek. Poznałeś sekretną metodę medytacji. Tę właśnie metodę musisz zastosować w stosunku do innych obiektów.

Przesuń uwagę z obszaru myśli na bardziej subtelne doświadczenia – na emocje, uczucia, nastroje. Przesuń uwagę z umysłu do serca i utrzymaj taką samą postawę: nie osądzaj, pozostań obserwatorem. Zaskoczy cię to, że większość nagromadzonych w sercu emocji, uczuć i nastrojów zacznie znikać.

W twoim obecnym doświadczeniu dzieje się tak, że kiedy odczuwasz smutek, stajesz się owładnięty przez to uczucie. Kiedy odczuwasz gniew, stajesz się wypełniony tym uczuciem. Wszystkie nerwy wibrują gniewem. Kiedy obserwujesz serce, doświadczasz tego, że nic tobą nie włada. Smutek przychodzi i odchodzi. Nie stajesz się smutny. Poczucie szczęścia przychodzi i odchodzi. Nie stajesz się szczęśliwy. Cokolwiek pojawia się na głębokich poziomach twego serca, nie dotyka ciebie. Po raz pierwszy stajesz się mistrzem. Przestałeś być niewolnikiem, popychanym przez siły przypadkowych emocji i uczuć. Nikt nie może cię wyprowadzić ze stanu spokoju jakąś trywialną sprawą.

Mówiłeś o obserwowaniu swoich uczuć niczym obłoków płynących po niebie. Wspominałeś też o tym, by całkowicie wchodzić w doświadczenia. Mogę obserwować obłoki gniewu, smutku czy zazdrości. Kiedy jednak powstają szczęście czy radość, pragnę się z nimi całkowicie połączyć i je wyrazić. Jak mam postąpić? Pozostać w pozycji obserwatora czy też całkowicie połączyć się z określonym nastrojem? Wydaje mi się, że nie mogę robić obu tych rzeczy naraz.

Nikt nie może zrobić tych dwóch rzeczy jednocześnie. Musisz wybrać jedną. Zalecam obserwowanie wszystkiego z jednakowej odległości, zachowanie takiego samego dystansu. Zachowaj pozycję obserwatora wobec smutku, złości, zazdrości, szczęścia, radości, miłości. Zachowaj taki sam dystans.

Twoja uważność, obserwacja musi być całkowita. Możesz utożsamić się ze swoją obserwacją, ponieważ jest to twoja natura. Twoja wewnętrzna natura jest postawą świadka. Jest to przytomna obecność. Dlatego obserwuj wszystko, jakby to były płynące po niebie obłoki.

Rozumiem, na czym polega twoja trudność. Chcesz się utożsamić z miłością, ze szczęściem. Nie chcesz natomiast utożsamiać się ze smutkiem, z cierpieniem. Jednak taki wybór stoi w sprzeczności z naturą. Jeżeli chcesz wyjść poza umysł i wszystkie uczucia, jeżeli chcesz wyjść poza dualizm, musisz nauczyć się jednakowo traktować te zjawiska. Nie możesz dokonywać wyborów. Jeżeli wybierasz, nie będziesz w stanie dostrzec nawet tych zjawisk, które pragniesz dostrzec. Tak więc najważniejszą sprawą jest pozostanie na pozycji obserwatora.

Na początku trudno obserwować zjawiska, które są tak słodkie, tak piękne, ponieważ obserwacja oddala cię od każdego doświadczenia. Zjawiska przepływają niczym obłoki. Nie powinieneś się do nich przywiązywać. Dotąd postępowałeś w ten właśnie sposób. Przywiązywałeś się do tego, co uważałeś za dobre. Próbowałeś unikać tego, co wydawało ci się złe i bolesne. Posuwając się jednak tą ścieżką, popadałeś w zamieszanie. Nie mogłeś osiągnąć pozytywnych rezultatów. Najlepszą metodą jest całkowita obserwacja. Jeżeli jest to dla ciebie trudne, istnieje pewna alternatywa – bardziej skomplikowana, trudniejsza. Polega ona na utożsamianiu się z każdym przepływającym obłokiem. Jeśli pojawia się nieszczęście, bądź całkowicie nieszczęśliwy. Nie wycofuj się. Podążaj za tym uczuciem aż do końca. Kiedy jesteś zły, poddaj się temu uczuciu i również podążaj za nim. Jeżeli nadejdzie chmura szaleństwa, stań się szalony. Niczego nie unikaj. Cokolwiek do ciebie przyjdzie, pozostań z tym zjawiskiem dopóty, dopóki spontanicznie nie zniknie.

Jeżeli lubisz wyzwania, możesz utożsamiać się ze wszystkim. Nie czyń wtedy różnic między zjawiskami, z którymi chcesz się identyfikować. W ciągu tygodnia możesz zakończyć ten proces. Tydzień wystarczy, ponieważ przez nasz umysł przepływa ogromna ilość zjawisk. Posuwając się ścieżką identyfikacji, staniesz się zmęczony, wyczerpany. Jeżeli to przeżyjesz, ponownie się spotkamy... Jeśli zaś nie, żegnaj!

Jest to niebezpieczna ścieżka. Nie słyszałem o nikim, kto by na niej wytrwał i przeżył ten proces. Wiecie dobrze, jakiego typu myśli pojawiają się w waszej głowie. Czasami czujecie się tak, jakbyście chcieli szczekać. Wtedy wejdźcie w to. Szczekajcie jak pies. Nie zwracajcie uwagi na to, co myśli o tym otoczenie. Wybraliście swoją ścieżkę. Jesteście wolnymi ludźmi... Być może całkowicie wolnymi. Oświecenie i uwolnienie od ciała następują jednocześnie! Jednak to trochę niebezpieczne.

Ludzie mogą cię powstrzymywać, ponieważ trudno przewidzieć, co pojawi się w twoim umyśle. Mogą cię powstrzymywać bliskie ci osoby – twoi przyjaciele, twoja rodzina, twoja żona, twój mąż. Wielu ludzi zostaje – w trosce o bezpieczeństwo – siłą skierowanych przez rodziny na oddziały dla psychicznie chorych. Takie rzeczy zdarzają się wszędzie.

W mojej miejscowości mieszkała bogata rodzina. Jeden z jej członków został zamknięty w piwnicy. Mieszkańcy zauważyli, że ten człowiek zniknął. Mijały jednak lata i ludzie stopniowo zapomnieli. O tej sprawie dowiedziałem się przypadkiem, ponieważ jeden z moich uczniów był synem uwięzionego. Ten uczeń odwiedzał mnie często. Pewnego dnia zapytałem go wprost: „Nigdy nie widziałem twego ojca". Posmutniał i odpowiedział: „Nie będę kłamał. To, co się stało z moim ojcem, leży ciężarem na moim sercu. Moja rodzina jest najbogatsza w tej miejscowości. Jej członkowie nie chcą, by wyszło na jaw to, co uczynili z moim ojcem. Zbili go. Uwięzili w piwnicy jak dzikie zwierzę. On płacze, krzyczy, skamle, lecz nikt tego nie słucha. Nikt się do niego nie zbliża. Pożywienie podają mu przez otwór w suficie. Nikt nie chce nawet na niego spojrzeć". „Cóż on takiego zrobił?" – zapytałem. Uczeń odpowiedział: „Nic szczególnego. Był po prostu chory umysłowo. Robił coś, co nie było normalne. Na przykład chodził nago na targ".

Zauważ: ojciec nie wyrządzał nikomu żadnej szkody. Po prostu chodził nago na targ. Jednak dla rodziny był to wystarczający powód, aby uwięzić go w piwnicy. W zamknięciu coraz bardziej odchodzi od zmysłów. To mu w żaden sposób nie mogło pomóc, nie była to żadna kuracja.

Tak więc jeżeli chcesz identyfikować się ze wszystkimi swoimi pomysłami, powinieneś sprawę wcześniej przemyśleć. Co ludzie o tym pomyślą? W jaki sposób zachowają się wobec ciebie? Z drugiej strony faktem jest, że można pozbyć się wszelkich emocji dzięki procesowi identyfikacji, w którym nie czynimy żadnych wyborów.

W przypadku obu metod (obserwacji i identyfikacji) zasada jest taka sama. Powstrzymujemy się od dokonywania jakiegokolwiek wyboru w stosunku do zjawisk pojawiających się w naszym umyśle. W metodzie obserwacji zupełnie się z nimi nie identyfikujemy, w metodzie identyfikacji stajemy się jednym z nimi. Pierwsza metoda jest bezpieczniejsza. Pozostań bezstronnym obserwatorem. Nie wybieraj tego, co wydaje ci się dobre. Nie odrzucaj tego, co wydaje ci się złe. Nic nie jest dobre. Nic nie jest złe. Jedynie przyjęcie pozycji obserwatora jest dobre. Rezygnacja z tej pozycji jest zła.

– Panie doktorze – powiedziała gospodyni domowa. – Przychodzę do pana w sprawie swego męża. Jesteśmy małżeństwem ponad dwadzieścia pięć lat. Był on dobrym mężem, szczęśliwym, zadowolonym i bardzo mi oddanym. Od dnia, gdy przyszedł do pana, aby zasięgnąć porady w sprawie bólu głowy, stał się innym człowiekiem. Nie spędza wieczorów w domu, nie zabiera mnie do miasta, nie kupuje mi prezentów ani też nie daje pieniędzy. Co gorsza, nigdy nawet na mnie nie patrzy. Wydaje się, że pana leczenie zmieniło całkowicie jego osobowość.

– Leczenie? – odpowiedział lekarz. – Jedyne, co zrobiłem, to dałem mu receptę na okulary.

Nawet para okularów może dramatycznie zmienić całą twoją osobowość, całe zachowanie. Natomiast próba identyfikacji ze wszelkimi zjawiskami, które pojawiają się w umyśle, to o wiele potężniejsze narzędzie. Zewsząd mogą pojawić się trudności. Lepiej wybrać bezpieczniejszą drogę. Wszystkie przebudzone osoby wybrały tę ścieżkę. Z pewnością jest to najbardziej zdrowa metoda medytacji.

Czasami po momentach klarowności i przejrzystości umysłu powracają starzy znajomi: gniew, zazdrość, furia. Powracają z jeszcze większą siłą, jakby czyhały za rogiem, by znów zaatakować. Czy możesz coś powiedzieć na ten temat?

Mogę powiedzieć coś na temat gniewu, zazdrości i furii, lecz te uczucia ciągle będą czyhały za rogiem. Powiedzenie czegoś na ten temat nie spowoduje, że one zanikną. Nie dysponując odpowiednią wiedzą, karmisz te uczucia. Jeżeli nie posiądziesz wiedzy, próba uwolnienia się od tych uczuć będzie powierzchowna.

Nie czynisz tego, o czym ciągle przypominam. Postępujesz wręcz odwrotnie. Po prostu walczysz z ciemnością, zamiast wnieść tam światło. Możesz tak postępować bardzo długo, lecz w ten sposób nie odniesiesz zwycięstwa. Nie oznacza to wcale, że jesteś słabszy od sił ciemności. Oznacza to raczej, że twoje działania nie są skuteczne.

Ciemność jest spowodowana nieobecnością światła. Nie możesz się z nią bezpośrednio mierzyć. Po prostu wnieś do niej światło. Nie oznacza to, że kiedy wniesiesz światło, ciemność zacznie uciekać drzwiami i oknami. Ciemność jest nieobecnością światła. Kiedy światło pojawia się i staje obecne, likwiduje ciemność. Ciemność nie ma niezależnej egzystencji.

Klarowność i przejrzystość umysłu, których doświadczasz, są chwilowymi stanami. Jeżeli wniesiesz świecę do ciemnego pomieszczenia, po czym ją zdmuchniesz, ciemność powróci. Płomień twojej świadomości musi nieustannie płonąć. Wtedy nie pojawi się ciemność.

Uczucia, o których myślisz, że są bardzo niebezpieczne, wcale takie nie są. Weźmy pod uwagę uczucia, które prowadzą do przemocy. Przemoc się pojawia, ponieważ nie rozwinąłeś w sobie potencjału miłości. Przemoc jest równoznaczna z nieobecnością miłości. Ludzie robią głupie rzeczy. Starają się pozbyć przemocy, tłumiąc ją.

Czynią potężne wysiłki w tym kierunku. Posuwasz się w niewłaściwą stronę. Przemoc jest zjawiskiem negatywnym. Próbujesz się uwolnić od przemocy, niszcząc ją. Radziłbym ci jednak zapomnieć o przemocy. Jest ona związana z nieobecnością miłości. Stań się otwarty na miłość. Całą energię, którą wkładasz w tłumienie przemocy, skieruj na rozwijanie miłości.

Mahawira oraz Budda Gautama użyli określenia *powstrzymanie się od przemocy*. Nie użyli słowa „miłość", ponieważ uważali, że kojarzy się ono ludziom wyłącznie z aktem biologicznym. Chcieli uniknąć nieporozumienia i z tego powodu zastosowali termin negatywny *powstrzymanie się od przemocy*. Ten krok przyczynił się jednak do kolejnych nieporozumień. Ludzie przestali zwracać uwagę na rozwijanie miłości. Zaczęli zmierzać do powstrzymania się od przemocy. Większość tych osób zamarła wewnętrznie. Ich inteligencja i świadomość nie rozwijają się. W ten właśnie sposób pomyłkowe użycie słów dwa tysiące pięćset lat temu przyczyniło się do cierpień tysięcy ludzi.

Ważne jest, abyście zrozumieli, że miłość jest zjawiskiem pozytywnym. Nie oznacza ona jedynie miłości biologicznej, seksualnej. Zapewne to rozumiecie. Możecie kochać swoją matkę, swego brata, swego przyjaciela. Nie ma w tym odniesień seksualnych. Możecie kochać kwiat. Czy jest w tym zawarty pierwiastek seksualny? Podobnie możecie pokochać księżyc, muzykę, poezję, rzeźbę. Czy istnieje w tym zaangażowanie seksualne? Podaję przykłady z życia, by wykazać, że miłość ma wiele wymiarów.

Zamiast więc skupiać się na momentach przejrzystości i klarowności umysłu, rozwijaj w sobie uczucie miłości. Kochaj drzewa, kochaj kwiaty, kochaj muzykę, kochaj ludzi. Pozwól, by miłość we wszelkich formach wypełniła twoje życie, a wtedy przemoc po prostu zniknie. Osoba, która naprawdę kocha, nikogo nie zrani. Nie będzie też stosowała przemocy.

Zachęcam cię, abyś rozwijał bardziej medytacyjną postawę, abyś stał się bardziej świadomy siebie samego. Kiedy twój wewnętrzny świat się uspokoi, miłość popłynie spontanicznie.

Ludzie doświadczają przemocy, zazdrości, cierpienia, lęku. Istnieje tylko jedno lekarstwo na te wszystkie choroby. Jest nim medytacja. Chcę zwrócić uwagę na fakt, że słowa „medycyna" i „medytacja" mają ten sam źródłosłów. „Medycyna" oznacza metodę leczenia ciała, „medytacja" zaś metodę leczenia duszy. Medytacja to lekarstwo, które działa skutecznie w stosunku do różnych stanów mentalnych.

Pewien człowiek sprzedawał wazelinę. Najpierw rozdawał ludziom próbki, a potem wracał, by się przekonać, czy chcą dokonać zakupu. Ciekaw był też, do czego poszczególne osoby zastosowały ten produkt.

Człowiek mieszkający w pierwszym domu, zasobny dżentelmen, powiedział:

– Zastosowałem wazelinę jako lekarstwo. Kiedy dzieci zadrapały sobie łokieć lub kolano, smarowałem skaleczenia wazeliną.

Mieszkaniec drugiego domu powiedział:

– Zastosowałem wazelinę do moich urządzeń mechanicznych. Posmarowałem nią części roweru i kosiarki do trawy.

Mieszkaniec trzeciego domu, niechlujny, nieogolony robotnik, powiedział:

– Zastosowałem wazelinę w celach seksualnych.

Zaskoczony sprzedawca zapytał:

– Co masz na myśli?

– Posmarowałem wazeliną klamkę swojej sypialni, aby dzieci nie mogły wejść do środka!

Możesz dać wielu osobom tę samą rzecz, a użyją jej w odmienny sposób. Zależy to od ich wewnętrznego nastawienia, często nieświadomego. Jeżeli jednak są to osoby świadome, zastosują tę rzecz w ten sam sposób.

Pewien chrześcijański misjonarz przebywał w Japonii. Poszedł do wielkiego mistrza Nan-Ina z księgą Nowego Testamentu. Był przekonany, że po wysłuchaniu wspaniałych nauk Jezusa, szczególnie Kazania na Górze, Nan-In przyjmie chrześcijaństwo.

Misjonarz został przyjęty z wielką miłością. Stanąwszy przed mistrzem, powiedział:

– Przyszedłem ze świętą księgą i chciałem przeczytać ci z niej kilka zdań... Być może zmienią one twoje życie.

Nan-In odpowiedział:

– Przyszedłeś trochę za późno, ponieważ już przeszedłem głęboką przemianę i stałem się innym człowiekiem. Jednak ty przebyłeś długą drogę, by tu dotrzeć. Możesz przeczytać przynajmniej kilka zdań.

Misjonarz zaczął czytać. Zaraz po drugim czy trzecim zdaniu Nan-In powiedział:

– Ktokolwiek wypowiedział te zdania, stanie się buddą w przyszłym życiu.

Misjonarz był całkowicie zaskoczony tym stwierdzeniem. Odpowiedział:

– Ależ on jest Synem Bożym!

Nan-In roześmiał się i odrzekł:

– Na tym właśnie polega problem. To go powstrzymuje od stania się buddą. Jeżeli nie zrezygnuje z tych bezsensownych pomysłów, nigdy nie rozwinie swego potencjału. W jego wypowiedziach są wspaniałe idee, lecz zdarzają się też głupie. Bóg nie istnieje. Nie powstaje więc kwestia istnienia jedynego syna. Nie martw się. W przyszłym życiu Jezus zrezygnuje z tego pomysłu. Wydaje się, że jest człowiekiem inteligentnym i już wystarczająco się nacierpiał z powodu niektórych głupich pomysłów. Został ukrzyżowany. To była wystarczająca kara. Nie musisz się jednak przywiązywać do głupich aspektów jego stwierdzeń.

Misjonarz odparł:

– Są to fundamenty naszej religii. Jezus jest jedynym Synem Boga. Istnieje Bóg, który stworzył świat. Jezus zaś narodził się z dziewicy.

Nan-In roześmiał się i powiedział:

– Biedny człowiek. Jeżeli odrzuci niektóre fikcyjne pomysły, stanie się buddą. Jeżeli go napotkasz, przyprowadź go do mnie, a wtedy wskażę mu jego pomyłki. Nie ma potrzeby, by go krzyżować. On potrzebuje jedynie kogoś, kto wprowadziłby go w tajniki medytacji.

Medytacja stanowi prawdopodobnie najlepsze narzędzie służące rozwiązywaniu naszych problemów. Walka z problemami może nam zająć całe życie, a jednak możemy się od nich nie uwolnić. Będą czaiły się „gdzieś za rogiem", a ich siła może rosnąć. Medytacja nie jest nakierowana na przemoc, zazdrość czy nienawiść. Po prostu wnosi do twego domu światło, a wówczas ciemność znika.

Czasami potrafię obserwować gniew, ból i frustrację. W takich chwilach nadchodzi śmiech. Nie mogę tych uczuć zrozumieć. Czy możesz powiedzieć, jak mogę się do tego odnieść?

Śmiech jest zjawiskiem wyjątkowym. Złość, frustracja, obawa, smutek to stany negatywne i w związku z tym nigdy nie mogą być całkowite. Żadna negatywna emocja nie może być całkowita. Aby zaistniała pełnia, potrzebna jest pozytywna energia. Śmiech jest zjawiskiem pozytywnym, pełnym. Dlatego uważam go za wyjątkowy.

Trudno być świadomym śmiechu. Przede wszystkim śmiech nadchodzi nagle. Chyba że urodziłeś się w Anglii… Tam śmiech nigdy nie nadchodzi nagle. Powiada się, że jeżeli opowiesz Anglikowi dowcip, śmieje się dwa razy. Raz robi to z grzeczności. Nie zrozumiał, lecz śmieje się, ponieważ tak wypada. Nie chce zranić twoich uczuć. Potem w środku nocy dociera do niego, o co chodził w dowcipie… A wtedy wybucha śmiechem, prawdziwym, drugi raz.

Różne narody zachowują się w charakterystyczny dla siebie sposób. Niemcy śmieją się tylko wtedy, kiedy widzą, że robią to inni. Przyłączają się, żeby się nie wyróżniać. Ktoś mógłby pomyśleć, że nie zrozumieli dowcipu. Nie pytają też o powód śmiechu, gdyż wtedy mogliby obnażyć swoją ignorancję.

Jeżeli opowiesz dowcip Żydowi, nie będzie się śmiał, lecz podsumuje: „To stary kawał. I źle go opowiedziałeś!". Żydzi są najbardziej biegli w sztuce opowiadania dowcipów. Większość dowcipów pochodzi właśnie z kultury żydowskiej. Dlatego nigdy nie opowiadaj dowcipu Żydowi.

Oczywiście śmiech nadchodzi gwałtownie jak błyskawica. W jaki sposób żart działa na człowieka? Co powoduje, że ludzie się śmieją? Słuchanie dowcipu pobudza w tobie pewną energię. W miarę słuchania narasta zainteresowanie tym, jak dowcip się zakończy. Oczekujesz, że zakończenie będzie miało jakiś logiczny sens. Takie jest nastawienie umysłu. Dowcip natomiast nie kieruje się prawami logiki. Nadchodzi zakończenie, które jest nielogiczne, dziwne, lecz zaskakuje swoją trafnością. Energia, która się w tobie zbierała, nagle wybucha w postaci śmiechu. Niezależnie od rodzaju dowcipu proces przebiega podobnie.

W przykościelnej szkółce nauczycielka uczyła religii. Wykładała całą godzinę. Potem miała zadać pytanie. Dla osoby, która udzieli trafnej odpowiedzi, przygotowała nagrodę: piękną figurkę. Mówiła chłopcom i dziewczynkom o Jezusie Chrystusie, przytaczała historie z jego życia, opowiedziała o ukrzyżowaniu, o religii, którą stworzył. Dodała, że Chrystus ma największą liczbę wyznawców. W końcu powiedziała:

– Chcę się od was dowiedzieć, kto jest największym na świecie człowiekiem.

Mały Amerykanin wstał i powiedział:

– Abraham Lincoln.

Nauczycielka na to:

– To dobra odpowiedź, ale niewystarczająca. Usiądź.

Następnie podniosła rękę dziewczynka z Indii:

– Mahatma Gandhi – powiedziała.

Nauczycielka poczuła frustrację. Przecież poświęciła na wykład całą godzinę! Podsumowała:

– To dobra odpowiedź, ale niewystarczająca.

Wtedy chłopiec w tylnej ławce zaczął gorączkowo wymachiwać ręką. Nauczycielka zwróciła się do niego:

– Czy może wiesz, kto jest największym na świecie człowiekiem?

– Bez żadnych wątpliwości, Jezus Chrystus – odpowiedział chłopiec.

Nauczycielka poczuła się zaskoczona, ponieważ ten chłopiec był Żydem. Dała mu jednak nagrodę. Kiedy wszyscy uczniowie wyszli z klasy, wzięła chłopca na bok i spytała:

– Czy nie jesteś Żydem?

– Tak, jestem.

– Dlaczego więc odpowiedziałeś, że Chrystus?

– W głębi serca wiem, że największym człowiekiem na świecie jest Mojżesz, ale biznes to biznes!

Żart kończy się sekwencją, której nie można przewidzieć logicznie. Wtedy nagromadzona energia przemienia się w eksplozję śmiechu.

Na początku, śmiejąc się, trudno utrzymać świadomość. Da się jednak tego nauczyć, choć zabiera to trochę czasu. Nie staraj się napinać, ponieważ nie będziesz w stanie się śmiać. Na tym polega kłopot. Jeśli bardzo się starasz, by zachować świadomość, nie możesz doznać energii śmiechu. Po prostu pozostań zrelaksowany. Śmiech nadejdzie jak fala oceanu. Spokojnie go obserwuj.

Śmiech jest wspaniałym zjawiskiem. Nie powinno się o nim zapominać. Jednak nasza kultura ma inne nastawienie. Nie istnieją obrazy, które przedstawiałyby śmiejącego się Jezusa Chrystusa, Buddę Gautamę czy Sokratesa. Każdy z tych ludzi jest bardzo poważny.

Z mojego punktu widzenia powaga to coś chorobliwego. Poczucie humoru czyni cię bardziej ludzkim, bardziej pokornym. Poczucie humoru jest, moim zdaniem, zasadniczym składnikiem postawy religijnej. Osoba religijna, która nie potrafi się serdecznie śmiać, nie jest w pełni religijna. Czegoś jej brakuje.

Ty musisz się posuwać jak po ostrzu noża. Musisz całkowicie dopuścić do siebie śmiech. Najpierw zwróć na niego uwagę i daj sobie na niego pełne przyzwolenie. Następnie obserwuj. Być może śmiech pojawi się nieoczekiwanie. Z czasem staniesz się całkowicie świadomy swojego śmiechu i całkowicie z nim zintegrowany.

Zwierzęta się nie śmieją. Śmieją się tylko ludzie, i to ci inteligentni. To dzięki inteligencji możemy dostrzec, że niektóre sytuacje są zabawne. W otaczającym nas świecie jest ich wiele. Życie jest radosne. Musicie wyostrzyć wasze poczucie humoru. Pamiętajcie, by posuwać się powoli. Nie należy się spieszyć. Nie zaburzajcie swego śmiechu. Utrzymanie świadomości podczas pełnego śmiechu jest dużym osiągnięciem.

Wydaje mi się, że gdyby Jezus potrafił się śmiać, chrześcijaństwo nie byłoby tak nabrzmiałe cierpieniem. Jeżeli Budda Gautama potrafiłby się śmiać, wówczas miliony buddyjskich mnichów mogłyby się zmienić. Mnisi przestaliby być tacy smutni, znużeni, pozbawieni życia. Buddyzm rozprzestrzenił się w całej Azji i uczynił ją poważną. Nieprzypadkowo szaty buddyjskich mnichów mają blade kolory. Są to barwy związane ze śmiercią. Kiedy nadchodzi jesień, liście opadają z drzew. Ich kolory stopniowo bledną. Drzewa stają się nagie. Widoczne są tylko gałęzie. Blednięcie jest charakterystyczne dla procesu umierania. Kiedy człowiek umiera, jego twarz staje się blada. W istocie nie różnimy się od drzew. W obu przypadkach proces przebiega w taki sam sposób. Buddyzm pokrył Azję smutkiem. Szukałem żartów pochodzących z Indii, lecz nie znalazłem żadnego. Żyją tam ludzie poważni... Ciągle rozmawiają o Bogu, niebie, piekle i reinkarnacji, filozofii karmy. W tym kontekście nie mieszczą się żarty!

Kiedy zacząłem wygłaszać publiczne mowy, poruszałem w nich temat medytacji. Przytaczałem także dowcipy. Pewnego razu przyszli do mnie dżinijski (czy też buddyjski) mnich oraz hinduski kapłan i powiedzieli: „Tak pięknie opowiadasz o medytacji. Dlaczego jednak przytaczasz te dowcipy? Psujesz tym wszystko. Ludzie zaczynają się śmiać. Na początku słuchają twoich słów z powagą, a potem ty wszystko niweczysz. Przez pół godziny coś poważnie wyjaśniasz, potem opowiadasz dowcip i niszczysz całą swoją pracę! Dlaczego w miejscach publicznych opowiadasz dowcipy? Budda nigdy nie żartował, podobnie jak Kryszna". Nie jestem Buddą ani Kryszną. Nie jestem zainteresowany tym, by być poważnym. Ponieważ oni traktowali sprawy poważnie, ja muszę opowiadać dowcipy. Nie chcę, by ludzie stawali się poważni. Pragnę, by byli radośni. Życie powinno zawierać w sobie więcej śmiechu niż powagi.

Medytacje
oraz ćwiczenia transformujące

OD WYDAWCY

Osho zaleca, by każdą formę medytacji czy ćwiczeń praktykować eksperymentalnie przez trzy dni. W tym czasie możesz się zorientować, czy ta metoda ci pasuje. Jeśli nie zauważasz żadnych zmian lub też metoda ci nie odpowiada, próbuj innej. Na początku trudno rozpoznać, co naprawdę służy konkretnej osobie. Możesz być teoretycznie przekonany, że dana metoda jest dla ciebie dobra, a w praktyce okaże się, że to pomyłka. Możesz też stosować wiele uników i racjonalizacji, by nie sięgnąć po metodę, która jest ci najbardziej pomocna!

Wszystkie metody zaprezentowane w tym rozdziale mają charakter propozycji. Potraktuj je jak interesującą zabawę i odkryj to, co jest dla ciebie najlepsze.

W tej książce bardzo często mówi się o medytacji. Aktywna Medytacja stworzona przez Osho zawiera techniki przeznaczone specjalnie dla współczesnego człowieka; dla mężczyzn i kobiet żyjących w szybko zmieniającym się otoczeniu, w dużym stresie.

Te medytacje zostały przygotowane w sposób naukowy, mają pomóc w osiągnięciu samoświadomości. Następnie staje się możliwe rozpuszczenie emocjonalnych i fizycznych bloków, co daje dostęp do obszaru medytacji. Cztery podstawowe techniki opisano na końcu tego rozdziału. Podajemy tam bardziej szczegółowe informacje, a także wskazujemy na źródła, z których można zaczerpnąć więcej wiedzy na ten temat. Poniżej przytaczamy wypowiedź Osho, która wyjaśnia sens opisanych technik medytacji.

Moje techniki zasadniczo są powiązane ze zjawiskiem *katharsis*, emocjonalnego uwolnienia. Cokolwiek jest ukryte w twoim wnętrzu, powinno zostać uwolnione. Nie idź ścieżką tłumienia. Zamiast tego użyj ekspresji. Nie potępiaj siebie. Zaakceptuj to, kim jesteś. Każdy rodzaj potępienia powoduje wewnętrzne podziały.

Może to zakrawać na paradoks, lecz osoby, które tłumią swoją nerwicę, stają się coraz bardziej neurotyczne. Natomiast te, które świadomie wyrażają zablokowane energie, są w stanie pozbyć się ich. Zanim nie pozwolisz sobie świadomie stać się osobą szaloną, nigdy nie staniesz się zdrowy. R.D. Laing ma rację. On jest na Zachodzie jedną z najbardziej uwrażliwionych na te tematy osób. Powiada: „Pozwól sobie stać się szalonym". W jakimś zakresie każdy człowiek jest szalony. Zachęcam cię po prostu, abyś się stał tego świadomy.

Tradycyjne podejścia lansują odmienny punkt widzenia: „Musisz tłumić uczucia; nie pozwalaj sobie na ich ujawnienie, bo wtedy staniesz się szalony". Uczucia zatrzymywane we wnętrzu mogą stać się trujące. Pozwól im swobodnie wyjść na zewnątrz. Uwolnij je! Całkowicie wyrzuć z organizmu.

Ekspresja uczuć jest naprawdę moralna. Ma ona prowadzić do *katharsis*. Zbliżać się do niego trzeba w systematyczny, zdyscyplinowany sposób. Osiągamy wówczas świadome szaleństwo. Musisz zrobić dwie rzeczy: pozostań świadomy tego, co robisz, a następnie uwolnij stłumienia. To pewien rodzaj dyscypliny, którego trzeba się nauczyć: bycia świadomym i wolnym od tłumienia; inaczej mówiąc – wolnym i pełnym ekspresji.

ABC OBSERWACJI

Na drodze ku staniu się świadomym występują przeszkody. Powinna o tym wiedzieć każda osoba, która ma zamiar podążać tą ścieżką. W rzeczywistości każdy staje się świadomy, kiedy czynność już się zakończyła. Byłeś zły, uderzyłeś żonę. Byłaś zła, rzuciłaś poduszką w męża. Trochę później, kiedy emocje opadły, pojawiła się świadomość tego, co zaszło. Ale już za późno. To się już stało. Nie można tego cofnąć.

Należy stać się świadomym, kiedy zachodzi samo działanie. Wpadasz w gniew. Złość jak dym zbiera się w twoim wnętrzu. Wydaje się niemożliwe, by pozostać świadomym w obliczu tej zagęszczonej energii. Jednak można to zrobić. Trochę treningu, a zaczniesz czynić postępy. Na początku stwierdzisz, że stajesz się świadomy, kiedy gniew już przeminął i sytuacja się wyjaśniła. Potrzebowałeś na to piętnastu minut. Próbuj zachować uważność, a uda ci się osiągnąć spokojną świadomość po upływie pięciu minut od zdarzenia. Spróbuj jeszcze trochę, a staniesz się świadomy prawie natychmiast po zakończeniu zdarzenia. Próbuj jeszcze trochę, a staniesz się świadomy w momencie, kiedy gniew zanika. Spróbuj jeszcze trochę, a staniesz się świadomy dokładnie w trakcie działania. W ten sposób wykonałeś pierwszy krok. Stałeś się świadomy w trakcie działania.

Następnie drugi krok. Jest jeszcze trudniejszy. Polega na tym, by przed wykonaniem działania uchwycić myśl, która jest jego zaczynem. Myśl jest obecna w umyśle w postaci zarodkowej. W każdej chwili może przekształcić się w działanie. W tym procesie potrzebna jest bardziej wysubtelniona świadomość. Uderzyłeś kogoś. To działanie zewnętrzne, „gruby" akt. Mogłeś stać się świadom tego, że uderzasz, już w momencie działania. Sama myśl o uderzeniu jest o wiele bardziej subtelna – trzeba umieć ją wychwycić. Tysiące myśli wędrują przez umysł. Czy je zauważamy? To nieustanny ruch. Większość z tych myśli nigdy nie wyraża się w działaniu.

Na tym polega różnica pomiędzy „grzechem" a „zbrodnią". Ze zbrodnią mamy do czynienia wtedy, kiedy pewna myśl przechodzi w czyn. Żaden sąd nie może cię ukarać za myśli. Możesz myśleć o zabiciu jakiejś osoby, możesz o tym marzyć, a nawet cieszyć się tym, lecz nie będziesz z tego powodu podlegać wymiarowi sprawiedliwości. Jeżeli dokonasz czynu, dopiero wtedy staniesz przed sądem. Religia jednak sięga głębiej niż prawo. Religia twierdzi, że grzech pojawia się razem z określoną myślą. Nie ma znaczenia, czy ta myśl doprowadziła do czynu, czy też nie. Dokonałeś morderstwa w swoim wewnętrznym świecie. Ten czyn cię dotknął i splamił.

Druga trudność wiąże się z postrzeganiem myśli, która się w tobie pojawia. Myśl jest dostatecznie wyraźna, by mogła być postrzegana. Należy po prostu podjąć praktykę.

Usiądź spokojnie i obserwuj swoje myśli. Zauważysz poszczególne elementy procesu: jak myśl powstaje w świadomości i jak odchodzi. Myśl jest jak gość, który odchodzi we właściwym czasie. Wiele myśli przychodzi i odchodzi. Jesteś gospodarzem terytorium, na którym się one pojawiają. Obserwuj.

Zaczynaj od prostych myśli. Usiądź w ogrodzie, zamknij oczy, obserwuj napływające myśli. U sąsiadów zaszczekał pies i od razu następuje ruch myśli. Przypominasz sobie psa, którego miałeś w dzieciństwie, którego kochałeś. Potem ten pies zdechł. Przypominasz sobie, że cierpiałeś. Następnie zapominasz o psie, a koncentrujesz się na śmierci. Przypomina ci się śmierć matki... Potem przypominasz sobie ojca... Tak się właśnie toczą myśli. Cały proces zainicjowało szczekanie psa. Pies sąsiadów nie był nawet świadom twojej obecności, a jednak jego szczekanie przywołało wiele myśli.

Obserwuj, jak powstają te proste ciągi myśli. Następnie próbuj zastosować obserwację w stosunku do bardziej złożonych sytuacji, gdy jesteś zły, gdy odczuwasz pożądanie czy zazdrość.

Trzecia trudność łączy się z zauważeniem uczucia, zanim przekształci się ono w myśl.

Zależność wygląda następująco: najpierw pojawia się uczucie, potem napływa myśl, wreszcie następuje działanie.

Możesz nie uświadamiać sobie faktu, że każda myśl jest stwarzana przez określone uczucie. Uczucie zostaje przekształcone w myśl.

Naprawdę nie wiesz, dlatego czasami odczuwasz dyskomfort. Podobnie czasami odczuwasz smutek. Nie ma żadnych myśli, które mogłyby wywoływać te stany. Uczucie kiełkuje z głębin świadomości.

Jeżeli będziesz musiał uświadomić sobie swoje myśli, wówczas będziesz też potrafił rozpoznawać uczucia. Od naszej istoty najbardziej odległe są działania, potem idą myśli, a na końcu uczucia. Nasza istota ma charakter uniwersalny. Jest ona celem wszelkich wysiłków medytacji. Należy przekroczyć trzy rodzaje przeszkód: działanie, myślenie oraz odczuwanie.

Znajdź właściwy czas i miejsce. Każdego dnia przynajmniej jedną godzinę spędzaj na obserwowaniu procesów wewnętrznych.

Na początku wyniki tej obserwacji będą cię zasmucać. Będziesz widział ciemność, rzeczy nieprzyjemne, ciemną otchłań. Będziesz odczuwał cierpienie.

Jeżeli będziesz praktykował wytrwale, nadejdzie dzień, gdy całe cierpienie zniknie. Pojawi się ekstaza.

Zacznij od drobnych doświadczeń. Kiedy idziesz na poranny spacer, ciesz się ruchem, ptakami siedzącymi na drzewach, promieniami słońca. A jednocześnie pamiętaj, że nie jesteś tym, który spaceruje, lecz obserwatorem. Stopniowo zaczniesz to rozpoznawać. Potrzebna jest cierpliwość.

Jedz, smakuj pożywienie, a jednocześnie pamiętaj, że jesteś obserwatorem.

Na początku może być to trudne, musisz bowiem robić dwie rzeczy jednocześnie. Zaczynasz jeść i przestajesz obserwować. Może być też tak, że gdy zaczynasz obserwować, przestajesz jeść. W chwili obecnej nasza świadomość działa jednokierunkowo, skupia się na przedmiocie. Może stać się jednak dwukierunkowa.

Będziesz w stanie jeść i obserwować. Możesz się uwolnić, pozostawać w swoim centrum i obserwować, jak wokół szaleje burza.

TRANSFORMACJA LĘKU

Lęk ma własne piękno, delikatność i urok. Lęk niesie w sobie subtelną siłę życiową. Słowo to ma wydźwięk negatywny. Natomiast uczucie zawiera w sobie pozytywną energię. Lęk i obawy charakteryzują się swoistą witalnością, delikatnością i kruchością.

Pozwól, by lęk się pojawił. Poczuj, jak drżysz, jak energia uczucia sięga twojej głębi. Spróbuj radować się doświadczaniem lęku. To silna energia.

Nie próbuj wtłaczać lęku w konceptualne ramy. Gdy stosujesz nazwę „lęk", przyjmujesz wobec niego określony stosunek. Najczęściej potępiasz i odrzucasz lęk. Odcinasz się i uciekasz od niego lub bronisz się przed nim. Dlatego nie używaj określenia „lęk".

Zasadniczo warto powstrzymać się od nadawania zjawiskom nazw. Po prostu skoncentruj się na odczuwaniu. Pozwól uczuciu się pojawić, a jednocześnie nie nadawaj mu nazwy, pozostań w stanie niewiedzy. Niewiedza jest pewnego rodzaju medytacją. Nie pozwól, by umysł tobą manipulował. Nie pozwól umysłowi na używanie języka i słów, na wprowadzanie kategoryzacji. Kiedy wprowadzasz nazwy, powstają kolejne skojarzenia. Rozwija się proces mentalny. Obserwuj – i powstrzymaj się od nazywania.

Pozwól sobie na drżenie

Pozwól sobie na odczuwanie lęku i na drżenie. W tym tkwi piękno. Ukryj się w kącie, otul kocem i drżyj. Zachowuj się jak przerażone zwierzę. Co robi dziecko, kiedy jest przestraszone? Płacze. Co robi przerażony tubylec? Jedynie ludzie pierwotni potrafią poznać, że pod wpływem lęku włosy stają im dęba. Ludzie cywilizowani utracili kontakt z tym elementarnym doświadczeniem. Myślimy, że zwrot „włosy stają dęba" jest metaforą. A to dosłowne sformułowanie. Jeżeli pozwolisz, by cię naprawdę ogarnął lęk, włosy staną ci dęba. Wtedy poznasz piękno lęku. W czasie burzy emocjonalnej będziesz mógł odczuć, że istnieje obszar nietknięty przez ten sztorm. Skoro lęk nie jest w stanie naruszyć tego obszaru, śmierć także nie znajdzie tam dostępu. Pogrążasz się w ciemności lęku, pozostaje jednak pewne centrum, które wykracza poza tę ciemność. Nie stwarzasz sztucznej sytuacji. Pozwalasz, by lęk wziął cię w posiadanie, aż nagle – na zasadzie kontrastu – stajesz się świadomy tego, że istnieje w tobie obszar spokoju. Posługując się lękiem, docierasz do własnej istoty.

Zrób to, czego się boisz

Pamiętaj, by nigdy nie uciekać od lęku. Nie jest to sposób na rozwiązanie problemów. Wejdź w lęk. Jeżeli boisz się ciemności, wybierz się na nocny spacer. Usiądź w ciemności i czekaj. Pozwól, by proces się rozwijał. Powiedz nocy: „Jestem tutaj, gotowy na wszystko". Po kilku minutach zauważysz, że się uspokajasz. Ciemność nabiera świetlistości. Możesz się cieszyć, odczuwając błogą ciszę, bezmierną przestrzeń, muzykę sfer. Będziesz radował się tym doświadczeniem i powiesz: „Jakże mogłem się obawiać tak wspaniałego przeżycia!".

Nigdy nie uciekaj od lęku. Jeżeli będziesz to robił, zamkną się możliwości rozwoju w określonym kierunku. Lęk może dostarczyć wskazówek, w jakim kierunku powinieneś podążać. Stanowi wyzwanie i przywołuje cię.

W twoim życiu może istnieć wiele obszarów, które wywołują niepokój. Podejmij wyzwanie i wkrocz tam. Nigdy nie uciekaj, nigdy nie tchórz.

Pewnego dnia odkryjesz, że za każdym twoim lękiem kryje się prawdziwy skarb. Dzięki temu będziesz mógł się rozwijać w wielu kierunkach. Lęk wiąże się z energią życia.

Odpręż się i obserwuj

W przypadku gdy odczuwasz lęk, odpręż się. Zaakceptuj fakt, że lęk jest obecny. Niczego jednak z nim nie rób. Pozostaw uczucie takim, jakie jest. Nie koncentruj się na nim.

Obserwuj ciało. Nie powinno być w nim żadnych napięć. Jeżeli ciało jest rozluźnione, lęk naturalnie znika.

Lęk wywołuje napięcia w ciele. Kiedy ciało jest rozluźnione, lęk nie może się w nim rozgościć. Osoba zrelaksowana nie może być jednocześnie przelękniona. Kiedy lęk się pojawi, przepłynie jak fala i odejdzie. Nie zapuści korzeni. W tym jest niepowtarzalne piękno.

Kiedy odczuwasz lęk, zrób jedną rzecz. Zwróć uwagę na to, by nie napinać ciała. Połóż się na podłodze i odpręż. Odprężenie to antidotum na lęk. Lęk odejdzie. Po prostu obserwuj. Obserwacja powinna być bezstronna. Po prostu akceptujesz to, co jest. Jest upalny dzień. Cóż możesz począć? Ciało się poci. Trzeba przez to przejść. Zbliża się wieczór. Nadciąga chłód. Po prostu obserwuj i odpręż się.

Usypiaj tak, jakbyś umierał

Wieczorem, zanim zaśniesz, połóż się na łóżku. Przez pięć, dziesięć minut odczuwaj, że umierasz. Postępuj tak każdej nocy. Po upływie tygodnia będziesz mógł się zapoznać z tym uczuciem. Zaczniesz odczuwać radość. Będziesz zadowolony, że ciało uwolni się od napięcia. Pozwól ciału umrzeć. Zanurz się w sen tak, jakbyś umierał. Rano poczujesz się odświeżony i pełen energii. Energia popłynie harmonijnie.

Pamiętaj, że sami przydajemy złości energii. Tylko wtedy ma ona siłę, gdy ją wspieramy. Pozostając na pozycji obserwatora, przestajemy ją wspierać. Złość będzie obecna chwilowo, po czym odejdzie. Nie znajdzie w tobie punktu zaczepienia. Pozostaniesz niedostępny, jak obserwator na odległych wzgórzach. W rezultacie złość zacznie się rozpraszać i znikać! Gdy złość znika z horyzontu umysłu, to wspaniałe doświadczenie.

Kiedy znika złość, pojawia się wielki spokój wewnętrzny, jak cisza, która następuje po burzy. Wejdziesz w stan medytacji. Dzięki niemu odczujesz odświeżenie, powrócisz do poczucia młodzieńczości, niewinności. Następnie powstanie w tobie uczucie wdzięczności, nawet wobec złości. Nie będziesz się złościł na własną złość. Złość wprowadziła cię w nową, piękną przestrzeń. Możesz się w niej rozgościć.

Potrafiłeś posłużyć się tym uczuciem. Stało się ono etapem na drodze twojego rozwoju. Jest to przykład twórczego wykorzystania negatywnych emocji.

Bądź po prostu zły

Kiedy jesteś zły, nie ma powodu, by gniewać się na kogoś. Bądź po prostu zły. Pozwól, by stało się to medytacją. Zamknij drzwi pokoju, zostań sam i pozwól, by złość się ujawniła. Jeżeli masz chęć uderzać, możesz walić w poduszkę.

Rób to, na co masz ochotę. Jeśli masz chęć zabić poduszkę, sięgnij po nóż i zabij ją. Może to być niezwykle pomocne. Wal w poduszkę, ciskaj nią o ściany. Jeżeli czujesz złość do określonej osoby, napisz na poduszce jej imię lub narysuj jej podobiznę.

Niech twoja złość stanie się aktem całkowitej medytacji. Zwróć uwagę na to, co będzie się działo. Energia uczucia popłynie przez całe ciało. Jeżeli na to pozwolisz, w procesie będzie uczestniczyć każda twoja komórka, każde włókno. Ciało będzie szaleć, ale pozwól mu na to, nie wycofuj się.

Poczujesz się śmiesznie i głupio. Jednak złość jest śmieszna. Nie masz na to wpływu. Pozwól więc na to i ciesz się tym jako zjawiskiem energetycznym. Jeżeli nikogo nie zranisz, nie ma w tym doświadczeniu niczego złego. Jeżeli pozwolisz złości swobodnie przepływać, odejdzie chęć zranienia kogokolwiek.

Każdego ranka możesz to praktykować przez dwadzieścia minut. Następnie obserwuj, co wydarza się w ciągu dnia. Będziesz spokojniejszy. Energia potencjalnego gniewu została uwolniona. Potencjalna trucizna została usunięta z organizmu.

Praktykę wykonuj przynajmniej przez dwa tygodnie. Po tygodniu będziesz zaskoczony tym, że gniew nie pojawia się w żadnej sytuacji.

Uwalnianie się od ciężaru emocjonalnego

Wejdź do pokoju, zamknij drzwi. Przywołuj wspomnienie sytuacji, która wywołała w tobie gwałtowny gniew. Przypomnij sobie tę sytuację, odtwórz ją, by uwolnić uczucia.

Ktoś cię uraził. Przypomnij sobie słowa wypowiedziane przez agresora i własną reakcję na nie. Odtwórz te wydarzenia. Twój umysł funkcjonuje jak magnetofon. Zapis wydarzeń pojawi się we właściwej kolejności. Powrócą te same uczucia. Oczy nabiegną krwią, ciało będzie nerwowo drżało. Przeżywasz to ponownie. Pozostajesz jednak w nowej roli. Zajmujesz się minioną sytuacją. To rodzaj zabawy. Jeżeli potrafisz potraktować sytuację z przeszłości z przymrużeniem oka, podobnie będziesz się umiał zachować w rzeczywistej sytuacji, która wywołuje gniew.

Każda osoba nosi w psychice pewne zranienia. Jeżeli odtworzysz sytuacje, które wywołały urazy, uwolnisz się od ich emocjonalnego ciężaru.

Pewne sytuacje z przeszłości nie zostały domknięte. Powracasz do przeszłości, by zamknąć proces i uwolnić się od nich. Umysł staje się świeży, niezaśmiecony. Niedokończone sytuacje jak chmury przesłaniają umysł. Wpływają emocjonalnie na ciebie i twoje działania. Te chmury powinny zostać rozproszone. Cofnij się w czasie i zajmij się pragnieniami, których nie spełniłeś. Uwolnij się od ran, które ciągle bolą.

Rany zostają uleczone. Stajesz się bardziej zintegrowany. W ten sposób uczysz się pozostawania w równowadze w sytuacji stresującej.

Trening uważności

W buddyzmie istnieje specjalna praktyka zwana „trzykrotne zauważanie". W chwili gdy wyłania się problem, kiedy na przykład pojawia się zazdrość, gniew czy pożądanie, trzy razy należy je zauważyć. Jeżeli pojawi się gniew, uczeń ma za zadanie powtórzyć trzykrotnie w myślach: „Gniew… Gniew… Gniew...". Ten zabieg prowadzi do świadomego postrzegania. Następnie uczeń kontynuuje działanie, które wykonywał, zanim gniew się pojawił. Niczego nie robi z gniewem, lecz po prostu trzykrotnie go zauważa. To piękny proces. Natychmiast uświadamiasz sobie, że pojawiło się zakłócenie, zauważasz je, a następnie pozwalasz mu odejść. Zakłócająca energia nie może tobą zawładnąć. Zdarzyć się to może jedynie wtedy, kiedy pozostajesz w ignorancji.

Trzykrotne zauważenie pozwala ci wydobyć wewnętrzną świadomość do tego stopnia, że możesz się zdystansować wobec gniewu. Możesz zobiektyzować to uczucie. Budda instruował swych uczniów, by w ten sposób podchodzili do wszelkich zjawisk mentalnych.

Bieganie jak dziecko

Zacznij biegać każdego ranka. Rozpocznij od przebiegnięcia pięciuset metrów. Następnie przebiegnij kilometr, wreszcie przynajmniej trzy kilometry. Podczas biegu – jak dziecko – używaj całego ciała. Poruszaj rękami i stopami. Oddychaj głęboko z brzucha. Następnie usiądź pod drzewem, odpoczywaj, odczuwaj, jak ciało stopniowo ostyga, jak pojawia się spokój. To bardzo pomocna praktyka.

Pamiętaj, by rozluźnić wszystkie mięśnie. W podobny sposób możesz pływać. Należy się w to całkowicie zaangażować. Pomocne jest wszelkie działanie, w które angażujesz się bez reszty.

Dzięki temu, że potrafisz całkowicie oddać się określonemu działaniu, możesz także głęboko skontaktować się z gniewem i z miłością.

Wejście w głęboki kontakt z określonym obszarem powoduje, że potrafisz angażować się całkowicie w to, co robisz.

Bezpośrednia praca z gniewem bywa trudna, ponieważ może on być głęboko stłumiony. Dlatego stosuj metody pośrednie. Bieganie pomaga w uwolnieniu się od sporej dozy gniewu i lęku. Jeżeli biegniesz przez dłuższy czas i głęboko oddychasz, umysł przestaje dominować. Górę bierze ciało.

Przez kilka minut odpoczywaj, siedząc w cieniu drzewa. Odczuwaj swoje spocone ciało, które stopniowo stygnie. Wówczas myśli ustają. Stajesz się po prostu żywym, wibrującym ciałem, organizmem, który zestroił się z otoczeniem. Jesteś jak zwierzę.

W ciągu trzech tygodni poczujesz istotną zmianę. Uwolnisz się od gniewu. Odczujesz swobodę.

Pamiętaj, że jesteś źródłem

Ktoś cię dotknął. Nagle wybuchnąłeś złością. Zdenerwowałeś się. Złość zwróciłeś ku osobie, która cię zraniła. Staje się ona ekranem, na którym projektujesz to uczucie. Ta osoba nie zrobiła niczego szczególnego. Mogła jedynie lekko cię potrącić. Pomogła w ujawnieniu twojego gniewu. Ten gniew tkwił w tobie.

To nie druga osoba jest źródłem tego uczucia. Źródło zawsze znajduje się w tobie. Druga osoba po prostu poruszyła ukrytą w tobie energię gniewu. Jeżeli wymierzyłbyś cios Buddzie, w odpowiedzi pojawiłoby się jedynie współczucie, ponieważ Budda wypełniony jest tą energią. Nie pojawiłby się gniew, ponieważ w Buddzie go nie ma.

Jeżeli sięgniesz wiadrem do suchej studni, niczego nie wyciągniesz. Natomiast gdy studnia jest wypełniona wodą, opuszczone do niej wiadro wyniesie na powierzchnię wodę.

Osoba, która cię obraża, opuszcza w głąb ciebie takie właśnie wiadro. Wiadro napełnia się złością, nienawiścią czy gniewem, które znajdują się w tobie.

Pamiętaj, że to ty jesteś studnią.

Jeżeli posługujesz się tą metodą, pamiętaj, że jesteś źródłem wszelkich uczuć, które projektujesz na innych ludzi.

W chwili gdy pojawiają się sprzeczne uczucia, natychmiast zwróć się do swego wnętrza i podążaj do źródła, z którego pochodzi nienawiść. Skup się na tym obszarze. Nie zwracaj uwagi na przedmioty ani osoby zewnętrzne.

Ktoś stworzył ci szansę, abyś mógł uświadomić sobie swój własny gniew. Podziękuj tej osobie i wybacz jej.

Zamknij oczy, skieruj uwagę do wnętrza. Zauważ źródło, z którego pochodzi uczucie miłości czy gniewu. Nienawiść, miłość oraz inne uczucia pochodzą właśnie z wewnętrznego źródła. Łatwiej dotrzeć do tego źródła, gdy znajdujesz się pod wpływem silnych uczuć, kiedy jesteś rozgrzany. Powracając do źródła, nagle odkrywasz w nim nowy, przestronny wymiar, odkrywasz inny świat.

Jeden z wielkich mistrzów zen – Lin Chi – opowiadał pewną historię. „W młodości uwielbiałem pływać łodzią. Miałem małą łódkę i wypływałem nią samotnie na jezioro. W ten sposób spędzałem wiele godzin. Pewnej nocy medytowałem w mojej łodzi z zamkniętymi oczyma. W tym czasie nadpłynęła inna łódź i uderzyła w moją. Ponieważ miałem oczy zamknięte, pomyślałem: »Ktoś przypłynął łódką i uderzył w moją łódź«. Pojawił się gniew. Otworzyłem oczy. Chciałem coś ze złością powiedzieć człowiekowi w tamtej łódce. Wtem zorientowałem się, że łódka była pusta! Nie było na kogo się gniewać. Łódka była pusta. Przypłynęła z prądem i uderzyła w moją łódź. Nic nie mogłem zrobić. Nie mogłem przecież gniewać się na łódź, w której nie było nikogo. Ponownie zamknąłem oczy. Nadal była we mnie złość, nie mogła jednak wyjść na zewnątrz. Powędrowałem za tym uczuciem w głąb. Pusta łódź stała się moim nauczycielem. Dzięki niej w tę cichą noc dotarłem do istotnego miejsca w sobie, coś zrozumiałem. Jeżeli teraz ktoś mnie urazi, śmieję się i mówię: »Ta łódka także jest pusta«. Zamykam oczy i kieruję uwagę do wnętrza".

OD WYDAWCY

Opisane wcześniej metody mogą być zastosowane do pracy ze smutkiem i depresją. Dotyczą one bowiem uwolnienia stłumionego gniewu. Poniżej podane są inne metody, które możesz wypróbować.

Znajdź wewnętrzny uśmiech

Kiedy czujesz się szczęśliwy, spróbuj następującego działania. W pozycji siedzącej spróbuj odprężyć mięśnie dolnej szczęki. Otwórz nieco usta, zacznij przez nie oddychać. Nie oddychaj głęboko. Niech ciało reguluje ten proces. Oddech staje się coraz płytszy. Usta są otwarte, szczęka rozluźniona. Całe ciało jest głęboko zrelaksowane.

W tym momencie zacznij odczuwać uśmiech – nie na twarzy, lecz wewnątrz twej istoty. Nie jest to uśmiech, który pojawia się na wargach, lecz uśmiech wewnętrzny, egzystencjalny.

Spróbuj to zrobić jeszcze dziś. Tego procesu nie można wyjaśnić słowami. Próbuj uśmiechać się z brzucha. Uśmiecha się brzuch. To delikatny, miękki uśmiech, a nie głośny śmiech. Jest tak, jakby w twoim brzuchu otwierał się pąk róży, a zapach kwiatu przenikał całe twoje ciało.

Kiedy poznasz siłę uśmiechu, możesz pozostawać w stanie szczęścia przez całą dobę. Kiedy tylko poczujesz, że tracisz to odczucie, zamknij oczy i ponownie przywołaj uśmiech. Powtarzaj tę praktykę w ciągu dnia, a przekonasz się, że uśmiech jest ciągle obecny.

Podejmij decyzję

Był pewien mistyk – sufi – który czuł się zawsze szczęśliwy. Ciągle się śmiał, a jego życie kwitło. Dożył sędziwego wieku i leżał na łożu śmierci. Jednak nadal radośnie się śmiał. Wówczas jego uczeń powiedział: „Zaskakujesz mnie. Ciągle się śmiejesz. Jak ci się to udaje?".

Stary człowiek odparł: „To proste. Pewnego razu jako młody człowiek wybrałem się do mego mistrza. Miałem wtedy siedemnaście lat i byłem pogrążony w cierpieniu. Mój mistrz był siedemdziesięcioletnim człowiekiem. Siedział pod drzewem i śmiał się bez żadnego powodu. Nikogo w pobliżu nie było, nic się nie wydarzyło, nikt nie powiedział dowcipu. Mistrz jednak śmiał się i trzymał za brzuch. Zapytałem go: »Co się dzieje? Czy zwariowałeś?«.

Odpowiedział: »Kiedyś byłem tak smutny jak ty. Wtedy nagle zrozumiałem, że to moje życie i że to ja dokonuję wyboru. Od tego momentu, jeszcze zanim rano otworzę oczy, by wstać, pytam siebie, czego chcę: cierpienia czy szczęścia? Co dziś wybiorę? Tak się jakoś dzieje, że zawsze wybieram szczęście«".

Śmiech – kontakt z ziemią – taniec

Usiądź spokojnie. Zacznij chichotać. Odczuj chichot w swoich trzewiach. Całe twoje ciało śmieje się i chichocze. Zacznij kołysać się na boki. Pozwól, by śmiech rozprzestrzeniał się z brzucha na całe twoje ciało. Śmieją się twoje ręce, twoje stopy. Wejdź w to całym sobą. Przez dwadzieścia minut śmiej się. Jeśli śmiech przerodzi się w głośny ryk, pozwól na to. Śmiech może być czasami cichy, czasami głośny. Spędź w ten sposób dwadzieścia minut. Następnie połóż się na ziemi lub na podłodze.

Jeżeli jest ciepło, wykonaj ćwiczenie w ogrodzie, gdzie można o wiele łatwiej nawiązać kontakt z ziemią. Możesz to ćwiczenie wykonywać nago. Nawiąż kontakt z ziemią. Połóż się na ziemi. Poczuj, że ona jest matką, a ty jesteś dzieckiem. Zanurz się tym uczuciu.

Dwadzieścia minut śmiechu, dwadzieścia minut głębokiego kontaktu z ziemią. Oddychaj z ziemią, odczuj jedność z nią. Rodzimy się z ziemi i pewnego dnia do niej powrócimy.

Po dwudziestu minutach tego energetycznego kontaktu z ziemią przejdź do tańca. Twój taniec będzie odzwierciedlał energię, którą sobie przyswoiłeś. Możesz wykonywać dowolny taniec przy muzyce.

Jeżeli jest zimno lub nie masz ogrodu, wykonaj ćwiczenie w domu. Kontynuuj ten trening sześć, osiem miesięcy, a zauważysz spontaniczne pojawianie się znaczących zmian.

Bądź nastawiony tak negatywnie, jak tylko potrafisz

Na czterdzieści minut stań się nastawiony tak negatywnie, jak tylko potrafisz. Zamknij drzwi pokoju, wyłącz telefon i powiedz, by ci nie przeszkadzano. Możesz nawet umieścić na drzwiach taką informację. Przygaś światło. Nastaw muzykę. Usiądź i przyjmuj negatywną postawę. Powtarzaj: „Nie!". Niech to brzmi jak mantra.

Wyobraź sobie wydarzenia z przeszłości, kiedy czułeś się znużony, niemal martwy, nie miałeś chęci do życia, myślałeś o samobójstwie. Wzmocnij te uczucia.

Umysł umie cię przekonać, że to wszystko nie ma sensu. Przecież jest piękna noc, świeci księżyc. Nie słuchaj tego, co mówi umysł. Do przyjemnych wrażeń powrócisz później. Teraz całkowicie angażujesz się w postawę negacji. Płacz, szlochaj, krzycz, przeklinaj. Pamiętaj, by nie przywoływać poczucia szczęścia. Jeżeli zauważysz, że poruszasz się w kierunku uczuć pozytywnych, wróć do bieguna negatywnego.

Zacznij uderzać w poduszki, walcz z nimi, skacz po nich. Bądź nieprzyjemny! Okaże się, że trudno jest przez czterdzieści minut utrzymywać postawę negatywną.

Jedno z praw kierujących procesami psychicznymi mówi, że jeżeli w sposób świadomy starasz się przyjąć postawę negatywną, nie będziesz mógł tego uczynić. Próbuj jednak to zrobić. Jeżeli będziesz to czynił świadomie, pojawi się odczucie dystansu. Nadal kultywujesz postawę negatywną, lecz stajesz się świadkiem. Nie zatrzymujesz się w tym procesie. Pojawia się dystans. To piękne zjawisko.

Po czterdziestu minutach nagle wycofaj się z negatywnych reakcji. Odłóż poduszki, włącz światło, włącz piękną muzykę i przez dwadzieścia minut tańcz. Powtarzaj: „Tak! Tak! Tak!", powtarzaj jak mantrę. Następnie weź porządny prysznic. Cały proces pozwolił ci uwolnić się od postawy negatywnej.

Przesunięcie się ku przeciwieństwu

Jeżeli doznawałeś złości, zrób coś przeciwnego, by odmienić ten nawyk. Kiedy zmieniasz nawyki, uwalniasz energię. Wykorzystaj ją. Jeśli tego nie zrobisz, stary nawyk powróci. Jeżeli byłeś smutny, spróbuj odczuć szczęście. To trudne, ponieważ dawny nawyk jest utrwalony. Musisz wykonać pewien wysiłek, by odczuć szczęście, musisz walczyć z utrwalonym nawykiem. Musisz stworzyć nowy wzorzec.

Jeżeli nie stworzysz nowego nawyku bycia szczęśliwym, poprzednia reakcja się utrwali. Energia potrzebuje ujścia. Może cię udusić. Jeżeli energia nie przekształci się w miłość, stanie się gorzka. Może przyjąć postać smutku i gniewu. Smutek czy gniew nie są same w sobie problemem. Problem polega na tym, jak nie wpaść w dawne koleiny.

Żyj więc bardziej świadomie. Kiedy zauważysz, że postępujesz rutynowo, zrób rzecz odwrotną. Posiadłeś już tę umiejętność.

Musisz próbować różnych czynności. Pójdź na spacer, zacznij tańczyć. Pozwól, by na początku taniec był nieco smutny. Taniec zacznie usuwać smutek. W przeszłości, gdy odczuwałeś smutek, nie zaczynałeś tańczyć. Tego rodzaju działanie zaskoczy twój umysł.

Stopniowo nauczysz się, jak sobie radzić ze smutkiem, z gniewem. Kiedy odczuwasz smutek, tańcz lub stań pod prysznicem i odczuwaj, jak strumienie wody oczyszczają ciało. Smutek jest usuwany z ciała, podobnie jak pot i brud.

Bądź otwarty na to, co się wydarzy.

TRANSFORMACJA ZAZDROŚCI

Obserwuj, jak rodzi się w tobie zazdrość. Bądź świadom, jak cię opanowuje, otacza, jak próbuje tobą manipulować. Zauważ, jak zazdrość wprowadza cię na ścieżkę, na której – wbrew swojej woli – tracisz energię. Stajesz się sfrustrowany, odczuwasz depresję. Obserwuj. Powstrzymaj się od potępiania, od wszelkich osądów. Obserwuj obiektywnie, z dystansu.

Zachowaj postawę naukowca. W ten sposób podchodź do zjawisk zachodzących w twoim świecie wewnętrznym. Nie potępiaj zazdrości ani gniewu. Nie stwierdzaj: „To jest złe". Tego rodzaju przekonanie mogłeś przejąć od innych. Nie jest to twoja osobista opinia. Zaczekaj, czy konkretne doświadczenie potwierdzi te przekonania. Eksperymentuj. Z góry nie stwierdzaj ani „tak", ani „nie". Jeżeli zachowasz taką postawę, obserwowanie zazdrości stanie się prawdziwym cudem. Czym jest zazdrość? Czym jest energia zwana zazdrością? Obserwuj to uczucie, jakbyś patrzył na kwiat róży. Jeżeli nie wyciągasz wniosków, twój umysł pozostaje czysty. Obserwuj tak długo, aż ten proces stanie się przejrzysty. Wtedy się zorientujesz, że to głupie. I to uczucie odejdzie spontanicznie, bez wysiłku z twojej strony.

Obserwacja seksu

Zacznij uprawiać seks. Nie ma w tym niczego złego. Pozostań jednak na pozycji obserwatora. Zauważaj przepływ energii, obserwuj rytm dwóch ciał, obserwuj orgazm.

Bądź świadom rytmu serca i oddechu, które stają się coraz szybsze. Obserwuj ciepło ciała, cyrkulację krwi. Zauważ moment, kiedy stracisz kontrolę i nie będziesz już mógł zawrócić. Tuż przed ejakulacją tracisz kontrolę. To ciało prowadzi proces.

Zauważaj procesy, które możesz kontrolować, oraz procesy autonomiczne, których kontrolować nie możesz. Seks jest najbardziej złożonym procesem, całkowicie angażuje bowiem umysł i ciało. Jednak coś pozostaje poza tym wszystkim – obserwator. On zawsze jest na zewnątrz. Dostrzeż go, a znajdziesz się na szczycie wzgórza. Znajdujesz się na szczycie. Wszystko toczy się niżej, w dolinie. Nie wiążesz się z tym. Masz wrażenie, że wydarzenia dotyczą kogoś innego.

Kiedy doświadczasz podniecenia seksualnego, możesz wybrać jedno z trzech zachowań.

Pierwsze polega na podjęciu seksu. To robi każdy. Druga możliwość to stłumienie impulsu, skierowanie go ponownie do nieświadomości. W ten sposób postępują osoby, które uważane są za niezwykłe: święci, mnisi, mahatmowie. Obie te postawy prowadzą do transformacji.

Trzeci sposób stosują nieliczne osoby. Polega on na zamknięciu oczu i obserwowaniu. Wraz z pojawieniem się pożądania następuje przyrost energii. Skieruj uwagę w stronę seksualnego centrum, w którym odczuwasz podniecenie i wibracje. Pozostań cichym obserwatorem. Bądź świadkiem. Nie potępiaj. Bądź przytomny, uważny, jak lampa płonąca w ciemną noc. Wprowadzasz w ten proces nieporuszoną świadomość. Obserwujesz, co się wydarza w seksualnym centrum. Jaka tam się pojawia energia? Nie nadawaj nazw zjawiskom. Zależnie od przekonań możesz seks potępiać lub czynić zeń świętość. Nazwy są zwykle obciążone emocjami, a to stanowi przeszkodę na ścieżce rozwoju świadomości.

Nie używaj nazw. Obserwuj energię, która narasta w pobliżu seksualnego centrum. Zauważysz, że ta energia porusza się ku górze. Wówczas odczujesz lekki chłód, otoczą cię cisza, wdzięk, błogosławieństwo i błogość. Energia seksualna przestaje być bolesną przeszkodą, cierniem tkwiącym w ciele. Staje się jak balsam. Im bardziej pozostajesz świadomy, tym wyżej wędruje ta energia. Jeśli uda ci się sprawić, że ta energia dotrze do serca, po raz pierwszy poczujesz, czym jest miłość.

Jeżeli ktoś cię urazi, odczuj wobec niego wdzięczność. Ta osoba po prostu otworzyła twoją ranę. Rana mogła powstawać w ciągu całego życia na skutek wielu urazów. Ta osoba nie jest sprawcą całego cierpienia. Po prostu uruchomiła pewien proces.

Wejdź do pokoju. Zamknij drzwi. Usiądź spokojnie. Nie koncentruj się na gniewie, który odczuwasz do tej osoby. Zamiast tego bądź świadomy pojawiających się uczuć: odrzucenia, urazy. Niespodziewanie ujrzysz wszystkie osoby, który kiedykolwiek cię zraniły. Te postacie zaczną się przesuwać na ekranie twojej pamięci.

Przypominanie będzie prowadzić do procesu uwalniania bólu. Odczuwaj zranienie oraz ból, które ono wywołało.

Pozwól ujawnić się całkowicie bólowi, cierpieniu. Może to poruszyć twoje serce. Możesz zacząć płakać jak dziecko, tarzać się w bólu po podłodze. W ciele mogą się pojawić skurcze. Nagle możesz uświadomić sobie, że odczuwasz ból nie tylko w sercu, lecz także w całym ciele.

Następnie zacznij przyjmować ból. Nie odrzucaj go. To cenna energia. Zaakceptuj ból, powitaj go i odnieś się do niego z wdzięcznością. Powiedz do siebie: „Tym razem nie chcę unikać bólu ani go odrzucać. Tym razem przyjmę ból jak drogiego gościa. Tym razem strawię tę energię".

Na strawienie tej energii możesz potrzebować kilku dni. W rezultacie wstąpisz na nową ścieżkę. Dzięki akceptacji energia bólu ulega przemianie. Aż trudno uwierzyć, że cierpienie może przekształcić się w ekstazę. Ból przechodzi w radość.

Smutek to energia, która może się przekształcić w poczucie szczęścia. Gdy nie odczuwasz szczęścia, stajesz się smutny. Kiedy widzisz, że ktoś się cieszy, stajesz się smutny: „Dlaczego szczęście nie przychodzi do mnie?". Ono może przyjść! Po prostu musisz uwolnić się od przeszłości. Podejmij pewien wysiłek, aby się otworzyć.

Może ci w tym pomóc następująca medytacja. Poczuj, że nie jesteś istotą ludzką. Jakim zwierzęciem chcesz się stać: kotem? psem? tygrysem?

Wybierz, a następnie stań się tym zwierzęciem. Przez kwadrans raduj się tą nową rolą. Szczekaj jak pies, zachowuj się jak pies. Rycz jak tygrys. Albo przeciągaj się jak kot. Ciesz się. Nie kontroluj się. Przestań być człowiekiem. Stań się zwierzęciem.

Wykonuj to ćwiczenie codziennie przez tydzień. Stanie się pomocne. Potrzebujesz zwierzęcej energii. Jesteś zbyt ucywilizowany. Każda osoba potrzebuje od czasu do czasu być zwierzęciem. Kiedy nauczysz się być nieco dzikim, twoje problemy zaczną znikać.

Przez kilka dni wykonuj jedno ćwiczenie. Rób to wtedy, kiedy poczujesz się nieszczęśliwy. Wchodź powoli w to, co robisz. Wykonuj niewielkie ruchy, jak w tai-chi.

Jeżeli odczuwasz smutek, zamknij oczy i pozwól, by film twojej pamięci poruszał się bardzo wolno. Wchodź w proces stopniowo. Obserwuj, co się wydarza. Dzięki temu będziesz mógł zauważać detale.

Przez kilka dni ruszaj się powoli. Na przykład jeżeli idziesz, rób to wolniej niż zazwyczaj. Podobnie zachowuj się podczas jedzenia, przeżuwaj dokładnie pokarm. Zazwyczaj jesz posiłek dwadzieścia minut? Teraz rób to czterdzieści minut.

Powoli unoś powieki, kiedy się budzisz. Wydłuż dwukrotnie czas brania kąpieli.

Jeśli zwolnisz tempo wykonywania poszczególnych czynności, smutek i poczucie nieszczęścia się cofną.

Tego rodzaju trening zadawał swym uczniom Budda: wolne chodzenie, wolne mówienie, wolne wykonywanie każdego ruchu. W ten sposób pojawia się wspaniałe doświadczenie – odpada wiele myśli, pożądań oraz starych nawyków.

AKTYWNE MEDYTACJE OSHO

Poniżej przedstawiamy zestaw powszechnie stosowanych Aktywnych Medytacji Osho i krótko opisujemy każdą z nich. Każdej medytacji towarzyszy muzyka, specjalnie zalecana przez Osho.

Dynamiczna Medytacja Osho

Jest to medytacja pięciostopniowa. Rozpoczyna się od głębokiego, żywiołowego oddychania do brzucha. Następnie pojawiają się fazy uwalniania energii (*katharsis*), koncentracji, milczenia oraz kontemplacji.

Dynamiczną Medytację najlepiej wykonywać rano, zaraz po obudzeniu.

Medytacja Osho Kundalini

Często jest określana jako medytacja siostrzana wobec Medytacji Dynamicznej. Zwykle wykonuje się ją późnym popołudniem. Dzięki wstrząsom ciało może się uwolnić od nagromadzonego napięcia. Potem następuje taniec, a na zakończenie cicha medytacja.

Medytacja Osho Nataraj

Jest to taniec, trwający 45 minut. Potem następuje uspokojenie i milczenie.

Medytacja Osho Nadabrahia

Ta medytacja opiera się na starożytnej tybetańskiej metodzie. Rozpoczyna się od wydawania mruczącego dźwięku, który pozwala delikatnie otworzyć ośrodki energii w ciele. Potem następują powolne, pełne gracji ruchy rąk. Na koniec zapada milczenie. Umożliwia to koncentrację, rozluźnienie i uzdrowienie.

O AUTORZE

Nauki Osho wymykają się wszelkim klasyfikacjom. Obejmują wszystko, od indywidualnego poszukiwania sensu do najbardziej palących spraw społecznych i politycznych, z którymi boryka się dzisiejsze społeczeństwo. Książki Osho nie wyszły spod jego pióra, lecz zostały spisane z nagranych na taśmy audio i wideo improwizowanych przemówień, wygłaszanych dla międzynarodowej widowni w ciągu trzydziestu pięciu lat. Londyński „Sunday Times" nazwał Osho jednym z „tysiąca ludzi, którzy stworzyli XX wiek", a amerykański pisarz Tom Robbins określił go jako „najbardziej niebezpiecznego człowieka od czasów Jezusa Chrystusa".

Osho powiedział, że swoją pracą pomaga stworzyć warunki dla narodzenia się nowego rodzaju człowieka. Często charakteryzował go jako „Zorbę Buddę" – zdolnego do cieszenia się zarówno ziemskimi przyjemnościami Greka Zorby, jak i cichym spokojem Buddy Gautamy.

Wątkiem przenikającym wszystkie elementy działalności Osho jest wizja obejmująca i ponadczasową mądrość Wschodu, i najwyższy potencjał nauki i techniki Zachodu.

Osho znany jest też ze swojego rewolucyjnego wkładu w naukę wewnętrznej przemiany. W swoim podejściu do medytacji uwzględnia szybkie tempo współczesnego życia. Jego jedyne w swoim rodzaju „aktywne medytacje" mają na celu uwolnienie nagromadzonego w ciele i umyśle napięcia, co ułatwia doświadczenie wolnego od myśli i zrelaksowanego stanu medytacji.

MIĘDZYNARODOWY OŚRODEK MEDYTACJI OSHO

Międzynarodowy Ośrodek Medytacji Osho (The Osho International Meditation Resort) to miejsce, w którym można osobiście doświadczyć nowego sposobu życia, bardziej świadomego, zrelaksowanego, radosnego. Ośrodek położony w Punie, ponad sto kilometrów na południowy wschód od Bombaju, oferuje urozmaicony program dla tysięcy ludzi przybywających tu co roku z ponad stu krajów świata.

Puna, będąca początkowo letnim kurortem dla maharadżów i bogatych brytyjskich kolonistów, jest obecnie tętniącym życiem nowoczesnym miastem z wieloma uniwersytetami i nowoczesnymi zakładami przemysłowymi. Ośrodek Medytacji zajmuje powierzchnię ponad czterdziestu akrów na wysadzanym drzewami przedmieściu zwanym Koregaon Park. Kampus ośrodka zapewnia zakwaterowanie dla ograniczonej liczby gości. W pobliskich hotelach i kwaterach prywatnych można wynajmować pokoje na okres od paru dni do kilku miesięcy.

Wszystkie programy ośrodka oparte są na przedstawionej przez Osho wizji nowego typu człowieka, który potrafi zarówno twórczo uczestniczyć w codziennym życiu, jak i relaksować się w ciszy i medytacji. Większość zajęć odbywa się w nowoczesnych, klimatyzowanych pomieszczeniach. W ramach zajęć oferowane są różnorakie indywidualne sesje, kursy i warsztaty, obejmujące wszystko: od sztuki, przez terapie holistyczne, osobistą transformację i terapię, nauki ezoteryczne, podejście zen do sportu i rekreacji, problemy występujące w związkach, aż po ważne przemiany w życiu mężczyzn i kobiet. W ciągu całego roku organizowane są indywidualne sesje i warsztaty grupowe wraz z całodziennym programem medytacji.

Kawiarnie i restauracje na świeżym powietrzu, znajdujące się na terenie ośrodka, serwują tradycyjne indyjskie potrawy oraz dania z różnych stron świata. Wszystkie warzywa pochodzą z ekologicznych upraw z własnego gospodarstwa. Kampus ma własne ujęcie pitnej, filtrowanej wody.

WIĘCEJ INFORMACJI:

Osho International Nowy Jork
oshointernational@oshointernational.com
www.osho.com/oshointernational
www.osho.com

To rozbudowana strona internetowa w kilku językach, obejmująca wycieczkę on-line po ośrodku i kalendarz prowadzonych kursów, katalog książek i nagrań, listę ośrodków informacyjnych Osho na świecie oraz fragmenty jego wykładów.